UTB 4909

Eine Arbeitsgemeinschaft der Verlage

W. Bertelsmann Verlag · Bielefeld
Böhlau Verlag · Wien · Köln · Weimar
Verlag Barbara Budrich · Opladen · Toronto
facultas · Wien
Wilhelm Fink · Paderborn
A. Francke Verlag · Tübingen
Haupt Verlag · Bern
Verlag Julius Klinkhardt · Bad Heilbrunn
Mohr Siebeck · Tübingen
Ernst Reinhardt Verlag · München
Ferdinand Schöningh · Paderborn
Eugen Ulmer Verlag · Stuttgart
UVK Verlagsgesellschaft · Konstanz, mit UVK/Lucius · München
Vandenhoeck & Ruprecht · Göttingen
Waxmann · Münster · New York

Martin Lücke / Irmgard Zündorf

Einführung in die Public History

Vandenhoeck & Ruprecht

Dr. Martin Lücke ist Professor für Didaktik der Geschichte an der Freien Universität Berlin und einer der wissenschaftlichen Leiter des dortigen Masterstudiengangs Public History.

Dr. Irmgard Zündorf ist Leiterin des Bereichs Public History am Zentrum für Zeithistorische Forschung Potsdam. In dieser Funktion ist sie Mitkoordinatorin des Studiengangs Public History an der Freien Universität Berlin.

Online-Angebote oder elektronische Ausgaben sind erhältlich unter www.utb-shop.de

Mit 8 Abbildungen und 2 Tabellen

Bibliografische Information der Deutschen Nationalbibliothek
Die Deutsche Nationalbibliothek verzeichnet diese Publikation in der
Deutschen Nationalbibliografie; detaillierte bibliografische Daten sind
im Internet über http://dnb.d-nb.de abrufbar.

© 2018, Vandenhoeck & Ruprecht GmbH & Co. KG, Theaterstraße 13, D-37073 Göttingen/
www.vandenhoeck-ruprecht-verlage.com

Alle Rechte vorbehalten. Das Werk und seine Teile sind urheberrechtlich geschützt.
Jede Verwertung in anderen als den gesetzlich zugelassenen Fällen bedarf der
vorherigen schriftlichen Einwilligung des Verlages. – Printed in Germany.

Umschlag: Skulptur „Der Kuss" des Künstlers Seward Johnson, nach dem berühmten Foto von Alfred Eisenstaedt, das er bei den Feierlichkeiten zum Kriegsende 1945 in New York aufgenommen hat. Die acht Meter hohe Skulptur stand 2014 vor dem Memorial in Caen, das an die Landung der Alliierten in der Normandie erinnert. Die Aufstellung der Skulptur führten zu heftigen öffentlichen Auseinandersetzungen um den Umgang mit Gedenkorten und ikonografischen Bildern sowie Genderfragen und Sexismus in Geschichtsdarstellungen und damit mitten in die Public History. Embracing Peace by Seward Johnson © 2004, 2005 The Seward Johnson Atelier, Inc. Photo by Jeremy Tournay
Umschlaggestaltung: Atelier Reichert, Stuttgart
Satz: SchwabScantechnik, Göttingen
Druck und Bindung: CPI Books GmbH, Eberhard-Finckh-Straße 13, D-89075 Ulm

UTB-Band-Nr. 4909
ISBN 978-3-8252-4909-0

Inhalt

Einleitung 9

1. Was ist Public History? Geschichte und Konzeptionen 13
   1.1 Geschichte und Institutionalisierung der Public History 13
       1.1.1 Public History in den USA und international 14
       1.1.2 Public History in Deutschland 17
   1.2 Programmatische und begriffliche Annäherung an Public History ... 21
   1.3 Geschichte in der Öffentlichkeit: Geschichts- und Erinnerungskultur
       als erkenntnisleitende Konzepte 29

2. Geschichtsdidaktik und Public History 37
   2.1 Geschichtsaneignungen in der Öffentlichkeit 37
   2.2 Geschichtsdidaktische Prinzipien: Narrativität,
       historische Imagination, Multiperspektivität 40
       2.2.1 Narrativität 40
       2.2.2 Historische Imagination 41
       2.2.3 Multiperspektivität 42
       2.2.4 Geschichtsdidaktische Standards für Produkte der Public History 45
   2.3 Gesellschaftliche Dimensionen I: Diversität 46
       2.3.1 Diversität, Gesellschaft und Geschichte 47
       2.3.2 *Race, Class* und *Gender* als soziale Kategorien der
             Diversity- und *Intersectionality Studies* 48
   2.4 Gesellschaftliche Dimensionen II: Inklusion 53
       2.4.1 Beispiel 1: Der Genozid an den Armenier*innen
             zu Beginn des 20. Jahrhunderts 56
       2.4.2 Beispiel 2: Die Geschichte der Homosexualitäten 57

3. Methodische Zugänge zur Public History 61
   3.1 Materielle Kultur 61
   3.2 Visual History 65
   3.3 Sound History 70

3.4 Oral History und Zeitzeug*innen in der Geschichtsvermittlung 74
    3.4.1 Oral History-Interviews 76
    3.4.2 Die Figur des ‚Zeitzeugen' bzw. der ‚Zeitzeugin' 77
3.5 Living History... 82

4. Public History und Medien 89
    4.1 Medien machen „echte" Geschichte: Authentizität als Konstruktionsleistung von Medien in der Public History und Medienaneignung ... 90
    4.2 Text- und bildbezogene Printmedien 94
        4.2.1 Historischer Roman..................................... 94
        4.2.2 Historisches Sachbuch................................... 96
        4.2.3 Geschichtszeitschriften 97
        4.2.4 Comic 99
    4.3 Audiovisuelle Medien: Geschichte in Film und Fernsehen 101
    4.4 Digitale Medien 107

5. Museen und Gedenkstätten 111
    5.1 Begriffliche und entwicklungsgeschichtliche Annäherungen an Museen und Gedenkstätten 111
        5.1.1 Entstehung und Entwicklung von Museen 114
        5.1.2 Entwicklung der Gedenkstätten in Deutschland nach 1945 122
    5.2 Forschungsansätze zum Museum 132
        5.2.1 Museumswissenschaften................................ 132
        5.2.2 Museums- und Ausstellungsanalyse 139
    5.3 Ausstellungen machen und vermitteln 144

6. Public History in der Lehre 151
    6.1 Die Verknüpfung von Theorie und Praxis im Studium 151
    6.2 Masterarbeiten zwischen Analyse und Praxisprojekt 154
        6.2.1 Zur Analyse von Geschichtspräsentationen................. 158
        6.2.2 Praxisprojekte und Projektmanagement 159
    6.3 Der Karriereweg 161
        6.3.1 Studium 162
        6.3.2 Praktika 163
        6.3.3 Promotion 164
        6.3.4 Volontariat 165
    6.4 Zwischen Wissenschaft und Event: Fachliche und ethische Leitlinien der Public History 166
    6.5 Berufsfelder 170
        6.5.1 Medien 170
        6.5.2 Museen und Gedenkstätten 176
        6.5.3 Politik.. 180
        6.5.4 Wirtschaft 182

Anhang 187
  Literaturverzeichnis 187
  Abbildungs- und Tabellenverzeichnis 205
  Abkürzungen 205
  Register 206

Einleitung

Die international gebräuchliche Bezeichnung „Public History" und ihr häufig verwendetes deutsches Äquivalent „angewandte Geschichte" weisen bereits auf zwei zentrale Aspekte der vorliegenden Publikation hin: Es geht um Geschichte *in der* Öffentlichkeit und *für die* Öffentlichkeit. Eine solche „Public History" kann sowohl im Rahmen von universitären Studiengängen und Seminaren konzipiert als auch wissenschaftlich analysiert werden. Public History bezeichnet sowohl jede öffentliche Darstellung von Geschichte als auch eine geschichtswissenschaftliche Subdisziplin, die sich mit der Präsentation von Geschichte in unterschiedlichen Medien, Institutionen und Formen auseinandersetzt.

Public History, so könnte argumentiert werden, existiert bereits so lange wie es die Beschäftigung mit Geschichte überhaupt gibt. Doch die deutsche Geschichtswissenschaft hat sich lange Zeit allein mit dem Erkenntnisgewinn durch historische Forschung und weniger mit der Vermittlung und Rezeption von Geschichte in der Öffentlichkeit beschäftigt. Dies war der Geschichtsdidaktik vorbehalten, die sich jedoch eher auf die schulische Vermittlung konzentriert hat. Zwar wurde von Seiten der Geschichtsdidaktik bereits in den 1980er Jahren mit dem Konzept der Geschichtskultur der außerschulische Umgang mit Geschichte beschrieben, und in den Kultur- und Geschichtswissenschaften wurden Konzepte von Erinnerungskultur aufgegriffen – ein breiter wissenschaftlicher Zugriff auf das facettenreiche Terrain von Geschichte in der Öffentlichkeit blieb jedoch aus. Dass die Geschichtswissenschaft sich wenig mit der außerschulischen Verbreitung von Geschichte beschäftigte, hatte auch damit zu tun, dass dieser, ob in Form von Ausstellungen oder Fernsehdokumentationen, eine geringere Wertigkeit gegenüber der „akademischen" Geschichtswissenschaft beigemessen wurde. Doch Geschichte in der Öffentlichkeit boomt, das mediale Interesse an Geschichte ist hoch und es zeigt sich eine gewachsene gesellschaftliche Bedeutung von historischen Darstellungen in den unterschiedlichsten Medien, verbreitet von öffentlichen oder privaten Institutionen, in der Kultur, Wirtschaft oder Politik. Mit diesem Boom ist die Geschichtskultur ein Thema der Geschichtswissenschaft und -didaktik geworden. Sie wird beobachtet, analysiert und weiter ausgebaut. Der vorliegende Band möchte genau diese Entwicklung unterstützen und einen Beitrag zur Auseinandersetzung mit öffentlichen Geschichtsdarstellungen leisten.

Diese Publikation richtet sich sowohl an Studierende und Absolvent*innen der Public History als auch an solche aus anderen historischen Fächern, die sich neben historischer Grundlagenforschung intensiver mit der (Re-)Präsentation von Geschichte in der Öffentlichkeit beschäftigen möchten. Darüber hinaus sind alle Interessent*innen an und Praktizierenden der Public History zur Lektüre eingeladen. Public History stellt ein Arbeitsfeld für Historiker*innen dar, das sich quantitativ ausweitet und dessen Hervorbringungen qualitativ zu untersuchen und zu verbessern sind. Daher nimmt dieses Buch sowohl Lehre und Forschung als auch den Arbeitsmarkt für Absolvent*innen einschlägiger Studiengänge in den Blick.

Spätestens seit den Bologna-Reformen wird im Rahmen von Praxisseminaren in geschichts- und kulturwissenschaftlichen Bachelor- wie Masterstudiengängen auch auf Berufsperspektiven außerhalb der Universitäten eingegangen. Dabei wird sowohl auf die Vermittlung fachwissenschaftlicher und fachdidaktischer Grundlagen Wert gelegt als auch auf die Rezeption und Analyse von Geschichte in der Öffentlichkeit sowie die Konzeption entsprechender Präsentationen in den Medien.

Das vorliegende Buch soll als Vorbereitung und Begleitung für entsprechende Studienangebote dienen, sei es in Form eigenständiger Studiengänge oder einzelner Module. Darüber hinaus bietet es jedoch auch allen Studierenden der Geschichtswissenschaft sowie historisch Interessierten Einblicke in die Public History und reflektiert über die ästhetischen, politischen und kommerziellen Dimensionen öffentlicher Geschichtsdarstellungen jenseits akademischer Publikationen. Das beinhaltet eine Diskussion von Standards für die Public History, die auch als Dienstleister für öffentliche und private Auftraggeber fungieren kann. Es gilt einen Weg zu finden, wie Geschichte gleichzeitig seriös und kurzweilig vermittelt werden kann. Zudem werden Ausbildungswege und Berufsperspektiven für Historiker*innen in Verlagen, Museen, Gedenkstätten, Verbänden, Stiftungen, Unternehmen, politischen Institutionen, Geschichtsagenturen oder im Journalismus aufgezeigt. In diesem Rahmen können viele Einzelaspekte von Public History nur kurz vorgestellt werden. Zur weiteren Vertiefung wird jeweils auf die entsprechende Spezialliteratur verwiesen, während es hier vorrangig darum geht, die Disziplin systematisch zu beschreiben.

Das Buch gliedert sich in sechs Kapitel, die der Frage nachgehen, was Public History eigentlich ist, welche Methoden zu ihr gehören und welche Arbeitsfelder sie umfasst. Dazu wird zunächst ein Überblick über die Entwicklung der Public History als Idee, Bewegung, Institution und universitäre Disziplin geboten (Autorin: Irmgard Zündorf). Anschließend werden verschiedene zentrale Begriffe wie Geschichts- und Erinnerungskultur, Geschichtsbewusstsein und Geschichtspraxis erörtert und voneinander abgegrenzt (Autor: Martin Lücke).

Darauf aufbauend wird das Verhältnis von Geschichtsdidaktik und Public History beleuchtet (Martin Lücke). Geschichtsdidaktische Prinzipien wie Multiperspektivität, Narrativität und historische Imagination werden erläutert und Ideen der Inklusion, Barrierefreiheit, Diversität und Intersektionalität sowie Debatten um Trans- und Interkulturalität diskutiert. Zudem wird Public History im Spannungsverhältnis zwischen empirischer Triftigkeit, historischen Narrationen und dem Wunsch des Publikums nach einer ästhetischen Sättigung historischer Imagination betrachtet. Denn bei der Tätigkeit von Public Historians geht es regelmäßig um den

Spagat, zum einen für die empirische Evidenz von Geschichte verantwortlich zu sein, zum anderen aber den legitimen Wunsch des Publikums nach Emotion und ansprechender Ästhetik zu befriedigen.

Im dritten Kapitel werden methodische Zugänge zu den Forschungs- und Vermittlungsquellen der Public History betrachtet. Dazu werden Materielle Kultur (Irmgard Zündorf), Visual History und Sound History (Martin Lücke), Oral History und Living History (Irmgard Zündorf) als wissenschaftliche Methoden und Vermittlungsansätze erläutert. In den beiden folgenden Kapiteln wird der Umgang mit Geschichte in den Medien (Martin Lücke) sowie in Museen und Gedenkstätten (Irmgard Zündorf) näher betrachtet. Dazu dienen jeweils ein historischer Abriss des Forschungs- und Arbeitsfeldes sowie ein Einblick in theoretische Analysezugänge.

Das abschließende Kapitel setzt sich dezidiert mit Fragen der universitären Public History auseinander und diskutiert zunächst das Verhältnis von Fachwissenschaft und Praxisbezug in der Lehre (Irmgard Zündorf). Es bietet einen Überblick über mögliche Themen und Ansätze für Masterarbeiten sowie Praxisprojekte und skizziert einen Rahmen für die eigene Projektplanung. Weiterhin werden Fragen geschichtswissenschaftlicher und -didaktischer sowie ethischer Leitlinien für die Arbeit von Public Historians diskutiert. Schließlich werden Ausbildungswege und Berufsfelder für Absolvent*innen vorgestellt, die sich mit der Vermittlung und Präsentation von Geschichte außerhalb der Universitäten und Schulen beschäftigen möchten, sei es im Bereich der Medien, der Museen und Gedenkstätten, der Politik oder der Wirtschaft.

Die vorliegende Publikation kann all diese Themen nicht umfassend behandeln. Daher wird jeweils am Ende eines Kapitels weiterführende Literatur aufgelistet sowie Hinweise auf Websites wichtiger Institutionen und Publikationsorgane im deutschen und internationalen Bereich gegeben. Die Linklisten können auch online über die Website des Verlages abgerufen werden. Wichtige Erklärungen sind im Text grafisch hervorgehoben. Das Buch schließt mit einer Bibliographie zu allen angeschnittenen Themenfeldern sowie einem Sachregister.

Diese Einführung baut auf den langjährigen Erfahrungen beider Autor*innen in der universitären Lehre in der Geschichtswissenschaft, der Geschichtsdidaktik und Public History auf, vor allem im Studiengang Public History an der Freien Universität Berlin. An der Recherche, Korrektur und formalen Gestaltung des Buches haben Adrian Lehne, Anna Panhoff, Johanna Heinecke und Hanin Ibrahim mitgewirkt. Bei ihnen möchten wir uns herzlich für die große Unterstützung bedanken.

1. Was ist Public History? Geschichte und Konzeptionen

In diesem Kapitel wird Public History als Idee und Disziplin vorgestellt. Dazu wird zunächst ihre historische Entwicklung nachgezeichnet, bevor einige mit ihr verbundene Konzepte der Geschichtsschreibung erläutert werden. In einem ersten Schritt soll der historische Werdegang der Public History als Bewegung und Institution, aus den USA kommend und inzwischen auch in Australien und in Europa weit verbreitet, nachgezeichnet werden. Danach werden verschiedene Definitionen von Public History vorgestellt, um anschließend eine eigene Begriffsbestimmung vorzuschlagen. Dabei soll deutlich werden, dass Public History große Schnittmengen mit der Geschichts- bzw. Erinnerungskultur hat. Diese Begriffe sowie weitere in diesem Buch immer wieder auftretende wie Geschichtspraxis und Geschichtsbewusstsein werden Kapitel 1.3 erläutert. Zum Schluss dieses Kapitels wird der Standort der Public History zwischen Wissenschaft und Publikumsansprüchen erörtert.

1.1 Geschichte und Institutionalisierung der Public History

Public History hat es schon lange gegeben, bevor der Begriff geprägt wurde. Die Bezeichnung stammt aus den USA, wo sich Public History zunächst als Bewegung außerhalb der Universitäten entwickelte. Aufbauend auf den Ansätzen und Zielen der **New Social History** der 1960er Jahre sollte eine Geschichte „von unten" betrieben werden. Dies bedeutete einen Perspektivwechsel weg von der bis dahin betriebenen Politik- und Ereignisgeschichte hin zu einer Sozial- und Wirtschaftsgeschichte. Auch das Interesse an Kultur- und Alltagsgeschichte und einer damit verbundenen Regionalgeschichte wuchs. Mit dieser Entwicklung wurden sowohl die Themen als auch die Quellen und Methoden der historischen Forschung ausgeweitet. Zu den neuen Quellen zählten sowohl sogenannte Ego-Dokumente, wie private Briefe und Tagebücher, als auch mündliche Zeitzeug*innenaussagen. Letztere wurden mit der in den 1980er Jahren neu entwickelten Methode der Oral History (Kapitel 3.4) erhoben und analysiert.

Seit den 1970er Jahren stieg das öffentliche Interesse an Geschichtsdarstellungen. Immer mehr Menschen besuchten historische Ausstellungen, schauten Geschichtsfilme (Spielfilme aber auch Dokumentationen), lasen entsprechende Bücher (sowohl wissenschaftliche Abhandlungen als auch populärwissenschaftliche Darstellungen und Historienromane) oder kauften Geschichtsmagazine. Die steigende Nachfrage wiederum hatte zur Folge, dass immer mehr Angebote geschaffen wurden. Diese Entwicklung wird auch als „Geschichtsboom" bezeichnet, der bis heute anhält.

Zudem erfolgte in den 1970er Jahren in den USA der Ausbau des Hochschulsystems. Dadurch stieg die Zahl der Absolvent*innen historischer Studiengänge, die im universitären oder schulischen Bereich keine Anstellung fanden. Auf andere Berufsfelder waren die Studienprogramme jedoch bis dahin nicht ausgerichtet.

Die Public History-Bewegung kritisierte die universitäre Geschichtswissenschaft, nicht auf das wachsende öffentliche Interesse an Geschichte einzugehen. Sie warf der Fachwissenschaft vor, den Kontakt zur Öffentlichkeit verloren zu haben, nicht mehr für diese zu forschen und zu schreiben, sondern nur noch für die eigenen Kreise zu publizieren. Dagegen wurde gefordert, dass die etablierten Historiker*innen sich mit ihren Fähigkeiten an der Entwicklung populärer Geschichtsdarstellungen beteiligen. Zudem sollte die universitäre Lehre an die veränderten Arbeitsbedingungen der Historiker*innen angepasst werden.

In der Folge wurden Ende der 1970er Jahre schließlich neue Studiengänge entwickelt, die auf diese Defizite reagierten und die Studierenden auf Tätigkeitsfelder im Bereich der Geschichtsvermittlung außerhalb von Schule und Universität vorbereiten sollten.

1.1.1 Public History in den USA und international

Der erste Public History-Studiengang startete 1976 an der University of California, Santa Barbara unter der Leitung des dortigen Geschichtsprofessors Robert Kelly.[1] Weitere Studiengänge, die sich verstärkt mit Vermittlungsfragen von Geschichte in der Öffentlichkeit auseinandersetzten und ganz konkret auf bestimmte Berufe vorbereiteten, folgten. Die Hochzeit dieser Public History-Studiengänge waren die 1980er Jahre, aber auch heute gibt es laut Angabe des *Public History Resource Centers* in den USA noch an 135 Universitäten entsprechende Angebote.[2]

Die Public History-Studiengänge in den USA bieten sowohl klassische geschichtswissenschaftliche Seminare an als auch solche, die sich mit Fragen der Entwicklung, Theorie und Methode der Medien- und Kulturwissenschaften auseinandersetzen. Darüber hinaus gibt es Wahlbereiche zu verschiedenen Praxisfeldern der Public History, die erste Einblicke in die konkrete berufliche Tätigkeit ermöglichen. Diese sind wiederum im Praktikum und auch in der eigenen Abschlussarbeit zu vertiefen. Die Studierenden sollen durch konkrete Beispiele und Gruppenarbeit auf die

---

1 Meringolo, Denise D.: Museums, Monuments, and National Parks. Toward a New Genealogy of Public History, Amherst 2012, S. xiv.
2 Vgl. Website des Public History Resource Center, URL: http://www.publichistory.org/education/where_study.asp (Aufruf 13.11.2017).

unterschiedlichen Formen der Präsentation von Geschichte in den verschiedenen Medien vorbereitet werden.

Einen Überblick über Definitionen, Studien- und Jobangebote in den USA sowie verschiedene Rezensionen und Rezensionsportale bietet das *Public History Resource Center*. Es definiert sich selbst als Forum, das die Arbeit von Public Historians unterstützt, fördert und verbreitet. Die dortigen Informationen beziehen sich überwiegend auf die USA, gehen aber teilweise darüber hinaus und schließen den gesamten angelsächsischen Sprachraum mit ein. Leider wird die Website in manchen Sparten seit Längerem nicht mehr überarbeitet.

Neben den Studiengängen zeichnete sich vor allem mit dem 1980 in Pittsburgh als Interessenvertretung gegründeten *National Council on Public History* (NCPH)[3] eine Institutionalisierung der Public History ab. Ziel war es, die verschiedenen Akteur*innen auf dem Feld zu vernetzen und Public History als Disziplin zu professionalisieren, um ihr Ansehen zu fördern. Dafür wurden und werden Konferenzen durchgeführt, Texte über theoretische Grundlagen sowie Praxisfelder publiziert und Hinweise für die universitäre Lehre erstellt. Das NCPH betont einerseits die Eigenständigkeit der Public History und andererseits die Nähe zur Geschichtswissenschaft, deren Methoden nach wie vor als unverzichtbar gelten.

Seit 1978 erscheint vierteljährlich die Zeitschrift *The Public Historian*[4]. Sie ist inzwischen das wissenschaftliche Organ des NCPH und dient auch über die USA hinaus als wichtiges Publikationsorgan für die Public History. Zudem veröffentlicht der NCPH seit 1986 vierteljährlich den Newsletter *Public History News*. Der NCPH betreut ebenfalls die Mailingliste *H-Public*, die 1994 eingerichtet wurde, sowie seit 2012 den Blog *Public History Commons*. Dort werden aktuelle Informationen und Diskussionen zum Thema publiziert sowie die Beiträge aus der H-Public-Liste, dem NCPH-Newsletter und Online-Artikel aus *The Public Historian* zweitveröffentlicht. Im zeitgleich eingerichteten weiteren Blog des NCPH *History@work* werden vor allem Fragen und Probleme der Praxis behandelt.

Außerhalb der USA entwickelte sich vor allem in Australien seit Ende der 1990er Jahre eine institutionell verankerte Public History. 1998 wurde an der University of Technology Sidney *The Australian Centre for Public History*[5] als Interessenvertretung gegründet. Derzeit gibt es fünf australische Universitäten mit Public History-Studienangeboten. Seit 1992 veröffentlicht die *Australian Professional Historians' Association* die wissenschaftliche Zeitschrift *Public History Review (PHR)*[6], die seit 2006 auch online zur Verfügung steht und neben *The Public Historian* zu den wichtigsten internationalen Publikationsorganen der Public History zählt. Sie

---

3 Vgl. Website des NCPH, URL: http://www.ncph.org (Aufruf 13.11.2017).
4 Vgl. Website The Public Historian, URL: http://tph.ucpress.edu (Aufruf 13.11.2017).
5 Vgl. Website des Australian Centre for Public History, URL: https://www.uts.edu.au/research-and-teaching/our-research/australian-centre-public-history (Aufruf 13.11.2017).
6 Vgl. Website der Public History Review, URL: http://epress.lib.uts.edu.au/journals/index.php/phrj (Aufruf 13.11.2017).

behandelt Fragen der Geschichtsvermittlung und deren Rezeption. Die Zeitschrift versteht sich als Forum für alle Historiker*innen.

Auch in Europa war seit den 1980er Jahren ein ansteigendes öffentliches Interesse an Geschichte zu verzeichnen. Zu einer breiten Public History-Bewegung kam es jedoch nicht. In Großbritannien entwickelte sich zunächst die „History Workshop"-Bewegung um Raphael Samuel am Ruskin College in Oxford, die sich mit Fragen der Geschichte in der Öffentlichkeit auseinandersetzte. 1996 entstand der erste Public History-Studiengang in Oxford, und inzwischen gibt es an insgesamt fünf britischen Universitäten entsprechende Angebote. Weitere Public History-Studienangebote lassen sich seit 2008 in den Niederlanden an der Universität von Amsterdam, in Belgien an der Universität von Gent und in Polen seit 2014 an der Universität Wrocław finden. Im Wintersemester 2015/16 starteten zudem in Frankreich der erste entsprechende Studiengang an der Université de Paris Est und in Italien an der Universität Modena und Reggio Emilia. In der Schweiz startet im Wintersemester 2017/18 der Masterstudiengang „Geschichtsdidaktik und öffentliche Geschichtsvermittlung" der PH Luzern und der Universität Freiburg, der in Zusammenarbeit mit den Universitäten Luzern und Basel sowie der PH St. Gallen durchgeführt wird.

Eine erste internationale Public History-Konferenz fand 2005 in Oxford unter dem Titel „People and their Pasts"[7] statt. Hier referierten vor allem Vertreter aus den USA, Australien und Großbritannien. Eine für alle Beteiligten konsensfähige Definition der Public History wurde hier ebenso wenig gefunden wie die Entscheidung, ob Public Historians in erster Linie studierte Historiker*innen sein sollten oder auch Laienhistoriker*innen sein können. Ziel der Tagung war vielmehr, möglichst vielfältige Sichtweisen zuzulassen und damit neue Perspektiven auf Geschichte in der Öffentlichkeit zu gewinnen.

2010 wurde schließlich die *International Federation for Public History* (IFPH)[8] gegründet. Sie hat sich zum Ziel gesetzt, im Bereich der Lehre und in der Forschung internationale Kontakte zu vermitteln und den transnationalen Austausch zu unterstützen. Zu diesem Zweck wird jährlich eine große internationale Tagung durchgeführt. Die erste fand 2014 in Amsterdam statt, die zweite 2015 in Jinan, die dritte 2016 in Bogotá und die vierte 2017 in Ravenna. Innerhalb des IFPH wurde eine Untergruppe für den wissenschaftlichen Nachwuchs gebildet. Sie nennt sich *Student and New Professional Committee*[9] und soll Public History-Studierende und Absolvent*innen miteinander in Kontakt bringen.

---

7   Ashton, Paul/Kean, Hilda (Hg.): People and their Pasts. Public History Today, Basingstoke 2009.
8   Vgl. Website der IFPH, ULR: https://ifph.hypotheses.org (Aufruf 13.11.2017).
9   Vgl. Website des IFPH, URL: http://ifph.hypotheses.org/412 (Aufruf 13.11.2017).

1.1.2 Public History in Deutschland

Auch in Deutschland stieg seit den 1970er Jahren die Zahl der Absolvent*innen historischer Studiengänge, und spätestens in den 1980er Jahren wurde der Geschichtsboom deutlich spürbar. Immer mehr Historiker*innen wechselten nach dem Studium in Arbeitsfelder außerhalb der Universitäten oder der Schule, waren jedoch, wie in den USA, kaum auf diese Tätigkeiten vorbereitet. Vielmehr ließ sich sogar eine gewisse Ratlosigkeit in den Universitäten beobachten, wie mit dem sogenannten Geschichtsboom umgegangen werden sollte. Auch wenn die Fachdidaktik die Fachhistoriker*innen zu stärkerer Präsenz in der Öffentlichkeit aufrief, blieb unklar, wie diese aussehen sollte.

Außerhalb der Universitäten nahmen die in den 1980er Jahren gegründeten **Geschichtswerkstätten** unter dem Motto „Grabe, wo Du stehst"[10] die Regional- und Alltagsgeschichte in den Blick und verfassten entsprechende Publikationen. Sie kritisierten die universitäre Geschichtswissenschaft für ihre Fokussierung auf die Politik- und Ideengeschichte, auch die zwischenzeitig erfolgte Aufwertung der Struktur- und Sozialgeschichte reichte ihnen nicht aus. Die Geschichtswerkstätten forderten eine demokratische Aneignung der Geschichte durch die Betroffenen selbst. Einerseits sollten die wissenschaftlich ausgebildeten Historiker*innen mit den Menschen vor Ort zusammenarbeiten und andererseits sollte das alltägliche Leben in den verschiedenen politischen Systemen und damit die „Geschichte von unten" in den Mittelpunkt des Interesses gerückt werden.[11]

Abseits der Geschichtswerkstätten und Universitäten ließ sich zudem in den 1990er Jahren in Folge des Geschichtsbooms eine „Institutionalisierung der öffentlichen Geschichtsdarstellung" beobachten.[12] So konnten sich im öffentlich-rechtlichen Fernsehen zeitgeschichtliche Redaktionen mit festen Sendeplätzen etablieren, Verlage publizierten verstärkt populärwissenschaftliche Buchreihen und populäre Geschichtszeitschriften wurden entwickelt. Gedenkstätten erhielten eine stärkere institutionelle öffentliche Förderung, Stiftungen zur Aufarbeitung der deutschen Diktaturvergangenheit entstanden und in den Bundes- und Länderverwaltungen wurden Referate eingerichtet, die sich konkret mit der Förderung von öffentlichkeitswirksamen Geschichtsprojekten auseinandersetzen sollten. Damit erweiterte sich das potentielle Arbeitsfeld von Absolvent*innen der Geschichtswissenschaften.

---

10 Lindqvist, Sven: Grabe, wo du stehst. Handbuch zur Erforschung der eigenen Geschichte [1978]. Aus dem Schwedischen übersetzt und herausgegeben von Manfred Dammeyer, Bonn 1989.
11 Grotrian, Etta: Kontroversen um die Deutungshoheit. Museumsdebatte, Historikerstreit und „neue Geschichtsbewegung" in der Bundesrepublik der 1980er Jahre, in: Zeitschrift für Religions- und Geistesgeschichte, 61 (2009), S. 372–389, hier S. 379 ff.; Vgl. auch Grotrian, Etta: Geschichtswerkstätten und Alternative Geschichtspraxis in den Achtzigern, in: Hardtwig/Schug, History Sells, 2009, S. 243–253.
12 Bösch, Frank/Goschler, Constantin: Der Nationalsozialismus und die deutsche Public History, in: Dies., Public History, 2009, S. 7–23, hier S. 21.

Es dauerte jedoch noch einige Zeit, bis auch die Studiengänge diese veränderte Situation widerspiegelten.

Einen Vorreiter im Bereich der Geschichtsstudiengänge mit Praxisbezug stellt der 1985 an der Universität in Gießen eingerichtete Magisterstudiengang Fachjournalistik Geschichte dar, der als das erste deutsche Pendant zu den amerikanischen Public History-Curricula gesehen werden kann. Allerdings ist er ganz auf die journalistische Vermittlung von Geschichte in Film-, Funk- und Druckerzeugnissen bezogen. Weitere Studienangebote dieser Art ließen lange auf sich warten.

Mit der Einführung des Bachelor- und Mastersystems seit 2000 wurden in den Bachelorstudiengängen im Fach Geschichte Praktika verpflichtend eingeführt und facheigene Übungen oder Seminare mit Praxisrelevanz angeboten. Diese Angebote waren aber zunächst kaum konkret in den Lehrplänen verankert, sondern beruhten auf dem Engagement einzelner Dozierender. Ein Beispiel für ein innovatives Public History-Seminar ist das inzwischen über die Grenzen der Universität Bremen bekannte Theaterprojekt „Aus den Akten auf die Bühne". Darüber hinaus gibt es an verschiedenen Universitäten Public History-Arbeitsbereiche, die Beratungsleistungen und/oder einzelne Praxis-Seminare anbieten. Dazu zählt der 2013/2014 an der Universität Hamburg eingerichtete Arbeitsbereich Public History, der Seminarangebote unterschiedlichster Art rund um Fragen der (Re-)Präsentation von Geschichte im Bachelorstudiengang Geschichte organisiert. Ähnliche Bereiche gibt es beispielsweise an der Universität Münster mit der „Schnittstelle Geschichte und Beruf" und an der Universität Bielefeld mit dem „Arbeitsbereich Geschichte als Beruf", die sowohl berufsvorbereitende Informationen vermitteln als auch eigene Praxisseminare durchführen. Eigenständige Public History-Studiengänge werden hier allerdings nicht angeboten. Auch der an der Universität Zürich angesiedelte Weiterbildungsmaster Applied History stellt keinen Studiengang im Sinne der Public History dar. Er bietet vielmehr in erster Linie klassische geschichtswissenschaftliche Seminare für Nicht-Historiker*innen an.

Erst seit 2008 gibt es mit dem konsekutiven Masterstudiengang „Public History" an der Freien Universität (FU) Berlin ein Angebot, das sich explizit der Public History in all ihren Formen widmet und eine Alternative zu sonstigen Geschichtsmaster-Programmen bietet. Der Studiengang wird gemeinsam von der Universität bzw. dem Lehrstuhl für Neuere und Neueste Geschichte der FU sowie dem Zentrum für Zeithistorische Forschung (ZZF) angeboten. Aufgrund dieser Kombination ist er inhaltlich stark auf das 20. Jahrhundert ausgerichtet. Die Grundidee des Studienganges liegt in der Vermittlung von theoretisch und methodisch fundierter Geschichtswissenschaft einerseits sowie Praxisfragen der öffentlich wirksamen Geschichtsvermittlung andererseits. Daher werden sowohl klassische historische Seminare angeboten als auch Module rund um Fragen der (Re-)Präsentation, der Geschichtsdidaktik, der Mediengeschichte und des Kulturmanagements. Neben geschichtswissenschaftlichen Methoden werden den Studierenden die Grundlagen des Historischen Lernens, der Oral History, der Material Culture und der Visual History sowie Sound History vermittelt. Auf dieser Basis sollen sie in die Lage versetzt werden, sowohl eigene Geschichtsprodukte zu konzipieren als auch vorhandene Angebote zu analysieren. Die Einsichten in die Praxisarbeit sollen zum einen durch Hausarbeiten in Form von Praxisprojekten gewährleistet werden, zum anderen über die Einbindung von Dozierenden und Gästen aus der außeruniversitären Praxis sowie durch die verpflichtende Teilnahme an Praktika.

Inzwischen gibt es in Deutschland weitere Public History-Studienangebote. So wurde 2012 an der Universität Heidelberg die Professur für Angewandte Geschichtswissenschaft und Public History eingerichtet. 2015 startete an der Universität Köln der zweite Public History-Studiengang. Weitere Programme sind zum Beispiel an der Ruhr-Universität Bochum in Planung. Darüber hinaus gibt es aber auch Studiengänge ähnlichen Inhaltes, jedoch gänzlich anderen Namens wie die Masterstudiengänge „Fachdidaktische Vermittlungswissenschaften – mediating culture" an der Universität Augsburg, „Kulturvermittlung" an der Universität Hildesheim, „Kunst- und Kulturvermittlung" an der Universität Bremen oder „Empirische Kulturwissenschaft" mit der Profillinie „Museum & Sammlungen" an der Universität Tübingen. Die Angebote sind denen der genannten Public History-Studiengänge relativ ähnlich, auch wenn das Feld ‚Geschichte' hier jeweils auf ‚Kultur' erweitert wird. Hinzu kommt ab 2017 der weiterbildende Studiengang „Politisch-Historische Studien" an der Universität Bonn, der berufsbegleitend absolviert werden soll und sich an Interessenten wendet, die im Bereich der Vermittlung von Politik und/oder Zeitgeschichte tätig sind.

Auch wenn die Programme sich unterscheiden, ist doch allen gemein, dass sie sich mit Geschichtspräsentationen im öffentlichen Raum auseinandersetzen. Zudem sind Projektseminare und Praktika integrale Bestandteile der jeweiligen Studienangebote. Die Verknüpfung mit der beruflichen Praxis steht im Mittelpunkt der Studiengänge. Darüber hinaus sind sowohl Fachwissenschaftler*innen als auch Fachdidaktiker*innen in die Lehre eingebunden, sodass sowohl Grundwissen vertieft als auch Vermittlungsfragen behandelt werden.

Trotz dieser durchaus bemerkenswerten Entwicklung kann im deutschsprachigen Raum nicht von einer Public History-Bewegung gesprochen werden und auch noch nicht von einer eigenständigen Disziplin im universitären Bereich. Die Angebote variieren von einzelnen Seminaren und Übungen über Weiterbildungsstudiengänge bis hin zum Masterstudiengang. Noch fehlt es auch an entsprechenden Graduiertenschulen, auch wenn die Anzahl der Promotionen über Themen der Erinnerungskultur deutlich zunimmt.

Public History wird aber nicht nur an den Universitäten gelehrt, sondern auch und vor allem außerhalb dieser Einrichtungen umgesetzt. Gerade die Historiker*innen, die nicht in die institutionellen akademischen Bereiche eingebunden sind, haben in der Vergangenheit auf die Gründung einer eigenen Interessenvertretung gedrängt. 2012 wurde schließlich auf dem Historikertag in Mainz die *Arbeitsgruppe Angewandte Geschichte/Public History*[13] innerhalb des *Verbandes der Historiker und*

---

13 Vgl. Website der AG, URL: http://www.historikerverband.de/arbeitsgruppen/ag-angewandte-geschichte.html (Aufruf 13.11.2017).

Historikerinnen Deutschlands gegründet. Ziel ist es, die Zusammenarbeit der innerhalb und außerhalb der etablierten Geschichtswissenschaft tätigen Historiker*innen zu verstärken. Daher sieht sich die AG vor allem als Kommunikationsplattform. Dafür werden regelmäßig Workshops zu Themen der Public History durchgeführt, zu denen alle Mitglieder, aber auch weitere Interessierte eingeladen sind. Seit März 2015 gibt es mit den *Studierenden und Young Professionals (SYP)*[14] innerhalb der AG eine Gruppe, die sich aus Studierenden und Absolvent*innen der unterschiedlichen Studiengänge in Deutschland zusammensetzt. Die AG verfügt über kein eigenes Publikationsorgan. Seit 2013 gibt es jedoch das wissenschaftlich ausgerichtete Blog-Journal *Public History Weekly*[15], das wöchentlich kürzere Beiträge zu Themen der Public History mit einem Fokus auf Fragen der Geschichtsdidaktik publiziert, die jeweils mit Kommentaren versehen werden können.

Public History ist somit auch in Deutschland inzwischen auf dem Weg zur Fachdisziplin. Als solche setzt sie sich nicht nur mit populären Darstellungen geschichtswissenschaftlicher Erkenntnisse auseinander, sondern liefert mit ihren Präsentationen auch Impulse für die Forschung. Sie trägt somit nicht nur zur Rekonstruktion von Geschichte bei, sondern wird Teil der Geschichtskultur. Einen mittlerweile selbst längst historischen Impuls dieser Art lieferte der Fernsehmehrteiler „Holocaust", der 1979 in Deutschland ausgestrahlt wurde und zu einem „Paradigmenwechsel in der Auseinandersetzung mit dem Nationalsozialismus und den NS-Verbrechen"[16] führte. Ein weiteres Beispiel stellt die erste Ausstellung über „Verbrechen der Wehrmacht" dar, die Ende der 1990er Jahre präsentiert wurde und einen neuen Umgang der Geschichtswissenschaft mit Bildern und hier vor allem mit Fotografien einleitete. Der Blick in die Entwicklung populärer Geschichtspräsentationen bietet somit sowohl Einblicke in Tätigkeitsfelder für Absolvent*innen historischer Studiengänge als auch in Forschungsfelder für die Geschichtswissenschaft und besonders für die Public History.

Literatur

Ashton, Paul/Kean, Hilda (Hg.): People and their Pasts. Public History Today, Basingstoke 2009.
Horn, Sabine/Sauer, Michael (Hg.): Geschichte und Öffentlichkeit. Orte – Medien – Institutionen, Göttingen 2009.
Kean, Hilda/Martin, Paul/Morgan, Sally J.: Seeing History. Public History in Britain Now, London 2000.
Korte, Barbara/Paletschek, Sylvia: History goes Pop. Zur Repräsentation von Geschichte in populären Medien und Genres, Bielefeld 2009.

---

14 Vgl. Website der SYP, URL: http://www.historikerverband.de/arbeitsgruppen/ag-angewandte-geschichte/ueber-die-ag/studierende-und-young-professionals.html (Aufruf 13.11.2017).
15 Vgl. Public History Weekly, URL: http://public-history-weekly.oldenbourg-verlag.de/ (Aufruf 13.11.2017).
16 Bösch/Goschler, Der Nationalsozialismus und die deutsche Public History, S. 20.

Meringolo, Denise D.: Museums, Monuments, and National Parks. Toward a New Genealogy of Public History, Amherst 2012.
Rauthe, Simone: Public History in den USA und der Bundesrepublik Deutschland, Essen 2001.

1.2 Programmatische und begriffliche Annäherung an Public History

Der Begriff „Public History" entstand in den USA, ist aber auch dort nicht eindeutig definiert. Geprägt wurde er von dem bereits erwähnten Robert Kelly, Professor an der University of California in Santa Barbara. Seine in den 1970er Jahren formulierte Definition lautet:

„Public History refers to the employment of historians and the historical method outside the academia: in government, private corporations, the media, historical societies and museums, even in private practice."[17]

Damit verweist Kelly darauf, dass Public History außerhalb der Universitäten stattfindet, und zwar in Politik und Wirtschaft, in Medien, Museen und Geschichtsvereinen sowie im „privaten Bereich" und dort insbesondere in der Ahnenforschung. Trotz dieser Aufzählung von Arbeitsfeldern bleibt die Definition unpräzise, was die Inhalte und Methoden der Public History angeht. So bezog sich Kellys Begriff Public History nicht auf die Geschichts*vermittlung* in der Öffentlichkeit, sondern allein auf die Beschäftigung von Historiker*innen mit ihren ganz spezifischen Fähigkeiten in den Bereichen Recherche, Analyse und Interpretation außerhalb der Universitäten.[18]

Gegner dieser Definition sahen darin eine simple, verkürzende Aufspaltung der Historikerzunft nach ihrer Beschäftigung an oder außerhalb der Universitäten. Sie forderten stattdessen eine Einbindung der Fachhistoriker*innen und weiterer Akteur*innen sowie gleichzeitig eine Ausweitung der Definition auf die Ziele und Inhalte der Public History. Diese sei somit, wie der Historiker Charles Cole in den 1990er Jahren formulierte,

„history for the public, about the public, and by the public"[19].

Damit wurde die Öffentlichkeit nicht nur zur Zielgruppe, sondern auch zum Thema und zur Produzentin von Geschichtsschreibung erklärt. Dies implizierte, dass die entsprechenden Aktivitäten aller irgendwie an Geschichte interessierten Menschen zur Public History gezählt werden konnten. Diese Ausweitung auf jede Form der Laien-Geschichtsschreibung fand wiederum nicht überall Zuspruch.

---

17 Kelly, Robert: Public History: Its Origins, Nature, and Prospects, in: The Public Historian, 1 (1978), 1, S. 16–28, hier S. 16.
18 Meringolo, Museums, Monuments, and National Parks, S. xvii.
19 Cole, Charles C.: Public History: What Difference Has It Made?, in: The Public Historian, 16 (1994), 4, S. 9–35, hier S. 11.

Die amerikanische Vereinigung der Public Historians (*National Council on Public History*, NCPH) definierte 2007 Public History wie folgt:

„Public history is a movement, methodology, and approach that promotes the collaborative study and practice of history; its practitioners embrace a mission to make their special insights accessible and useful to the public."[20]

Aber auch diese Definition stieß auf Kritik, da Public History zu diesem Zeitpunkt keine Bewegung, sondern bereits in den Institutionen angekommen sei und trotzdem keine eigenständige Methode entwickelt habe. Übereinstimmung herrschte inzwischen jedoch darüber, dass unter Public History mehr verstanden wurde als nur die Arbeit von Historikern außerhalb der Universitäten. Die überarbeitete Definition des NCPH lautet daher:

„public history describes the many and diverse ways in which history is put to work in the world. In this sense, it is history that is applied to real-world issues. In fact, applied history was a term used synonymously and interchangeably with public history for a number of years. Although public history has gained ascendance in recent years as the preferred nomenclature especially in the academic world, applied history probably remains the more intuitive and self-defining term."[21]

Auch diese Definition bleibt eher vage und der Hinweis auf die begriffliche Ähnlichkeit zur Angewandten Geschichte (Applied History) erscheint nicht unbedingt hilfreich. Hier findet sich allerdings eine Ähnlichkeit zur deutschen Diskussion, in der ebenfalls kaum zwischen Angewandter Geschichte und Public History unterschieden wird. Ein Unterscheidungsmerkmal könnte höchstens darin gesehen werden, dass die Angewandte Geschichte[22] dezidiert alle Geschichtsinteressierten einbinden will und Public History eher auf universitär ausgebildete Historiker*innen zurückgreift.[23] So betont Thomas Cauvin, Vorstandsmitglied der internationalen Vereinigung der Public History, dass Public Historians keine Historiker*innen zweiter Klasse seien, sondern ihre Vorgehensweise wie bei allen Historiker*innen auf geschichtswissenschaftlichen Standards beruhe.[24]

---

20 Definition des National Council on Public History, zit. nach: Corbett, Kathy/Miller, Dick: What's in a Name?, H-Public Discussion Networks, May 2007, URL: http://h-net.msu.edu/cgi-bin/logbrowse. pl?trx=vx&list=h-public&month=0705&week=e&msg=aVngv/iJbMn6XgpXbtnoiw&user=&pw= (Aufruf 13.11.2017).
21 Website des NCPH, URL: http://ncph.org/what-is-public-history/about-the-field/ (Aufruf 13.11.2017).
22 Tomann, Juliane u. a.: Diskussion Angewandte Geschichte: Ein neuer Ansatz?, Version: 1.0, in: Docupedia-Zeitgeschichte, 15.2.2011, URL: http://docupedia.de/zg/Diskussion_Angewandte_Geschichte?oldid=106405 (Aufruf 13.11.2017).
23 Vgl. Zündorf, Irmgard: Public History und Angewandte Geschichte – Konkurrenten oder Komplizen?, in: Nießer/Tomann, Angewandte Geschichte, 2014, S. 63–76.
24 Cauvin, Thomas: Public History. A Textbook of Practice, New York 2016, S. 11.

In einer Zwischenbilanz kann festgehalten werden, dass es zwar viele Merkmale gibt, die Public History ausmachen, aber eine konkrete, von allen Public Historians anerkannte Definition nicht existiert. Der frühere Präsident des NCPH erklärt daher auch, Public History sei „easier to describe than define, and you know it when you see it"[25]. Auf diese vielleicht unvermeidliche begriffliche Unschärfe verweist auch die Formulierung eines Vertreters der australischen Public History-Gemeinschaft. Danach ist Public History

„an elastic, nuanced und contentious term. Its meaning has changed over time and across cultures in different local, regional, national and international contexts."[26]

Ziel dieser verschiedenen Definitionsansätze scheint vor allem zu sein, möglichst viele Akteur*innen und viele Formen des Umganges mit Geschichte zu integrieren und daher möglichst offen zu bleiben. So erklärt ein Mitglied der *International Federation for Public History* (IFPH) nur, dass Public History sich auseinandersetzt mit der

„Gegenwärtigkeit der Vergangenheit – und mit dem Konstruktionscharakter von Geschichte – außerhalb akademischer Gegebenheiten".[27]

Wer die Akteur*innen des Faches sind, bleibt dabei ebenso unscharf wie seine methodischen Grundlagen. Auch im deutschsprachigen Raum gibt es keine eindeutigen Definitionen, sondern eher Umschreibungen. So wird Public History auch als Schirm begriffen, unter dem Konzepte wie Geschichts- oder Erinnerungskultur zusammengefasst werden können.[28] Es finden sich jedoch auch konkretere Erklärungen. So verstehen Frank Bösch und Constantin Goschler Public History als

„zunächst jede Form von öffentlicher Geschichtsdarstellung, die außerhalb von wissenschaftlichen Institutionen, Versammlungen oder Publikationen aufgebracht wird".[29]

Diese Erklärung verweist sehr schön auf die große Bandbreite der Public History, bezieht jedoch den wissenschaftlichen Blick auf öffentliche Geschichtsdarstellungen

---

25 Weible, Robert: Defining Public History: Is it Possible? Is it Necessary?, in: Perspectives on History. The Newsmagazine of the American Historical Association, 46 (2008), 3, URL: https://www.historians.org/publications-and-directories/perspectives-on-history/march-2008/defining-public-history-is-it-possible-is-it-necessary (Aufruf 13.11.2017).
26 Ashton, Paul: Introduction: Going Public, in: Public History Review, 17 (2010), S. 1–15, hier S. 1 f.
27 Noiret, Serge: Internationalisierung der Public History, in: Public History Weekly, 2 (2014), 34, URL: https://public-history-weekly.degruyter.com/2-2014-34/internationalizing-public-history/ (Aufruf 13.11.2017).
28 Demantowsky, Marko: „Public History" – Aufhebung einer deutschsprachigen Debatte?, in: Public History Weekly, 3 (2015) 2, URL: https://public-history-weekly.degruyter.com/3-2015-2/public-history-sublation-german-debate/ (Aufruf 13.11.2017).
29 Bösch/Goschler, Der Nationalsozialismus und die deutsche Public History, S. 10.

nicht mit ein. Die zweite Definition des Historikers Habbo Knoch versteht Public History dagegen dezidiert als

„Teildisziplin der Geschichtswissenschaft [...], die öffentliche Repräsentationen von Vergangenheit außerhalb von Fachwissenschaft, Schule und Familie sowie die damit einhergehenden Deutungen zusammen mit ihren Akteuren, Medien, performativen Praktiken und materiellen Objekten daraufhin untersucht, was für wen, wie, mit welcher Bedeutung und zu welchem Zweck als ‚Geschichte' konstituiert und verhandelt wird".[30]

Diese Perspektive wiederum betont die universitäre Public History. Beide Seiten verbindet folgende, hier verwendete Definition:

> Public History wird sowohl als jede Form der öffentlichen Geschichtsdarstellung verstanden, die sich an eine breite, nicht geschichtswissenschaftliche Öffentlichkeit richtet, als auch als eine Teildisziplin der Geschichtswissenschaft, die sich der Erforschung von Geschichtspräsentationen widmet.[31]

Damit wird der Bezug zur Geschichtswissenschaft und zur Geschichtsdidaktik herausgestellt und die Erforschung aber auch die Entwicklung außeruniversitärer Präsentationen von Geschichte betont. Public History ist somit sowohl Forschungsdisziplin als auch Forschungsgegenstand. In diesem Punkt grenzen sich deutsche Studienangebote von den Public History-Studiengängen in den USA ab, da letztere vor allem eine praxisnahe Ausbildung vermitteln, um die künftigen Absolvent*innen auf den Arbeitsmarkt außerhalb der Universitäten vorzubereiten. Public History in unserem Verständnis setzt sich jedoch darüber hinaus mit öffentlichen (Re-)Präsentationen von Geschichte auseinander, analysiert diese und dekonstruiert darin zum Ausdruck kommende Geschichtsbilder, um den öffentlichen Gebrauch und Missbrauch der Historie zu untersuchen.

In diesem Sinne können auch konkrete Aufgaben der universitären Public History formuliert werden. Danach analysiert sie sowohl Geschichtsdarstellungen als auch entsprechende Diskurse und deren Wirkungen, um das Verständnis des Konstruktionscharakters von Geschichte zu erhöhen. Dabei sollten die medialen, ökonomischen und politischen Einflüsse auf die Darstellung der Vergangenheit herausgearbeitet werden. In diesem Zusammenhang ist zudem die Instrumentalisierung von Geschichte zu reflektieren. Auf diese Weise können die Funktionen der Geschichtsbilder in den jeweilgen Darstellungen entschlüsselt werden, was

---

30 Knoch, Habbo: Wem gehört die Geschichte? Aufgaben der „Public History" als wissenschaftlicher Disziplin, in: Hasberg/Thünemann, Geschichtsdidaktik in der Diskussion, 2016, S. 303–345, hier S. 304.
31 Vgl. auch Zündorf, Irmgard: Zeitgeschichte und Public History, Version: 2.0, in: Docupedia-Zeitgeschichte, 6.9.2016, URL: http://docupedia.de/zg/Zuendorf_public_history_v2_de_2016 (Aufruf 13.11.2017).

wiederum deren Wirkung relativieren kann.³² Public History leistet somit sowohl Beiträge zur Geschichtswissenschaft als auch zur Erinnerungs- bzw. Geschichtskultur (siehe Kapitel 1.3).

Die universitäre Public History ist in Deutschland institutionell bislang vor allem an zeithistorischen Professuren angesiedelt. In jüngster Zeit streben aber auch geschichtsdidaktische Lehrstühle ausdrücklich ihre Berücksichtigung an. Zudem wird ebenso die Nähe zu den Kulturwissenschaften betont.³³ Letztendlich verbindet Public History geschichtswissenschaftliche, didaktische und kulturwissenschaftliche Methoden und Ansätze miteinander und geht daher in keinem der Fächer allein auf.

Die Fokussierung auf die Zeitgeschichte lässt sich wesentlich darauf zurückführen, dass es innerhalb der Geschichtswissenschaft, aber vor allem auch im gesellschaftlichen Interesse ein „zeitgeschichtliches Gravitationszentrum"³⁴ zu geben scheint, das sich in den vielfältigen Darstellungen zum 20. Jahrhundert als „Zeitalter der Extreme" (Eric Hobsbawm) ausdrückt. Das besondere Interesse an der Zeitgeschichte lässt sich weiterhin mit ihrem Konfliktpotential als „Streitgeschichte"³⁵ erklären. Dies wiederum kann darauf zurückgeführt werden, dass wir es hier mit einer „Epoche der Mitlebenden" (Hans Rothfels), die jeweils ihre Sicht auf ihre Geschichte einbringen, zu tun haben. Darüber hinaus ist die Zeitgeschichte für die Public History besonders interessant, weil sie hier in besonderem Maße Audio- und Video-Quellen einbinden kann, die gerade in der Vermittlung größere Aufmerksamkeit erzielen. Gleichzeitig sind diese medialen Geschichtsdarstellungen wiederum Quellen für die Analyse zeithistorischer Vermittlungsstrategien. Besondere Herausforderungen stellen dabei die relativ schnelllebigen Präsentationen im Internet dar, für deren Untersuchung bisher noch kaum Ansätze entwickelt wurden.

Geschichtspräsentationen, die von Public Historians erstellt werden, unterliegen besonderen Anforderungen. Sie sind Geschichte für die Öffentlichkeit und in der Öffentlichkeit. Als solche wiederum können sie auch als *„popular history"*³⁶ verstanden werden. Damit wird darauf verwiesen, dass Public History Geschichte für ein Nicht-Fachpublikum in einer populären Art aufbereitet. Sie soll jedoch nicht nur unterhalten, sondern auch historische Prozesse veranschaulichen. Dafür benötigen Public Historians die Fähigkeit, den bereits vorhandenen geschichtswissenschaftlichen Erkenntnisstand aufzuarbeiten und gegebenenfalls auch selbst zu forschen, um in einem zweiten Schritt die Ergebnisse für ein nicht fachwissenschaftlich vor-

---

32 Knoch, Wem gehört die Geschichte?, S. 343 f.
33 Samida, Stefanie: Public History als Historische Kulturwissenschaft: Ein Plädoyer, Version: 1.0, in: Docupedia-Zeitgeschichte, 17.6.2014, URL: http://docupedia.de/zg/Public_History_als_Historische_Kulturwissenschaft?oldid=97436 (Aufruf 13.11.2017).
34 Nolte, Paul: Öffentliche Geschichte. Die neue Nähe von Fachwissenschaft, Massenmedien und Publikum: Ursachen, Chancen und Grenzen, in: Barricelli/Hornig, Aufklärung, Bildung, „Histotainment", 2008, S. 131–146, hier S. 136.
35 Sabrow, Martin/Jessen, Ralph/Große Kracht, Klaus (Hg.): Zeitgeschichte als Streitgeschichte. Große Kontroversen seit 1945, München 2003.
36 Jordanova, Ludmilla: History in Practice, London 2000, S. 141.

gebildetes Publikum verständlich und anschaulich in verschiedenen Medien aufzubereiten. Somit kann Public History originäre Beiträge zur Geschichtsschreibung und Geschichtskultur leisten.

Public Historians sollten daher fachwissenschaftlich mit Texten, Bildern, Filmen, Tondokumenten und Objekten als Quellen umgehen können. Sie sollten die Quellen aber auch professionell als Vermittlungselemente in Präsentationen wie einem Film, einer Radiosendung, einer Ausstellung, einem Buch oder einer Website einsetzen können. Dafür wiederum werden die geschichtswissenschaftlichen Methoden der Textanalyse, aber auch der Oral History, Visual History, Material Culture und auch der Sound History benötigt. In diesem Buch ist diesen Zugängen jeweils ein eigenes Unterkapitel gewidmet (siehe Kapitel 3). Darüber hinaus wird die Geschichtsdidaktik hier im konkreten Bezug zur Public History einbezogen (siehe Kapitel 2). Public History verknüpft somit verschiedenste Methoden, sowohl in der Forschung als auch in der Konzeption neuer Geschichtsdarstellungen.

Bei der Entwicklung entsprechender Darstellungen agieren Public Historians häufig als Dienstleister für öffentliche oder private Auftraggeber. Dabei müssen wissenschaftliche Ansprüche mit kommerziellen Anforderungen und inhaltlichen Vorgaben abgestimmt werden, was eine der größten Herausforderungen der Public History darstellt. Annäherungen an entsprechende Standards werden im Kapitel 6.4 vertiefend erläutert.

Diese Geschichtsdarstellungen, die für private oder öffentliche Auftraggeber entwickelt werden, sollen sich an die **Öffentlichkeit** richten. Diese versteht Jörg Requate als Raum, der sich durch Kommunikation konstituiert.[37] Die kommunizierten Themen sind von allgemeinem Interesse, der Kommunikationsraum ist allgemein zugänglich und alle können sich aktiv oder passiv beteiligen. Die Akteur*innen lassen sich nach Arne Schirrmacher hinsichtlich ihres Vorwissens in verschiedene Gruppen unterteilen: (1) „breite Öffentlichkeit", (2) „gelegentlich interessierte Öffentlichkeit", die (3) „gebildete Öffentlichkeit", die (4) „Fachöffentlichkeit", die (5) „Fachkreise außerhalb des engeren Forschungsgebiets" und schließlich die (6) „Fachwissenschaft".[38] Wie oben erläutert, zielen die Präsentationen der Public History vor allem auf ein außeruniversitäres Publikum und damit auf die Gruppen 1 bis 4. Die Präsentationen sind somit in der Regel an ein Publikum gerichtet, das über wenig oder gar kein Vorwissen über die dargestellte Geschichte verfügt. Da sich das Zielpublikum nicht professionell, also während der Arbeitszeit, mit Geschichtsdarstellungen auseinandersetzt, bleibt nur die Freizeit. Diese wiederum ist für viele Menschen sehr begrenzt und dient nicht nur der Aufnahme von Informationen, sondern primär der Entspannung und Unterhaltung. Der Wunsch nach

---

37 Requate, Jörg: Öffentlichkeit und Medien als Gegenstände historischer Analyse, in: Geschichte und Gesellschaft, 25 (1999), S. 5–32, hier S. 9.
38 Schirrmacher, Arne: Nach der Popularisierung. Zur Relation von Wissenschaft und Öffentlichkeit im 20. Jahrhundert, in: Geschichte und Gesellschaft, 34 (2008), S. 73–95, hier S. 86.

Unterhaltung kann auch als „anthropologische Konstante"[39] verstanden werden. Unterhaltung ist nach Werner Faulstich

„die anstrengungslose Nutzung geschichtlich unterschiedlich formativer Erlebnisangebote, um im je spezifischen kulturell-gesellschaftlichen Kontext disponible Zeit genüsslich auszufüllen".[40]

Die zentralen Merkmale der Unterhaltung werden mit den Adjektiven „anstrengungslos" und „genüsslich" beschrieben. Kaspar Maase bezeichnet Unterhaltung auch als das Gegenteil von Monotonie und Mühe. „Aufmerksamkeit, Konzentration, auch intellektuelle Anstrengung" seien als Komponenten von Unterhaltung zwar nicht ausgeschlossen, aber auch nicht unverzichtbar. Maase erachtet zusätzlich eine „Kennerschaft" als unabdingbar, denn nur was verstanden wird, könne auch unterhalten.[41] Unterhaltung und Information schließen sich somit nicht aus, sie treten vielmehr, wie im Fall von Geschichtspräsentationen, gemeinsam auf.

Deshalb werden Public History-Darstellungen häufig so konzipiert, dass die komplexen historischen Zusammenhänge sowohl verständlich als auch interessant bzw. unterhaltsam und anschaulich aufbereitet werden, sodass sie in relativ kurzer Zeit und ohne viel Vorwissen konsumiert werden können. Gleichzeitig hat Public History jedoch eine aufklärerische Aufgabe. Deshalb muss sie sich regelmäßig die Frage stellen, wie wissenschaftliche Forschungsergebnisse in andere Medien überführt, dafür gekürzt, verändert und mit zusätzlichen Materialien versehen werden können, ohne dabei unseriös zu werden. Wie kann ein sorgfältiger, kontrollierbarer, transparenter und unparteilicher Umgang mit den Quellen gewährleistet werden? Wie lässt sich sicherstellen, dass die Autorenschaft des jeweiligen Beitrages eindeutig ausgewiesen ist? Und wie kann eine Präsentation, in der all diese Anforderungen erfüllt sind, immer noch interessant und unterhaltend sein?

Die verschiedenen hier angedeuteten Ansätze zeigen, dass Public History sowohl als akademisches Forschungsfeld betrieben als auch ein Arbeitsfeld außerhalb der akademischen Institutionen darstellen und darüber hinaus selbst Forschungsgegenstand sein kann. Zu den Arbeitsbereichen zählen Politik, Unternehmen, Massenmedien (Radio, Film und Fernsehen, Internet, Zeitschriften), Denkmalswesen, Museen und Gedenkstätten, Verbände und Stiftungen, Politische Bildung, Archiv- und Dokumentationswesen, Familien- und Lokalgeschichte, die Tourismusbranche oder das Verlagswesen. Die Berufe selbst verändern sich stetig. Neben die klassischen Tätigkeiten des Ausstellungsmachens, der pädagogischen oder journalistischen Arbeit treten Rechercheaufgaben, App-Entwicklungen, Reisebegleitungen oder Veranstaltungsorganisationen. Public History kann auch in dieser Hinsicht

---

39 Faulstich, Werner: „Unterhaltung" als Schlüsselkategorie von Kulturwissenschaft: Begriffe, Probleme, Stand der Forschung, Positionsbestimmung, in: Ders./Knop, Unterhaltungskultur, 2006, S. 7–20, hier S. 8.
40 Faulstich, „Unterhaltung", S. 14.
41 Maase, Kaspar: Grenzenloses Vergnügen? Zum Unbehagen in der Unterhaltungskultur, in: Frizzoni/Tomkowiak, Unterhaltung, 2006, S. 49–67, hier S. 53.

innovativ sein. So bieten Public Historians historisch fundierte Videobustouren oder auch Geschichts-Geocaching an, arbeiten für Stiftungen oder Ministerien in der Öffentlichkeitsarbeit, schreiben Politiker*innenreden oder konzipieren Ausstellungen – für Museen ebenso wie für Unternehmen oder öffentliche Verwaltungen.

Public History als Fachdisziplin bietet eine „konstruktive Kommunikationsebene zwischen ‚praktischer' Produktion und ‚theoretischer' Kritik"[42], die lange gefehlt hat. Vor allem im deutschsprachigen Raum wurde und wird die Grenze zwischen akademisch etablierten und außerhalb der wissenschaftlichen Institutionen tätigen Historiker*innen relativ strikt gezogen. Es bleibt zu hoffen, dass Public History als Vermittlerin dienen kann. Denn so, wie sie in diesem Buch verstanden wird, leistet sie durchaus einen eigenständigen Beitrag zur Entwicklung der Geschichtswissenschaft, in dem sie Themen setzt, Quellen neu entdeckt und innovative Zugänge findet.

Literatur

Bösch, Frank/Goschler, Constantin (Hg.): Public History. Öffentliche Darstellungen des Nationalsozialismus jenseits der Geschichtswissenschaft, Frankfurt/M. 2009.
Cauvin, Thomas: Public History. A Textbook of Practice, New York 2016.
Rauthe, Simone: Public History in den USA und der Bundesrepublik Deutschland, Essen 2001.
Sayer, Faye: Public History. A practical guide, London u. a. 2015.
Zündorf, Irmgard: Zeitgeschichte und Public History, Version: 2.0, in: Docupedia-Zeitgeschichte, 6.9.2016, URL: http://docupedia.de/zg/Zuendorf_public_history_v2_de_2016

Web-Links

Arbeitsgruppen und Verbände
International Federation for Public History (IFPH), URL: http://ifph.hypotheses.org
National Council on Public History (NCPH), URL: http://www.ncph.org
AG Angewandte Geschichte im Verband der Historiker und Historikerinnen Deutschlands, URL: http://www.historikerverband.de/arbeitsgruppen/ag-angewandte-geschichte.html
Studierende und Young Professionals der Public History, URL: http://www.historikerverband. de/arbeitsgruppen/ag-angewandte-geschichte/ueber-die-ag/studierende-und-young-professionals.html

Zeitschriften/Mailinglisten/Blogs
Mailingliste H-Public, URL: http://www.h-net.org/~public
The Public Historian, URL: http://tph.ucpress.edu
Public History News, URL: http://ncph.org/publications-resources/publications/public-history-news
History@Work, URL: http://ncph.org/history-at-work
Public History Weekly, URL: http://public-history-weekly.oldenbourg-verlag.de
Public History Review, URL: http://epress.lib.uts.edu.au/journals/index.php/phrj/index

---

42 Demantowsky, „Public History".

1.3 Geschichte in der Öffentlichkeit: Geschichts- und Erinnerungskultur als erkenntnisleitende Konzepte[43]

Möchte man systematisch in den Blick nehmen, welche vielfältigen Funktionen Geschichte in der Öffentlichkeit einnimmt und wie man solche Funktionen kriteriengeleitet beschreiben und analysieren kann, so liegen für ein solches Vorhaben zwei Konzepte auf dem Tisch, die nicht selten synonym verwendet werden, aber auch manchmal als Konkurrenzkonzepte in Erscheinung treten: Erinnerungskultur und Geschichtskultur. Beide Konzepte ordnen den Umgang mit Geschichte in der Öffentlichkeit jeweils unterschiedlichen Akteur*innen und Akteuren von Geschichte zu, zum Beispiel dem Individuum, das durch eine Beschäftigung mit Geschichte eine eigene historische Identität ausbildet, oder der akademischen Geschichtswissenschaft, die Standards vorgibt, die für den Umgang mit Geschichte auch in der Öffentlichkeit Geltung beanspruchen.

Vielleicht liegt die Konkurrenzsituation beider Konzepte weniger an einer grundlegenden Unterschiedlichkeit (die sich tatsächlich nur, aber immerhin, am Unterschied von Geschichte und Erinnerung festmacht), sondern auch daran, wer die Protagonist*innen im akademischen Diskurs sind, die sich die jeweiligen Konzepte auf ihre Fahnen heften: Während „Erinnerungskultur" als Analyseinstrument fast schon inflationär vor allem von den akademischen Geschichts- und Kulturwissenschaften verwendet wird, hat sich der Terminus „Geschichtskultur" in der Geschichtsdidaktik zu einem Leitkonzept entwickelt, mit dem der öffentliche Ort von Geschichtsbewusstsein in einer Gesellschaft beschrieben wird.

Den Zusammenhang von „Geschichte" und „Erinnerung" präzisiert der Geschichtstheoretiker Jörn Rüsen, indem er betont, dass Erinnerung (und auch Gedächtnis) alltagssprachlich auf Erfahrungen gerichtet sind, die Individuen in ihrem eigenen Leben machen, während Geschichtsbewusstsein überwiegend eine Vergangenheit thematisiert, die jenseits der Grenzen der eigenen Lebensspanne angesiedelt ist. Erinnern kann freilich auch historisch sein, jedoch nur, wenn die Erinnerung „in zeitlicher Perspektive grundsätzlich die Grenzen der Lebenszeit der sich erinnernden Subjekte überschreitet, das heißt tiefer in die Vergangenheit zurückgeht und von ihr her weiterreichende Zukunftsperspektiven entwerfen läßt."[44] Weiter führt er aus:

„Beides jedoch, die persönliche Erinnerung, über die sich Individualität und soziale Zugehörigkeit des Einzelnen mental aufbauen, wie auch der Ausgriff über die Grenzen der eigenen Lebenszeit zurück in die Vergangenheit, sind zwei Seiten ein und derselben Sache: Menschen tendieren dazu, ihre eigene Identität in zeitlich übergreifende geistige Gebilde hinein ‚aufzuheben' (z. B. eine Nation oder eine Kultur), um in ihrem Selbstwertgefühl und in der

---

43 In diesem Kapitel werden Ideen aufgegriffen, die in ähnlicher Form schon veröffentlicht wurden unter: Lücke, Martin: Fühlen – Wollen – Wissen. Geschichtskulturen als emotionale Gemeinschaften, in: Brauer/Lücke, Emotionen, Geschichte und historisches Lernen, 2013, S. 11–26.
44 Rüsen, Jörn: Geschichtskultur, in: Bergmann u. a., Handbuch der Geschichtsdidaktik, 1997, S. 38–41, hier S. 38.

zeitlichen Orientierung ihrer eigenen Lebenspraxis die Grenzen der eigenen Lebensspanne zu überschreiten."[45]

Die Idee, dass Erinnern über die eigene Lebensspanne hinausgehen kann, hat Christoph Cornelißen bei seiner Definition von **Erinnerungskultur** aufgegriffen; er präzisiert:

„Obwohl der Begriff ‚Erinnerungskultur' erst seit den 1990er-Jahren Einzug in die Wissenschaftssprache gefunden hat, ist er inzwischen ein Leitbegriff der modernen Kulturgeschichtsforschung. Während er in einem engen Begriffsverständnis als lockerer Sammelbegriff ‚für die Gesamtheit des nicht spezifisch wissenschaftlichen Gebrauchs der Geschichte in der Öffentlichkeit – mit den verschiedensten Mitteln und für die verschiedensten Zwecke' definiert wird, erscheint es aufgrund der Forschungsentwicklung der vergangenen zwei Jahrzehnte insgesamt sinnvoller, ‚Erinnerungskultur' als einen formalen Oberbegriff für alle denkbaren Formen der bewussten Erinnerung an historische Ereignisse, Persönlichkeiten und Prozesse zu verstehen, seien sie ästhetischer, politischer oder kognitiver Natur.
Der Begriff umschließt mithin neben Formen des ahistorischen oder sogar antihistorischen kollektiven Gedächtnisses alle anderen Repräsentationsmodi von Geschichte, darunter den geschichtswissenschaftlichen *Diskurs* sowie die nur ‚privaten' *Erinnerungen,* jedenfalls soweit sie in der Öffentlichkeit Spuren hinterlassen haben. Als Träger dieser Kultur treten Individuen, soziale Gruppen oder sogar Nationen in Erscheinung, teilweise in Übereinstimmung miteinander, teilweise aber auch in einem konfliktreichen Gegeneinander."[46]

Kultur entsteht, wenn Menschen gemeinsam den Versuch unternehmen, Sinn zu bilden, und indem sie Wirklichkeiten mit Bedeutung versehen. Nach Cornelißen sind die Träger*innen dieses Aushandlungsprozesses „Individuen, soziale Gruppen oder sogar Nationen [...] teilweise in Übereinstimmung miteinander, teilweise aber auch in einem konfliktreichen Gegeneinander".[47]

Es darf also durchaus konfliktreich zugehen, wenn Einzelne oder Kollektive sich erinnern und vergangene Wirklichkeiten in unserer Gegenwart mit Sinn versehen. Hier können also – das ist im Konzept der Erinnerungskultur immer mitgedacht – *conflicting memories* genauso entstehen wie *divided memories* oder *shared memories.*

Der gesellschaftlichen und institutionellen Vielschichtigkeit von Erinnern ist sich das Konzept der Erinnerungskultur also durchaus bewusst und richtet das Augenmerk insbesondere auf die Träger*innen eines solchen Erinnerns. Aus den Reihen der Geschichtsdidaktik ist „Erinnerungskultur" als Konzept aber durchaus auch zum Gegenstand von grundlegender Kritik geworden. So betont zum Beispiel Wolfgang Hasberg, dass bei Erinnerungskultur die Gefahr einer individualistischen Eng-

---

45 Rüsen, Jörn: Geschichtsbewusstsein, in: Pethes/Ruchatz, Gedächtnis und Erinnerung, 2001, S. 223–226, hier S. 223f.
46 Cornelißen, Christoph: Erinnerungskulturen, Version 2.0: in: Docupedia-Zeitgeschichte, 22.10.2012, URL: https://docupedia.de/zg/Erinnerungskulturen_Version_2.0_Christoph_Cornelißen (Aufruf 13.11.2017)
47 Ebd.

führung des Erinnerungsdiskurses bestünde und dass auch die Zukunftsorientierung bei Erinnerungskultur zu kurz komme.[48] Dem setzt die Geschichtsdidaktik das Konzept der Geschichtskultur entgegen – und geht dabei von der Prämisse aus, dass ein kollektives Geschichtsbewusstsein – jene Geschichtskultur eben – nicht nur in der Aufsummierung der jeweils individuellen historischen ‚Bewusstseine' bestehe.[49] **Geschichtsbewusstsein** ist die Leitkategorie der Geschichtsdidaktik und wird verstanden als

„die ständige Gegenwärtigkeit des Wissens, daß der Mensch und alle von ihm geschaffenen Einrichtungen und Formen seines Zusammenlebens in der Zeit existieren, also eine Herkunft und eine Zukunft haben, daß sie nichts darstellen, was stabil, unveränderlich und ohne Voraussetzungen ist."[50]

Auf diese Begriffsbildung von Geschichtsbewusstsein beziehen sich dementsprechend auch Definitionen von **Geschichtskultur**. Jörn Rüsen z. B. führt aus:

„Geschichtskultur läßt sich (…) definieren als praktisch wirksame Artikulation von Geschichtsbewußtsein im Leben einer Gesellschaft."[51]

Sie „bezeichnet", so Rüsen an anderer Stelle, „den Gesamtbereich der Aktivitäten des Geschichtsbewußtseins" und lässt sich „als ein eigener Bereich der Kultur mit einer spezifischen Weise des Erfahrens und Deutens der Welt […] beschreiben und analysieren" und markiert als geschichtsdidaktische Kategorie „den Sitz des Geschichtsbewußtseins im Leben."[52] Dieser Begriffsbildung schließt sich auch Hans-Jürgen Pandel im Prinzip an, wenn er erklärt:

„Geschichtskultur bezeichnet die Art und Weise, wie eine Gesellschaft mit Vergangenheit und Geschichte umgeht. In ihr wird das Geschichtsbewusstsein der in dieser Gesellschaft Lebenden praktisch und äußert sich in den verschiedensten kulturellen Manifestationen."[53]

---

48 Hasberg, Wolfgang: Erinnerungs- oder Geschichtskultur? Überlegungen zu zwei (un-)vereinbaren Konzeptionen zum Umgang mit Gedächtnis und Geschichte, in: Hartung, Museum und Geschichtskultur, 2006, S. 32–59, hier S. 55 f.
49 Ebd., S. 56.
50 Schieder, Theodor: Geschichtsinteresse und Geschichtsbewußtsein heute, in: Burckhardt, Geschichte zwischen Gestern und Morgen, 1974, S. 73–102, hier S. 78 f. Zitiert nach: Jeismann, Karl-Ernst: Geschichtsbewußtsein – Theorie, in: Bergmann u. a., Handbuch der Geschichtsdidaktik, 1997, S. 42–44, hier S. 42.
51 Rüsen, Jörn: Was ist Geschichtskultur? Überlegungen zu einer neuen Art, über Geschichte nachzudenken, in: Füßmann/Grütter/Rüsen, Historische Faszination, 1994, S. 3–26, hier S. 5.
52 Rüsen, Geschichtskultur, S. 38.
53 Pandel, Hans-Jürgen: Geschichtskultur, in: Mayer, Wörterbuch Geschichtsdidaktik, 2009, S. 86–87, hier S. 86.

Auch Bernd Schönemann rekurriert auf einen Zusammenhang zwischen individuellem Geschichtsbewusstsein und kollektiver Geschichtskultur:

„Die Kategorien Geschichtsbewusstsein und Geschichtskultur lassen sich widerspruchsfrei unter dem ‚Dach' der Zentralkategorie ‚Geschichtsbewusstsein in der Gesellschaft' ansiedeln, wenn man akzeptiert, dass Gesellschaften ihre Vergangenheit auf zweierlei Weise (bimodal) konstruieren, nämlich individuell und kollektiv. Geschichtsbewusstsein und Geschichtskultur werden dann als zwei Seiten einer Medaille begreifbar: Auf der einen Seite Geschichtsbewusstsein als individuelles Konstrukt, das sich von außen nach innen, in Internalisierungs- und Sozialisierungsprozessen aufbaut; auf der anderen Seite Geschichtskultur als kollektives Konstrukt, das auf dem entgegengesetzten Weg der Externalisierung entsteht und objektive Gestalt annimmt."[54]

Wolfgang Hasberg ergänzt in Anlehnung an Jörn Rüsen, dass es also offenbar „nur ein kleiner Schritt vom Geschichtsbewusstsein zur Geschichtskultur" sei:

„Während das Erste die innere Seite des historischen Lernens bildet, stellt das Zweite die äußere Seite dar."[55]

Egal, welcher Metaphorik man sich hier anschließen möchte (individuell/kollektiv, zwei Seiten einer Medaille, innere und äußere Seite): Bemerkenswert ist der Umstand, dass die Geschichtsdidaktik bisher keine *Theorie* vorrätig hält, mit der eben jene Internalisierungs- und Sozialisierungsprozesse oder eben jener Prozess einer Externalisierung vom Individuellen zum Kollektiven (oder von innen nach außen) regelhaft beschrieben werden können.[56] Das Gleiche gilt freilich für das Konzept der Erinnerungskultur. Wie aus individueller Erinnerung schlussendlich eine kollektive oder gar eine überzeitlich-kulturelle Erinnerung werden kann, wird zwar mit Termini wie kollektives oder kulturelles Gedächtnis beschrieben, aber nicht regelhaft erklärt. Statt einer Theorie zur Geschichtskultur bietet die Geschichtsdidaktik jedoch eine umfassende **Phänomenologie** an, indem sie vor allem beschreibt, in welchen Dimensionen sich Geschichtskultur in unserer Gegenwartsgesellschaft äußert. So führt Jörn Rüsen aus:

„Im Blick auf moderne Lebensverhältnisse lassen sich verschiedene Bereiche und Dimensionen der Geschichtskultur unterscheiden, vor allem die ästhetische, die politische und die

---

54 Schönemann, Bernd: Geschichtsdidaktik, Geschichtskultur, Geschichtswissenschaft, in: Günther-Arndt, Geschichtsdidaktik, 2003, S. 11–22, hier S. 17.
55 Hasberg, Erinnerungs- oder Geschichtskultur?, S. 50.
56 Ob eine solche Theorie eine soziologische oder eine psychologische sein müsste, wäre an dieser Stelle ebenso zu klären. Vielleicht lassen sich Antworten in Jürgen Habermas' Theorie des kommunikativen Handelns finden, indem man historisches Erzählen als Ausdruck von Geschichtsbewusstsein und zugleich als kommunikatives Handeln in heterogenen Geschichtskulturen begreift. Dieses Problem kann an dieser Stelle jedoch nicht weiter vertieft werden.

kognitive. Sie sind in ihrem inneren Zusammenhang anthropologisch fundiert, nämlich in den elementaren mentalen Operationen des Fühlens, Wollens und Denkens."[57]

Mit der ästhetischen Dimension von Geschichtskultur ist dabei „gerade nicht das Historische im Ästhetischen, sondern das Ästhetische im Historischen"[58] gemeint – eine Analyse des Ersten wäre vielleicht eine Aufgabe der Kunstgeschichte, während das Zweite beschreibt, auf welche Weise Geschichte durch ihre Ästhetisierung in der Gegenwart erfahrbar werden kann. Gerade dem Ästhetischen, das laut Rüsen in der mentalen Operation des Fühlens zum Ausdruck komme, gesteht er eine sehr umfassende Bedeutung bei der Wirkungsmächtigkeit von Geschichte in unserer Gegenwart zu. Hier lohnt sich ein ausführlicherer Blick in seine Ausführungen:

„Was macht historische Erinnerung eingängig, was verleiht ihr die Lebendigkeit, mit der sie die Abständigkeit und Unwirklichkeit der Vergangenheit in die überwältigende Wirklichkeit der Gegenwart hinein vermittelt? Diese Frage ist ohne einen Hinweis auf die ästhetische Qualität historischer Präsentationen der Vergangenheit nicht beantwortbar. Ohne den hier vorherrschenden Gesichtspunkt formaler Stimmigkeit – traditionell wird er ‚Schönheit' genannt – könnten historische Werke ihre orientierende Kraft auf der Ebene der sinnlichen Wahrnehmung nicht entfalten; die Gedankenblässe der Erkenntnis hätte kein Feuer der Einbildungskraft, mit der die historische Erinnerung als Gesichtspunkt handlungsleitender Zwecksetzungen wirksam wird. Das gleiche gilt für die Umsetzung historisch formulierter politischer Absichten. Auch sie müssen sich mit der Gestaltungs- und Wirkungskraft der sinnlichen Anschauung verschwistern, um ihre praktische Funktion erfüllen zu können."[59]

Hier liegen nun sehr viele Begriffe gleichzeitig auf dem Tisch. Vielleicht erfolgt an dieser Stelle auch allzu schnell eine Verknüpfung der Dimension ‚Ästhetik' mit der ihr zugeschriebenen Fähigkeit einer „sinnlichen Wahrnehmung", die dann wiederum in der elementaren mentalen Operation des Fühlens zum Ausdruck komme.[60] Immerhin jedoch wird auch der Rolle von Emotionen in diesem Entwurf eine zentrale Rolle zugewiesen: Die sinnliche Wahrnehmung ist es, die historisches Erinnern durch ein „Feuer der Einbildungskraft" überhaupt erst praktisch wirksam werden lässt. Oder schärfer formuliert: Ohne Emotionen müsste die politische und die kognitive Dimension von Geschichtskultur ins Leere laufen, würde blass und wirkungslos bleiben und Geschichte könnte ihrer Orientierungsfunktion erst gar nicht nachkommen.

---

57 Rüsen, Geschichtskultur, S. 39.
58 Rüsen, Was ist Geschichtskultur?, S. 12.
59 Ebd., S. 13.
60 Wäre an dieser Stelle Platz für einen weiteren begrifflichen Schlenker, so könnten hier Ausführungen zur Theorie der Ästhetik und zum Zusammenhang von Emotion und ästhetischem Empfinden gewiss dazu beitragen, dem Zusammenhang dieser Begriffe noch genauer nachzugehen als es in dieser kurzen Skizze der Phänomenologie von Geschichtskultur möglich ist.

Die drei **geschichtskulturellen Dimensionen** Ästhetik (Fühlen), Politik (Wollen) und Kognition (Wissen) sind sich, greift man die Redeweise des ‚Verschwisterns' von Rüsen auf, als Schwestern vorzustellen, bei „denen auf jeweils unterschiedliche Weise historischer Sinn gebildet und transportiert wird", sie existieren „realiter niemals unabhängig voneinander"⁶¹. Wie vielleicht auch bei menschlichen Schwestern nicht unüblich,

„ist der Zusammenhang der verschiedenen Dimensionen [...] dadurch charakterisiert, daß jeweils die eine Dimension die andere zu instrumentalisieren trachtet und damit zu Verengungen und Verwerfungen der Geschichtskultur führt".⁶²

Alle drei Schwestern gehen komplexe Beziehungen ein, wobei die Geschichtskultur erst dann ihre historische Orientierungsfunktion am besten erfüllen kann (wie vielleicht ebenso beim Zusammenwirken von Schwestern in einer Familie), wenn sie „ihre drei Dimensionen in relativer Autonomie belässt und zugleich wechselseitig kritisch aufeinander bezieht".⁶³ Die Dimensionen von Geschichtskultur sollen also – kommen wir auf den eingangs zitierten Hans-Jürgen Pandel zurück – im besten Falle gleichberechtigt sein.

Eine solche Strukturierung kann es immerhin leisten, „Geschichtskultur zunächst empirisch erschließbar werden"⁶⁴ zu lassen und dabei der Bedeutung von Politik, Wissenschaft und Emotionen einen systematischen Ort beim Umgang mit Geschichte in der Öffentlichkeit zuzuweisen. Die Funktion einer solchen Phänomenologie hat also vor allem heuristischen Wert und kann dabei helfen, jeweils konkrete Ausprägungen von Geschichtskultur genauer zu beschreiben. Wolfgang Hasberg präzisiert dieses Strukturmodell in Form einer Tabelle:

Tab. 1: Die politische, kognitive und ästhetische Dimension von Geschichtskultur⁶⁵

Grundmodi menschlicher Mentalität	Prinzipien menschlicher Mentalität	Disziplinäre Verdichtung menschlicher Mentalität	Dimensionen der Geschichtskultur
Gefühl	Schönheit	Kunst	ästhetische Dimension
Wille	Macht	Politik	politische Dimension
Verstand	Wahrheit	Wissenschaft	kognitive Dimension

---

61 Hasberg, Erinnerungs- oder Geschichtskultur?, S. 50.
62 Rüsen, Geschichtskultur, S. 40.
63 Ebd.
64 Hasberg, Erinnerungs- oder Geschichtskultur?, S. 50.
65 Ebd.

Literatur

Hasberg, Wolfgang: Erinnerungs- oder Geschichtskultur? Überlegungen zu zwei (un-)vereinbaren Konzeptionen zum Umgang mit Gedächtnis und Geschichte, in: Hartung, Olaf (Hg.): Museum und Geschichtskultur. Ästhetik – Politik – Wissenschaft, Bielefeld 2006, S. 32–59.

Lücke, Martin: Fühlen – Wollen – Wissen. Geschichtskulturen als emotionale Gemeinschaften, in: Brauer, Juliane/Lücke, Martin (Hg.): Emotionen, Geschichte und historisches Lernen. Geschichtsdidaktische und geschichtskulturelle Perspektiven, Göttingen 2013, S. 11–26.

Schönemann, Bernd: Geschichtsdidaktik, Geschichtskultur, Geschichtswissenschaft, in: Günther-Arndt, Hilke (Hg.): Geschichtsdidaktik. Praxishandbuch für die Sekundarstufe I und II, Berlin 2003, S. 11–22.

2. Geschichtsdidaktik und Public History

2.1 Geschichtsaneignungen in der Öffentlichkeit[1]

Die Ausführungen zu Geschichts- und Erinnerungskultur im vorherigen Kapitel des Bandes haben gezeigt, wie die gesellschaftliche und kollektive Dimension von Public History, ihr öffentlicher Charakter also, beschrieben und analysiert werden kann. Wesentlicher Kern von Public History ist jedoch nicht primär eine bloße Beschreibung von öffentlicher Geschichte, sondern die „Lehre und Analyse der Vermittlung von geschichtswissenschaftlichen Erkenntnissen an eine breite Öffentlichkeit [...] als zentraler Schwerpunkt".[2] Mit der Vermittlung von Geschichte beschäftigt sich vor allem die Didaktik der Geschichte. „Vermittlung" wird dabei in der Geschichtsdidaktik nicht als ein gelehriger Prozess eines einseitigen akademischen Wissenstransfers in eine ungebildete breite Masse der Bevölkerung hinein verstanden, sondern als das Bereitstellen von fachlich fundierten Angeboten, mit denen sich Individuen Vergangenheit in ihrer Lebenswelt als Geschichte aneignen können. Richtet sich das Hauptinteresse der Geschichtsdidaktik zumeist an einer Aneignung von Geschichte in *schulischen* Zusammenhängen aus, so haben sich ihre Tätigkeitsschwerpunkte in den vergangenen Jahren auch in die Bereiche der außerschulischen Geschichtsarbeit ausgeweitet.

Die Idee, dass Vergangenheit als Geschichte *kriteriengeleitet* angeeignet werden soll (und eigentlich überhaupt erst durch den Prozess einer solchen Aneignung Geschichte neu entsteht), ist eine der Grundannahmen der Geschichtsdidaktik. Dazu hat sie sich intensiv mit Konzepten historischen Lernens beschäftigt. In diesem Kapitel des Buches soll zunächst vorgestellt werden, was unter ‚**historischem Lernen**' zu verstehen ist. Dabei soll der (oftmals) schulische Fokus auf den allgemeinen Bereich der Öffentlichkeit übertragen und es sollen Kriterien für gutes historisches Lernen auf diese Weise für Produktions- und Rezeptionsprozesse von Geschichte in

---

1 Bei dem folgenden Kapitel handelt es sich um modifizierte und übersetzte Ausschnitte aus: Lücke, Martin: The Change Approach for Combining History Learning and Human Rights Education, in: Lücke u. a., Change, 2016, S. 39–49.
2 Zündorf, Zeitgeschichte und Public History.

der Öffentlichkeit nutzbar gemacht werden. Hierzu ist es notwendig, zunächst über einige Grundbegriffe der Geschichtsdidaktik Auskunft zu geben. Wird Geschichte in der Öffentlichkeit angeeignet, so handelt es sich dabei zudem um eine werthaltige politische Angelegenheit. Deshalb schließt dieses Kapitel mit Ausführungen zur Bedeutung von Diversität und Inklusion für eine solche Aneignung von Geschichte.

Die Beschäftigung mit Geschichte, so eine der Grundannahmen der Geschichtsdidaktik, eröffnet einen Reflexionsraum, in dem über die grundsätzliche Zeitlichkeit der Welt nachgedacht werden kann. Bei historischem Lernen geht es im Kern darum, sich die Erfahrung von Wandel in der Vergangenheit durch historisches Erzählen produktiv anzueignen. Die Geschichte, oder genauer: ein Erzählen von Geschichten über vergangenen Wandel kann Lernenden und Rezipient*innen von Geschichte in der Öffentlichkeit grundsätzlich vor Augen führen, dass es Wandel bereits einmal *wirklich* gab, und dass er Ursachen und Konsequenzen hat. Laut Jörn Rüsen ist historisches Lernen „Sinnbildung über Zeiterfahrung im Modus historischen Erzählens".[3] Diese sprachlich dichte Definition ist genauso klug wie unoperationalisiert. Gemeinsam mit Studierenden an der Freien Universität Berlin, sowohl in den Lehramtsstudiengängen als auch im Masterstudiengang Public History, haben wir sukzessive von Semester zu Semester aus der anerkannten Lehrformel Rüsens[4] eine handhabbarere Definition entwickelt, die zuletzt wie folgt lautete:

„Historisches Lernen ist die produktive eigen-sinnige Aneignung vergangener Wirklichkeiten als selbst erzählte Geschichte oder selbst imaginierte Geschichte."

Für selbstverständlich halten wir es, dass beim historischen Lernen Verfahren von Produktions- und Handlungsorientierung[5] zur Anwendung kommen müssen, und dass der Eigen-Sinn[6] der Rezipient*innen von Geschichte maßgeblich ist, ferner, dass es immer mehrere Perspektiven auf vergangene Wirklichkeiten sein müssen, die thematisiert werden. „Lernen" wird hier nicht als ein bloßes Auswendiglernen von Namen, Daten und Fakten aus der Vergangenheit angesehen, sondern als Prozess einer Aneignung. Gerade der Aneignungsbegriff (davon wird später noch die Rede sein) wird sich für die mediengestützte Vermittlung von Geschichte in der Öffentlichkeit noch als besonders zentral erweisen.

---

3 Sauer, Michael: Sinnbildung über Zeiterfahrung, in: Public History Weekly, 2 (2014) 4, URL: https://public-history-weekly.degruyter.com/2-2014-4/sinnbildung-ueber-zeiterfahrung/ (Aufruf 13.11.2017).
4 Vgl. hierzu die Debatte im Online Journal Public History Weekly in Bezug auf den Artikel: Sauer, Sinnbildung über Zeiterfahrung.
5 Vgl. Völkel, Bärbel: Handlungsorientierung im Geschichtsunterricht, 2. Aufl. Schwalbach/Ts. 2008.
6 Zum Konzept des Eigen-Sinns vgl.: Lindenberger, Thomas: Eigen-Sinn, Herrschaft und kein Widerstand, Version 1.0, in: Docupedia-Zeitgeschichte, 2.9.2014, URL: https://www.docupedia.de/zg/Eigensinn (Aufruf 13.11.2017). Zu Eigen-Sinn im Prozess historischen Lernens: Lücke, Martin: Inklusion und Geschichtsdidaktik, in: Riegert/Musenberg, Inklusiver Fachunterricht in der Sekundarstufe, 2015, S. 197–206.

Damit sind im Kern wichtige Prinzipien von historischem Lernen benannt, die gleichermaßen auch für die öffentliche Auseinandersetzung mit Geschichte, also die Public History, gelten können: **Narrativität** (denn es soll sich um selbst erzählte Geschichte handeln), **Multiperspektivität** (denn es sollen immer mehrere Perspektiven zur Geltung kommen) sowie **Imagination** (denn Geschichte lebt gerade in der öffentlichen Inszenierung von bildhaften Vorstellungen).

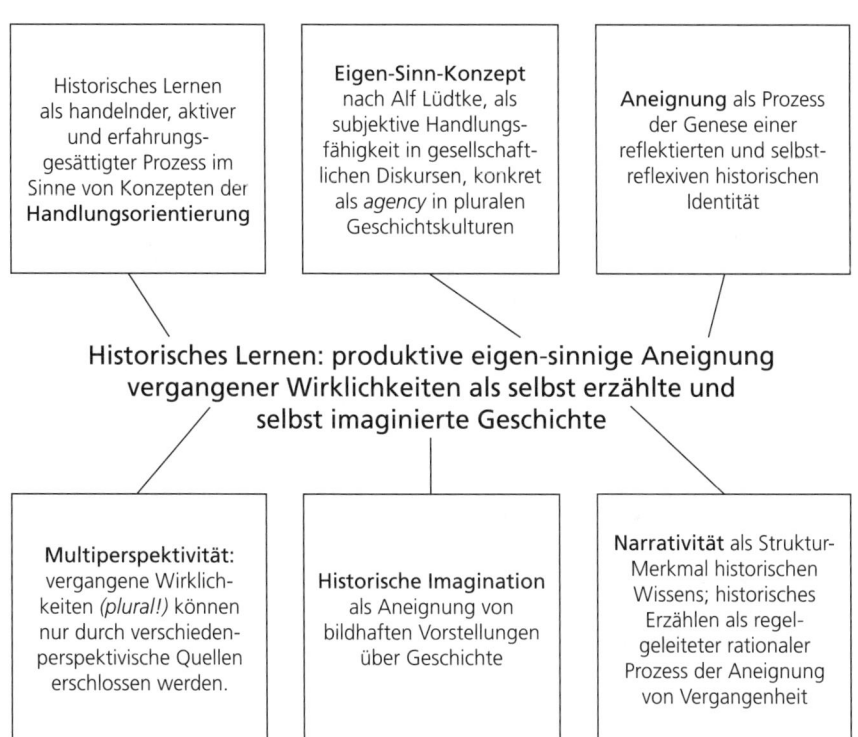

Abb. 1: Definition historischen Lernens und Vernetzung mit geschichtsdidaktischen Kernbegriffen[7]

Entlang dieser Prinzipien soll im Folgenden nachgezeichnet werden, was sich genau hinter ihnen verbirgt und welche Bedeutung sie für die Vermittlung von Geschichte in der Öffentlichkeit haben.

---

7 Arbeitsbereich Didaktik der Geschichte der Freien Universität Berlin.

2.2 Geschichtsdidaktische Prinzipien: Narrativität, historische Imagination, Multiperspektivität

2.2.1 Narrativität[8]

In weiten Teilen der Geschichtsdidaktik wird die Tätigkeit des historischen Erzählens als konstitutiv nicht nur für das Schulfach Geschichte, sondern für den Gegenstand Geschichte schlechthin angesehen.

Narrativität bezeichnet in der Geschichtstheorie historiografisches Erzählen, was sich von anderen Erzählformen, etwa novellistischen oder belletristischen, unterscheidet. Diese spezifische Erzählform grenzt die Geschichtswissenschaft von anderen Sozial-, Kultur- und Geisteswissenschaften ab: Sie erzählt, statt zu beschreiben.[9] Diese Besonderheit von Geschichte stellte vor allem der Geschichtsphilosoph Arthur C. Danto heraus. Er beschrieb die Tätigkeit von Historiker*innen als die Auswahl von zwei zeit- und zustandsdifferenten Zeitpunkten, die auf eine nicht beliebige Art und Weise erzählend miteinander in Verbindung gebracht werden. Was heißt das?

Geschichte ist die Beschäftigung mit dem, was nicht mehr da ist. Aus der Vergangenheit sind nur Ausschnitte erhalten, von den meisten Geschehnissen ist aber wohl nichts überliefert oder die Überlieferung hat nicht überdauert.[10] Geschichte als Wissenschaft, aber auch als Unterrichtsfach, bringt diese Vergangenheitsausschnitte in einen Sinnzusammenhang – und zwar in Form einer historischen Narration. Solche Narrationen charakterisieren sich nicht lediglich durch rationale Reihungen der Vergangenheitsausschnitte, vielmehr werden in eine Narration bestimmte Sachverhalte aufgenommen, andere hingegen weggelassen. Sie werden aufeinander wie auch auf ein erzählerisches Zentrum bezogen. Diese Struktur der Narration ist dabei nicht den Vergangenheitsausschnitten inhärent, sondern wird von den Historiker*innen angelegt.[11]

Bei historischem Lernen geht es um einen *individuellen Aneignungsprozess*: Es geht darum, den Wandel und das Andere der Vergangenheit selbst als Geschichte erzählen zu können.

Eine solche Vergegenwärtigung durch Erzählen ermöglicht nun ein Erfahren der Besonderheiten des Vergangenen, indem das Individuum tatsächlich selbst erzählt. Dabei lassen sich im Kern zwei Dinge erfahren, und zwar ‚*Historizität*' und ‚*Alterität*'. Ein Erfahren von **Alterität** im Modus historischen Erzählens kann

---

8 Dieses Kapitel ist in abgewandelter Form als Sieberkrob, Matthias/Lücke, Martin: Narrativität und sprachlich bildender Geschichtsunterricht – Wege zum generischen Geschichtslernen, in: Caspari/Jostes/Lütke (Hg.), Sprachen – Bilden – Chancen, 2017, S. 221–233 erschienen.
9 Pandel, Hans-Jürgen: Historisches Erzählen. Narrativität im Geschichtsunterricht, Schwalbach/Ts. 2010, S. 39.
10 Baricelli, Michele: Schüler erzählen Geschichte. Narrative Kompetenz im Geschichtsunterricht, Schwalbach/Ts. 2005, S. 19 f.
11 Baricelli, Michele: Narrativität, in: Baricelli/Lücke, Handbuch Praxis des Geschichtsunterrichts, 2012, S. 255–280, hier S. 257.

dabei – nur scheinbar banal – aufzeigen, dass solche sozialen Differenzierungen, soziale Ungleichheiten und gerechte wie ungerechte Zustände in der Vergangenheit *anders* ausgeprägt waren als heute. Historisches Erzählen eröffnet auf diese Weise die empirisch gesättigte und lebenspraktisch wirksame Erfahrung, dass Herrschaft, soziale Differenzierungen und Ungleichheiten *alternativ gedacht* werden können. Ein Erfahren von **Historizität** im Modus historischen Erzählens, also der grundsätzlichen Wandelbarkeit von Herrschaft, vergangener sozialer Differenzierungen, sozialer Ungleichheiten oder gerechter wie ungerechter Zustände, bietet die Orientierung, dass Herrschaft grundsätzlich, also auch in unserer Gegenwart und für die Zukunft wandelbar ist.[12]

Historisches Erzählen soll dabei bestimmten Regeln folgen, die als empirische, narrative und normative **Triftigkeit** bezeichnet werden. Damit ist gemeint, dass sich historische Erzählungen auf Quellen stützen (empirische Triftigkeit) und dass sie Erzählformen folgen, die in unserer Kultur als zustimmungsfähig gelten (narrative und normative Triftigkeit).

2.2.2 Historische Imagination

Provozieren kann bei einer Definition von historischem Lernen vor allem die gleichberechtigte Nennung von historischer Imagination als einer dem historischen Erzählen vielleicht ebenbürtigen Art und Weise des Ausdruckes von historischem Lernen. Mit dem Theorieangebot der historischen Imagination hat sich vor allem der Geschichtsdidaktiker Rolf Schörken[13] unter Rückgriff auf die Rezeptionsästhetik Wolfgang Isers und auf Paul Ricoeurs Werk „Zeit und Erzählung" beschäftigt[14]. Schörken geht davon aus, dass durch eine Beschäftigung mit vergangenen Wirklichkeiten historische Vorstellungsbilder, eben jene historischen Imaginationen, entstehen. Eine solche Rezeption ist dabei keinesfalls ein ausschließlich passives Unterfangen (worauf insbesondere auch Wolfgang Iser hinweist), sondern zunächst eine aktiv zu denkende „Evokation von Vorstellungsbildern"[15]. Schließlich aber geht es bei historischer Imagination, wird sie prozesshaft gedacht, ebenso darum, in einem dialektischen Prozess bereits bestehende Vorstellungsbilder über die Vergangenheit durch eine Auseinandersetzung mit neuen Informationen zu verändern. Im Zuge historischen Lernens kann die Zielvorstellung dann lauten, solche Vorstellungen überhaupt erst einmal zu evozieren oder auch, bereits vorhandene Vorstellungen zu verändern, etwa indem man in Geschichtsdarstellungen triftige Quellen prä-

---

12 Vgl. Lehne, Adrian/Lücke, Martin: Teaching Queer History. Ein Queer History Month in Berlin, in: Invertito, 15 (2013), S. 205–208; Vgl. auch Dies.: Teaching Queer History. Ein Projekt zur Geschichte sexueller Vielfalt am Arbeitsbereich Didaktik der Geschichte, in: Zentrale Frauenbeauftragte der Freien Universität Berlin (Hg.), Wissenschaftlicher-Rundbrief 2 (2013), S. 11–14.
13 Schörken, Rolf: Historische Imagination und Geschichtsdidaktik, Paderborn 1994.
14 Vgl. Iser, Wolfgang: Der Akt des Lesens. Theorie ästhetischer Wirkung, 3. Aufl. München 1990; Ricoeur, Paul: Zeit und Erzählung, 3 Bände, München 1988–1990.
15 Schörken, Historische Imagination und Geschichtsdidaktik, S. 35.

sentiert, die alternative Imaginationsangebote bereitstellen und die mit den bereits evozierten Vorstellungsbildern in Konkurrenz treten. Christine Pflüger betont vor allem den Zusammenhang von historischer Imagination und Narrativität. Sie führt in Anlehnung an Rolf Schörken aus:

„Die historische Imagination ist das Moment, durch das Geschichte sich von der Beobachtung von Präsentem unterscheidet. Angestoßen durch Sprache (d. h. Lesen, Zuhören oder Reden über Geschichte) erzeugt die Imagination ‚innere Vorstellungsbilder', die weder Phantasieprodukte noch Abbilder empirischer Objekte sind, sondern ‚kreative Hervorbringungen des Geistes unterhalb der Reflexionsschwelle' (Schörken). Der Leser oder Hörer tritt mittels der Vorstellungsfähigkeit in Abläufe ein und verwandelt eine Fülle von Signalen in lebendige Gestalten, Handlungsräume und Wirklichkeiten. Vorstellungbilder setzen semantische Leerstellen voraus und sind von Erfahrungen und Vorprägungen des Rezipienten geprägt. Sie bleiben immer korrekturbedürftig."[16]

Für die Public History sind Überlegungen zu historischer Imagination relevant, weil Produkte der Public History zum einen anschlussfähig an die historischen Imaginationen des Publikums sein sollten – denn wie sonst ließe sich ein zustimmungsfähiges oder auch kommerziell erfolgreiches Produkt mit den (hier im wahrsten Sinne des Wortes) Seh-Gewohnheiten von Rezipient*innen in Einklang bringen? Aufgabe einer kritischen Praxis von Public History könnte dann jedoch zum anderen sein, auf den Imaginationscharakter der ‚inneren Vorstellungsbilder' hinzuweisen und Angebote zu machen, mit denen sich solche inneren Vorstellungsbilder revidieren oder abändern lassen.

2.2.3 Multiperspektivität[17]

Wie kaum ein anderer Fachbegriff der Geschichtsdidaktik ist jener mit dem Namen des Geschichtsdidaktikers Klaus Bergmann (1938–2002) verbunden. Bergmann war derjenige, der Multiperspektivität als einer besonderen „Form der Geschichtsdarstellung"[18] den Rang eines geschichtsdidaktischen Prinzips zuwies, hierzu geschichtstheoretische und geschichtsdidaktische Begründungen formulierte[19] und anhand zahlreicher Beispiele[20] aufzeigte, dass multiperspektivische Geschichtsvermittlung selbstverständlich in der Praxis stattfinden *kann*.

---

16 Pflüger, Christine: Historische Imagination, in: Mayer u. a., Wörterbuch Geschichtsdidaktik, 2006, S. 105.
17 Bei diesem Kapitel handelt es sich um eine überarbeitete Version des Artikels: Lücke, Martin: Multiperspektivität, Kontroversität, Pluralität, in: Barricelli/Lücke, Handbuch Praxis des Geschichtsunterrichts, 2012, S. 281–288.
18 Bergmann, Klaus: Multiperspektivität, in: Ders., Handbuch der Geschichtsdidaktik, 1979, S. 216–218, hier S. 216.
19 Vgl. Bergmann, Klaus: Multiperspektivität. Geschichte selber denken, Schwalbach/Ts. 2000, S. 20–39.
20 Vgl. ebd., S. 71–293.

Als Grundlage des Konzeptes der Multiperspektivität benennt Bergmann **Perspektivität** als einen „Grundsachverhalt menschlicher Wahrnehmung und Deutung der Wirklichkeit – bei der Orientierung in der Wirklichkeit und bei den Handlungsabsichten gegenüber der Wirklichkeit".[21] Als Fachbegriff stammt der Begriff der *Perspektive* freilich aus der Malerei[22] und wird als Analyseinstrument für Erzähltexte ebenso in den Literaturwissenschaften verwendet.

Mit Perspektivität ist dabei im Bergmann'schen Entwurf stets eine „soziale Perspektivität"[23] gemeint: Zentral ist, dass die Perspektiven unterschiedliche soziale Sprecher*innenpositionen markieren und unterschiedliche Machtpositionen in historischen Herrschaftskonstellationen repräsentieren. Nicht ausreichend ist demzufolge, wenn einfach nur sich inhaltlich widersprechende Aussagen gegenübergestellt werden (etwa lediglich zwei konträre Positionen in einer Parlamentsdebatte).[24]

Multiperspektivisches historisches Lernen kann „mindestens fünf wesentliche Operationen historischen Denkens und historischer Erkenntnis"[25] fördern bzw. überhaupt erst anbahnen:

„Ein Üben in *Verstehen* und *Empathie*, vor allem, wenn es darum geht, vergangene Perspektiven im Modus einer Perspektivenübernahme nachzubilden.

Ein Üben im *Erklären* der Rahmenbedingungen, wenn es darum geht, vergangene Perspektiven in ihren historischen Kontext einzuordnen.

Ein Erfahren des Umstandes, dass die Rekonstruktion vergangener Wirklichkeiten eine *Deutung* ist und zu unterschiedlichen Ansichten führen kann.

Ein Erfahren des Umstandes, dass ein solches Deutungsgeschäft unmittelbar mit der *eigenen subjektiven Perspektive* zusammenhängt.

Ein Einüben eines reflektierten *Urteilsvermögens*, um das Handeln und Leiden von Menschen in ihrer Zeit mit Sach- und Werturteilen bewerten zu können."[26]

An dieser Stelle wird deutlich, warum Multiperspektivität den Rang eines geschichtsdidaktischen Prinzips beanspruchen kann: Die geschichtstheoretische Prämisse der Perspektivität jeder historischen Erkenntnis wird in die Konzeptionierung historischen Lernens integriert. Aus einer solchen Integrationsleistung werden Opera-

---

21 Bergmann, Klaus: Multiperspektivität, in: Mayer/Pandel/Schneider, Handbuch Methoden im Geschichtsunterricht, 2007, S. 65.
22 Hierzu ausführlich z. B. Damisch, Hubert: Der Ursprung der Perspektive, München 2010.
23 Bergmann, Klaus: Multiperspektivität, in: Bergmann u. a., Handbuch der Geschichtsdidaktik, 1997, S. 301–303, hier S. 301.
24 Ausführlicher zu sozialen Sprecherpositionen Lücke, Martin: Multiperspektivität, Kontroversität, Pluralität, in: Barricelli/Lücke, Handbuch Praxis des Geschichtsunterrichts, 2012, S. 281–288, hier S. 286.
25 Bergmann, Multiperspektivität, 2007, S. 65.
26 Ebd., S. 65 f.

tionen historischen Denkens und historischer Erkenntnis formuliert, die zugleich allgemeindidaktische Gültigkeit beanspruchen können, so vor allem das Üben von Empathie und Fremdverstehen und das Ausbilden eines reflektierten Urteilsvermögens. Diese Ziele erscheinen recht nah an den Erfordernissen eines Schulfaches Geschichte formuliert. Überträgt man solche Ziele auf den Umgang mit Geschichte in der Öffentlichkeit, so erscheinen sie vielleicht als sehr herausfordernd – auch hier sollen Deutungen auf ihre Subjektivität hin befragt oder die Rezeption von solchen Produkten an den Maßstäben von Empathie orientiert werden.

Das Prinzip der Multiperspektivität stellt nicht nur die Forderung, unterschiedliche perspektivische Quellen in Produkten der Public History zu integrieren, sondern auch Fach- und Sekundärtexte zu verwenden sowie die Ebene der Auseinandersetzung mit Geschichte zu berücksichtigen.

Klaus Bergmann präzisiert, was unter diesen „drei Ausdrucksformen von Perspektivität"[27] zu verstehen sei:

„1. *Multiperspektivität* der aus der Vergangenheit erhaltenen Quellen der Menschen, die in einen historischen Sachverhalt denkend, handelnd und leidend verstrickt waren.

2. *Kontroversität* der von späteren Betrachtern und Forschern vorgelegten Darstellungen über einen historischen Sachverhalt.

3. *Pluralität* der Ansichten und Urteile über einen historischen Sachverhalt, die sich in der Auseinandersetzung von Schülerinnen und Schülern mit multiperspektivischen und kontroversen Darstellungen bilden."[28]

Selbstredend kann gerade die Ausdrucksform der Pluralität nicht nur auf Schüler*innen, sondern freilich erst recht auf die Auseinandersetzung mit Geschichte in der Öffentlichkeit bezogen werden. Dass Kontroversität nicht etwa nur in gedruckten Texten der fachhistorischen Forschung stattfindet, sondern gerade in Produkten der Public History (z. B. die „Wehrmachtsausstellung" oder die Debatten um das Homosexuellen-Denkmal im Berliner Tiergarten haben dies deutlich gezeigt), ist offensichtlich.

Um multiperspektivische Geschichtsdarstellungen umzusetzen, benötigen die Rezipient*innen Informationen zum historischen Kontext, aus dem die multiperspektivischen Zeugnisse entnommen sind. Die Darstellung eines solchen Kontextes wird als **„Hintergrundnarration"** bezeichnet.

Um multiperspektivische Zeugnisse verstehend rezipieren zu können, ist eine Kenntnis des gesellschaftlichen Hintergrundes notwendig, vor dem sie entstanden sind. Lernende müssen wissen, welche Sprecher*innenpositionen vergangene Gesellschaften überhaupt bereitzustellen in der Lage waren und von welchen Machtverhältnissen solche Positionen durchkreuzt wurden. Klaus Bergmann präzisiert:

---

27 Ebd., S. 66.
28 Ebd.

„Voraussetzung für die Gewichtung und Bewertung solcher Bedingungsfaktoren ist eine historische ‚Hintergrundnarration', die den Bezugsrahmen von Produktionsverhältnissen, Herrschaftsverhältnissen, Geschlechterverhältnissen und Mentalitäten in seiner Gewordenheit und Struktur umreißt. […] Erst die Hintergrundnarration erlaubt es, das Denken und Handeln der Zeitgenossen in eine historisch gewordene Konstellation einordnen und aus ihr heraus verstehen zu können".[29]

Dass eine Hintergrundnarration nun jedoch selbst eine Narration ist, ein Text also, in dem Informationen zur Vergangenheit in der Form einer absichts- und sinnvollen historischen Erzählung präsentiert und verdichtet werden, ist nicht von der Hand zu weisen. Zwar erkennt Klaus Bergmann „das schwierige Problem […], dass auch sie eine perspektivische Deutung ist oder in den Zusammenhang einer perspektivischen Deutung gehört"[30], begegnet diesem Umstand jedoch nur mit dem Hinweis, dass „ein Minimum an einzelnen Fakten"[31] oder eine eher chronikartige Verknüpfung von Ereignissen der Vergangenheit Auskunft über die gesellschaftlichen Strukturen geben soll, die eben jene multiperspektivischen Sprecher*innenpositionen zur Verfügung stellen.

Zu überlegen wäre, ob man eine solche Hintergrundnarration als die Schnittmenge kontroversen Wissens zum in Rede stehenden historischen Zusammenhang begreift. Dann müsste diese Hintergrundnarration explizit sichtbar machen, welcher perspektivischen Deutungen der Vergangenheit sie sich bedient und zugleich ausweisen, welche Elemente historischen Wissens dabei offenbar als unstrittig gelten können. Für den Bereich der Public History wäre dementsprechend die Frage zu stellen, ob ein historischer Spielfilm oder ein erläuternder Ausstellungstext von der interessierten Öffentlichkeit überhaupt ernst genommen würde, wenn er als ein solch offener Text erscheint – und nicht den eventuellen Wunsch des Publikums nach Eindeutigkeit von historischem Hintergrundwissen bedient.

2.2.4 Geschichtsdidaktische Standards für Produkte der Public History

Die hier erläuterten geschichtsdidaktischen Prinzipien bzw. Kernbegriffe können auch als Standards für Produkte der Public History verstanden werden, die mit der kognitiven, ästhetischen und politischen Dimension von Geschichtskultur verzahnt werden können.

Betrachtet man – das Paradigma von Narrativität voraussetzend – solche Produkte als Erzählungen, so kann die **Triftigkeit** dieser Erzählungen zum Maßstab ihrer Beurteilung werden. Um als qualitätsvolle Produkte von Public History gelten zu können, müsste bei ihrer Produktion (und freilich auch bei ihrer späteren Analyse) die empirische, narrative und normative Triftigkeit in den Blick geraten. Gerade für

---
29 Bergmann, Multiperspektivität, 2000, S. 57 f.
30 Ebd., S. 58.
31 Ebd.

einen Blick auf die *empirische* Triftigkeit, also auf die Quellentreue und die Qualität des Quellenbezuges, benötigen Public Historians fundierte fachwissenschaftliche Kenntnisse zum Forschungsstand, in dessen Horizont sich das Produkt verortet. Hier kommt also die kognitive Dimension von Geschichtskultur auf besondere Weise zum Tragen.

Nimmt man es sich zum Ziel, mit einem Produkt der Public History die **historische Imagination** des Publikums anzuregen, so kann in den Blick geraten, wie und auf welche Weise diese historische Imagination **ästhetisch gesättigt** stimuliert wird. Hier würde also insbesondere die ästhetische Dimension von Geschichtskultur zur Geltung kommen; es sei dabei an Ausführungen von Jörn Rüsen zur Wirkung der ästhetischen Dimension von Geschichtserzählungen erinnert (vgl. Kapitel 1.3), denen zu Folge die „Gedankenblässe der Erkenntnis [...] kein Feuer der Einbildungskraft, mit der die historische Erinnerung als Gesichtspunkt handlungsleitender Zwecksetzungen wirksam wird"[32], besitzen würde. Public Historians müssten – um die historische Imagination ihrer Klientel ästhetisch sättigen zu können – deshalb zunächst Kenntnisse über die bildhaften Vorstellungen von Geschichte ihres jeweiligen Publikums haben. Sie müssten außerdem über die Professionskompetenz verfügen, die Wirkung von Medien im Hinblick auf die Stimulation von historischer Imagination einschätzen zu können, also jeweils konkrete Vorstellungen davon haben, wie Aneignungsprozesse von Medien als ästhetische Aneignungsprozesse beschrieben werden können.

Die politische Dimension von Geschichtskultur zeigt sich schließlich, indem **Multiperspektivität** zum Standard bei der Herstellung und auch bei der Analyse von Produkten der Public History wird. Dass Geschichte ohnehin nur mit mehrperspektivischen Quellen konstruiert werden kann, befreit Geschichten-Erzähler*innen nicht von einem Nachdenken über die Frage, welche Perspektiven in welchem Umfang in einem Produkt der Public History (genauso wie in einem fachwissenschaftlichen Text oder in einem Schulgeschichtsbuch) zur Geltung kommen dürfen, welche Perspektiven (und damit verbunden: welche sozialen, kulturellen und politischen Sehepunkte) man für besonders berücksichtigenswert und welche für entbehrlich hält. Qualitätsmerkmal einer Geschichtserzählung wäre dann jedoch nicht, *dass* sie multiperspektivisch ist, sondern ob sie dazu bereit ist, auch über die Wahl der jeweiligen Perspektiven und damit auch über die begrenzte Reichweite ihrer Erklärungskraft Auskunft zu geben.

2.3 Gesellschaftliche Dimensionen I: Diversität

In den bisherigen Ausführungen zu Prinzipien der Geschichtsdidaktik wurden formale Kriterien erläutert, mit denen Public Historians arbeiten können, wenn sie Produkte der Public History entwerfen oder analysieren. Obwohl in den Ausführungen zum Prinzip der Multiperspektivität bereits veranschaulicht wurde, dass

---

32 Rüsen, Was ist Geschichtskultur?, S. 13.

die Auseinandersetzung mit Geschichte in der Öffentlichkeit eine rundherum politische Angelegenheit ist, reichen die Erläuterungen noch nicht, um Public History umfassender in Debatten um die Gesellschaftlichkeit von Geschichte einzubetten. Denn dazu ist nicht nur Wissen um fachimmanente Kriterien der fachhistorischen Forschung oder der Geschichtsdidaktik notwendig, sondern auch um die Theorien, mit denen der gesellschaftliche Ort von Geschichtsaneignung diskutiert wird. Gegenwärtig findet in der Geschichtsdidaktik diese Diskussion entlang der Debatten um **Diversität/***diversity* **und Inklusion** statt. Deshalb soll im Folgenden die Gesellschaftlichkeit von Geschichte anhand dieser beiden Prinzipien systematisch betrachtet werden. Gegenwärtig heißt zugleich, dass in zehn Jahren vermutlich ganz andere gesellschaftliche Debatten über den Ort von Geschichte in der Öffentlichkeit geführt werden. Die folgenden Ausführungen sind also nicht von unbegrenzter Zukunftssicherheit geprägt, sondern – ganz im Sinne der Idee von Geschichtsbewusstsein – der Unerbittlichkeit des Wandels unterworfen.

2.3.1 Diversität, Gesellschaft und Geschichte[33]

Die Auseinandersetzung mit Geschichte findet in Deutschland – und vermutlich auch überall sonst auf der Welt – in einer Gesellschaft statt, die durch Heterogenität und soziale Ungleichheiten geprägt wird. Soziale Kategorien wie *Race, Class* und *Gender* und Parameter wie Alter, sexuelle Identität oder Körper (viele weitere sind denkbar) bestimmen, welche Positionen wir in der Gesellschaft einnehmen. Sie legen fest, mit welchen Identitätskonzepten wir uns selbst beschreiben und von anderen beschrieben werden. ‚Gesellschaft' mit ihren machtvollen Mechanismen von Ausgrenzung, Integration und Teilhabe ist dabei weit mehr als eine bloße Kulisse für Geschichte in der Öffentlichkeit, vor deren Hintergrund auf beliebige Weise historisch gelernt werden kann. Sie spannt diejenigen Lebenswelten auf, aus denen heraus alle, die Geschichte in der Öffentlichkeit rezipieren, den Erfahrungsraum Geschichte betreten, um die gegenwärtige Gesellschaft in ihrer Gewordenheit zu verstehen und um sich für ihre individuell-gesellschaftliche Zukunft orientieren zu können.

Bereits 1979 haben die Geschichtsdidaktiker Ulrich Mayer und Hans-Jürgen Pandel vorgeschlagen, bei der kategorialen Beschreibung historischen Lernens gerade auch solche Kategorien zu verwenden, die „menschliches Handeln im fortschreitenden Prozeß gesellschaftlicher Praxis"[34] erfassen. In „dieser Kategoriengruppe", so Mayer und Pandel „liegt die Schnittstelle von Geschichtswissenschaft und systematisierenden Sozialwissenschaften"[35]. Diese Gedanken lassen sich mühelos auch

---

33 Bei diesem Kapitel handelt es sich um eine überarbeitete Version des Artikels: Lücke, Martin: Diversität und Intersektionalität als Konzepte der Geschichtsdidaktik, in: Baricelli/Lücke, Handbuch Praxis des Geschichtsunterrichts, 2012, S. 136–146.
34 Mayer, Ulrich/Pandel, Hans-Jürgen: Kategorien der Geschichtsdidaktik, in: Bergmann u. a., Handbuch der Geschichtsdidaktik, 1979, S. 180–184, hier S. 182.
35 Ebd.

auf den Umgang mit Geschichte in der Öffentlichkeit anwenden, lässt man sich freilich auf den Gedanken ein, dass Öffentlichkeit ein politischer Ort von Gesellschaft ist. An einer solchen Schnittstelle von Geschichtswissenschaften und systematisierenden Sozialwissenschaften können die *Diversity-* **und** *Intersectionality Studies* verortet werden, die sich an der Frage abarbeiten, wie heterogene Gesellschaften in ihrer Vielfalt beschrieben und herrschaftskritisch analysiert werden können. Ihre Debatten, die in den Fächerkulturen der Politik-, Sozial- und Gesellschaftswissenschaften schon lange anregend wirken, haben gegenwärtig „Hochkonjunktur"[36]. Insbesondere der Forschungszugang von Intersektionalität hat „innerhalb weniger Jahre einen Boom an Publikationen und Forschungen in verschiedensten Disziplinen ausgelöst"[37]. Hier geht es „um Zusammenhänge und Wechselwirkungen sozialer Differenzierungen" und auch darum, deren „Verflechtungen zu verdeutlichen"[38]. Als Werkzeuge werden bei dieser Analysearbeit zumeist die sozialen Kategorien *Race, Class* und *Gender* verwendet.

Die *Diversity-* und *Intersectionality Studies* können sich nicht nur an der Schnittstelle von Geschichtswissenschaften und systematisierenden Sozialwissenschaften positionieren, sondern auch als ein Verbindungsglied fungieren, das eine Analyse von vergangenen und gegenwärtigen Gesellschaften strukturell verbindet und aufeinander zu beziehen vermag. Im Sinne des geschichtsdidaktischen Prinzips der Gegenwarts- und Zukunftsbezogenheit kann historisches Denken dann als ein „Sich-Erinnern, das von Schwierigkeiten in der Gegenwart ausgelöst wird, sich der erkennbaren Vergangenheit zuwendet und das Erinnerte beim Handeln berücksichtigt"[39], entworfen werden – und damit heuristisch wertvolle Anregungen dazu liefern, wie sich eine Darstellung von Geschichte in der Öffentlichkeit auf die gegenwärtige Gesellschaft bezieht.

2.3.2 *Race, Class* und *Gender* als soziale Kategorien der *Diversity-* und *Intersectionality Studies*

Die prominente Begriffstrias von *Race, Class* und *Gender,* mit der die *Diversity-* und *Intersectionality Studies* solche Ungleichheiten zumeist analysieren, stammt aus einer spezifischen US-amerikanischen Politik- und Wissenschaftstradition und ist eng mit der Geschichte politischer Emanzipationsbewegungen in den USA verbunden. Dass sich gerade diese drei Begriffe den Status von sozialen Kategorien erobern konnten, spiegelt also „in hohem Maße die Sozialstruktur ihres Entstehungskontextes, der

---

36 Lutz, Helma/Vivar, Maria T.H./Supik, Linda: Fokus Intersektionalität – Eine Einleitung, in: Dies., Fokus Intersektionalität, 2010, S. 9–31, hier S. 9.
37 Smykalla, Sandra/Vinz, Dagmar: Geschlechterforschung und Gleichstellungspolitiken vor neuen theoretischen, methodologischen und politischen Herausforderungen, in: Dies., Intersektionalität zwischen Gender und Diversity, 2011, S. 10–18, hier S. 10.
38 Winker, Gabriele/Degele, Nina: Intersektionalität. Zur Analyse sozialer Ungleichheiten, Bielefeld 2009, S. 7–8.
39 Bergmann, Klaus: Gegenwartsbezug im Geschichtsunterricht, 2. Aufl. Schwalbach/Ts. 2008, S. 22.

USA"[40] wider und wurde vielleicht deshalb in deutschsprachigen Kontexten erst spät und zunächst zögerlich rezipiert. Die Trias stellt sich oft als ein Bündel mit Exklusivitätsanspruch dar. Freilich sind auch andere Parameter sozialer Differenzierung denkbar, so zum Beispiel Religion, Alter, Sexualität, Körper oder Behinderung. Mit welchen Bedeutungsinhalten sind diese drei Kategorien belegt und auf welche Weise strukturieren sie Gesellschaft? Hier sollen lediglich begriffliche Annäherungen an diese Kategorien versucht werden, von der aus ihre grundsätzlichen (und jeweils verschiedenen) gesellschaftlichen Macht- und Differenzierungslogiken erkannt werden können.

In Anlehnung an den britischen Rassismustheoretiker Robert Miles etwa kann der **Prozess von Rassenkonstruktion** *(racialisation)* definiert werden als ein

„Fall ideologischer Bedeutungsbildung, bei dem eine soziale Gruppe als eine diskrete und besondere, sich selbst reproduzierende Bevölkerung konstruiert wird. Die geschieht unter Bezugnahme auf bestimmte (reale oder vorgegebene) biologische Merkmale und durch eine Verknüpfung mit anderen, negativ bewerteten (biologischen und/oder kulturellen) Eigenschaften"[41].

Eine konsequente Verwendung des Rassebegriffes zur Beschreibung und Analyse von sozialen Ungleichheiten erscheint in der Bundesrepublik der Gegenwart als hochgradig problematisch. Ein hemmungslos herrschaftskritisches „Let's talk about Race"[42], unter dem Label der *Critical Whiteness Studies,* in nicht-deutschen Diskursen schon längst *common sense* einer sozialen Ungleichheitenanalyse, schreckt viele hiesige Forscher*innen noch immer ab. Hierzulande wird stattdessen mit Verweis auf das besondere historische Erbe einer kolonialen und später dann nationalsozialistischen „Rassenlehre" die Verwendung von *Race* als forschungsleitende Kategorie fast immer abgelehnt. Paradoxerweise scheint auf diese Weise die zweifellos rassistische Vergangenheit Deutschlands blockierend auf die Etablierung rassismuskritischer Forschung zu wirken. So hat sich in Deutschland zur Beschreibung derjenigen gesellschaftlichen Ex- und Inklusionen, die Robert Miles als „Rassenkonstruktion" beschreiben würde, ein „Ausweichen auf den Begriff der Ethnizität [...] oder Hybridität"[43] durchgesetzt, um durch eine solche Begriffsverwendung zu vermeiden, „rassistische Logiken zu bedienen und zu reifizieren"[44].

---

40 Klinger, Cornelia/Knapp, Gudrun-Axeli: Achsen der Ungleichheit – Achsen der Differenz: Verhältnisbestimmung von Klasse, Geschlecht, „Rasse"/Ethnizität, in: Dies./Sauer (Hg.), Achsen der Ungleichheit, 2007, S. 19–41, hier S. 21.
41 Miles, Robert: Die Idee der „Rasse" und Theorien über Rassismus: Überlegungen zur britischen Diskussion, in: Bielefeld, Das Eigene und das Fremde, 1998, S. 189–221, hier S. 209; Miles, Robert: Rassismus. Einführung in die Geschichte und Theorie eines Begriffs, Hamburg 1999, S. 93–103, zitiert nach Kerner, Ina: Differenzen und Macht. Zur Anatomie von Rassismus und Sexismus, Frankfurt/M. 2009, S. 51.
42 Lutz/Vivar/Supik, Fokus Intersektionalität, S. 19.
43 Ebd., S. 19f.
44 Ebd., S. 21.

Bei der Kategorie *Class* scheint es unkomplizierter zuzugehen, wenngleich etwa immer noch der Mythos einer nivellierten Mittelstandsgesellschaft nach Helmut Schelsky oder das Reden von der vermeintlichen Gemütlichkeit im Rheinischen Kapitalismus allzu lebhafte Diskussionen über materielle Ungleichheiten in Vergangenheit und Gegenwart zu hemmen scheinen und die soziale Frage in der ‚alten Bundesrepublik' ja ohnehin bis in die 1970er Jahre als gelöst galt.[45] Auf dem Tisch liegen jedoch immerhin zahlreiche diskussionswürdige Konzepte von *Class,* etwa das marxistische Klassenparadigma, die Bourdieusche Ausdifferenzierung in ökonomisches, kulturelles und soziales Kapital oder der von Helmut Schelsky popularisierte Schichtungsbegriff.[46] Nachhaltig wurde der **Begriff der Klasse** von Max Weber geprägt, der die „Klassenlage" definierte als die

„Typische Chance [...], welche aus Maß und Art der Verfügungsgewalt (oder des Fehlens solcher) über Güter und Leistungsqualifikationen und aus der gegebenen Art ihrer Verwertbarkeit für die Erzielung von Einkommen und Einkünften innerhalb einer gegebenen Wirtschaftsordnung folgt"[47].

Zur Schärfung der Kategorie *Gender* kann produktiv eine Definition der australischen Geschlechterforscherin Raewyn Connell aufgegriffen werden:

„Gender is the structure of social relations that centres on the reproductive arena, and on the set of practices (governed by this structure) that bring reproductive distinctions between bodies into social processes. To put it informally, gender concerns the way human society deals with human bodies, and the many consequences of that ‚dealing' in our personal lives and our collective fate"[48].

Gender wird Connell zufolge also „als eine Struktur sozialer Beziehungen" angesehen und beschreibt die „Art und Weise, wie eine Gesellschaft dem Phänomen der biologischen Reproduktion sozialen und kulturellen Sinn verleiht"[49]. Eine solche Definition von *Gender* verzichtet darauf, eine einzige Differenzausprägung von *Gender,* nämlich jene von Mann und Frau, a priori als konstituierendes Element von Geschlecht zu begreifen. Connells Definition ist gerade deshalb zielführend, „weil

---

45 Vgl. Butterwegge, Christoph: Armut in einem reichen Land. Wie das Problem verharmlost und verdrängt wird, Frankfurt/M. 2009, S. 225–234; Vgl. auch Reitzig, Jörg: Prekariat, soziale Verunsicherung und Vereinzelung – die Rückkehr der sozialen Frage, in: Lösch/Thimmel, Kritische Politische Bildung, 2010, S. 289–302, hier S. 289.
46 Eine Übersicht über kanonische Texte zur Sozialstrukturanalyse, die sich an der Kategorie der Klasse abarbeiten, bieten Solga, Heike/Powell, Justin/Berger, Peter A. (Hg.): Soziale Ungleichheit. Klassische Texte zur Sozialstrukturanalyse, Frankfurt/M. 2009.
47 Weber, Max: Wirtschaft und Gesellschaft, Tübingen 1921/22, S. 233 ff.
48 Connell, Raewyn: Gender, Cambridge 2002, S. 10.
49 Lücke, Martin: Halbe Kraft voraus. Überlegungen während einer Suche nach dem Ort von Gender in der Geschichtsdidaktik, in: Barricelli/Becker/Heuer, Jede Gegenwart hat ihre Gründe, 2011, S. 214–226, hier S. 218 f.

sie geeignet ist, im globalen Diskurs alles das aufzunehmen, was in verschiedenen Weltteilen als essentiell empfunden wird, ohne selbst essentialistisch zu werden"[50].

Warum handelt es sich bei diesem Bündel dreier Begriffe um Kategorien, also um „die grundlegendsten und allgemeinsten Begriffe einer Wissenschaft", die als „Denkregister […] wesentliche Eigenschaften und Beziehungen"[51] zusammenfassen? *Race, Class* und *Gender* geben Auskunft über grundlegend unterschiedliche Differenzierungsprozesse: Während *racialisation* einen Prozess beschreibt, der eine Gruppe von Menschen als die grundsätzlich ‚Anderen' markiert, als „eine diskrete und besondere, sich selbst reproduzierende Bevölkerung"[52] entwirft, sie dauerhaft aus der ‚eigenen' Gruppe ausschließt und damit überhaupt erst die ‚eigene' Gesellschaft konstituiert, können *Class* und *Gender* als Differenzierungsmodi *innerhalb* einer Gesellschaft wirken: *Class*, indem es hier primär um die Verteilung von (im weitesten Sinne) ökonomisch relevanten Ressourcen geht, *Gender*, indem soziale Differenzierungen entlang einer Diskussion der Frage, wie die Gesellschaft ihre vermeintlich biologische Reproduktionsaufgabe erfüllt, entstehen.

Zentral ist nun aber, dass diese drei sozialen Kategorien nicht losgelöst voneinander wirken, sondern relational aufeinander bezogen sind, sich in sozialen Differenzierungsprozessen stets neu miteinander verweben und auf unterschiedlichen Herrschaftsebenen wirksam werden.

1. Auf einer „**Makro- und Mesoebene von Sozialstrukturen**"[53] durchkreuzen soziale Kategorien gesellschaftliche Organisationen und Institutionen, also gesellschaftliche Phänomene wie Familie, Arbeitsmarkt, Staat, etc., ebenso Subsysteme des Staates wie Rechtssysteme.
2. Auf einer „**Mikroebene sozial konstruierter Identitäten**"[54] kann sichtbar werden, wie sich Menschen über Kategorien wie *Race, Class* und *Gender* selbst entwerfen. Hier geht es also nicht um die Herrschafts-Makrobene einer übergeordneten Sozialstruktur, sondern darum, wie Individuen durch ihre Interaktionen ihre je individuellen Identitäten im Spannungsfeld von etabliertem Wissen zu *Race, Class* und *Gender* herstellen.
3. Schließlich kommt eine **Ebene der symbolischen Repräsentationen** hinzu. Gesellschaften sind durch gemeinsame Werte, kulturelle Ordnungen und Überzeugungen sinnhaft integriert. Es gibt in einer Gesellschaft „Bilder, Ideen, Gedanken, Vorstellungen oder Wissenselemente, welche Mitglieder einer Gruppe, Gemeinschaft oder Gesellschaft kollektiv teilen"[55]. Eben solche Bilder, Ideen,

---

50 Hagemann-White, Carol: Intersektionalität als theoretische Herausforderung für die Geschlechterforschung, in: Smykalla/Vinz, Intersektionalität zwischen Gender und Diversity, 2011, S. 20–33, hier S. 31.
51 Mayer/Pandel, Kategorien der Geschichtsdidaktik, S. 180 f.
52 Kerner, Ina: Differenzen und Macht. Zur Anatomie von Rassismus und Sexismus, Frankfurt/M. 2009, S. 51.
53 Winker/Degele, Intersektionalität, S. 18–20.
54 Ebd., S. 19–20.
55 Ebd., S. 20–21.

Gedanken, Vorstellungen oder Wissenselemente (zum Beispiel unser Alltagswissen zu Geschlecht oder die in Gesellschaften auftretenden Geschichtskulturen) kann man als symbolische Repräsentationen bezeichnen, in denen die Kategorien *Race, Class* und *Gender* wirksam sind.

Auch diese drei Ebenen, also die Herrschafts-Orte, an denen *Race, Class* und *Gender* wirken, dort also Vielfalt und Ungleichheiten herstellen und damit Lebenschancen verteilen, sind miteinander verzahnt und wirken interdependent aufeinander ein. Dabei richtet sich das Erkenntnisinteresse insbesondere auf die Schnittstellen sozialer Kategorien und Herrschaftsebenen, so zum Beispiel auf der Ebene der strukturellen Herrschaftsverhältnisse auf den Zusammenhang von Kapitalismus (hier wirkt *Class*) und Patriarchat (hier wirkt *Gender*) und welche Auswirkungen ein solcher Zusammenhang für die Genese kapitalistisch determinierter Geschlechtsidentitäten etwa ‚des Arbeiters', ‚der Hausfrau', ‚der Prostituierten' oder ‚des Strichjungen' haben kann. Auch ließe sich das Thema „Nation" sowohl als National*staat* (also als strukturelles Herrschaftsverhältnis) wie auch als Prozess von *nation building* (also auf der Ebene der symbolischen Repräsentation und der Identitätsbildung) analysieren. Es ließe sich damit zeigen, wie das Konstrukt der Nation auf allen drei Herrschaftsebenen als machtvoller In- und Exklusionsmechanismus sowohl mit rassistischen, aber auch mit *Gender*-bezogenen und sozioökonomischen Kategorisierungen in der Geschichte hergestellt wurde und in der Gegenwart wird[56].

Damit ist das Programm der *Diversity* und *Intersectionality Studies* im Prinzip benannt: Die Vielfalt sozialer Differenzierungen wird durch eine Wechselwirkung sozialer Kategorien (gegenwärtig gebräuchlich, etabliert und wohl auch kategorial verwendbar: *Race, Class* und *Gender*) beschrieben. Wie aus sozialen Differenzierungen soziale Ungleichheiten werden, wird an Schnittstellen, den *intersections* betrachtet, an denen sich Herrschaftsebenen (Makro- und Mesoebene, Identitäten, symbolische Repräsentationen) und soziale Kategorien kreuzen und hier den Blick freigeben für die Genese sozialer Ungleichheit. Auf diese Weise kann auch erkannt werden, wie es durch Wechselwirkungen sozialer Kategorien zu einer Potenzierung oder zu einer Abschwächung von sozialen Ungleichheiten kommen kann.

Was bedeuten diese Ausführungen für die Public History? Jede Präsentation von Geschichte in der Öffentlichkeit findet in einer heterogenen Gesellschaft statt, in der Partizipationsmöglichkeiten entlang sozialer Kategorien ausgehandelt werden. Institutionen der Public History als Bestandteil der Makro- und Mesoebene, Geschichtskultur als Modus der symbolischen Repräsentation sowie die (historischen) Identitäten von Rezipient*innen und auch von Produzent*innen von Geschichte in der Öffentlichkeit werden durch solche sozialen Kategorien permanent durchkreuzt, tragen unaufhörlich zu ihrer (Re-)Produktion bei und machen die Aushandlung von Geschichte in der Öffentlichkeit zu einer macht- und bedeutungsvollen Angelegenheit. Für die Professionalisierung von Public Histori-

---

56 Lücke, Halbe Kraft voraus, S. 225.

ans bedeuten diese Ausführungen, dass eine Kenntnis solcher Machtstrukturen, wenn nicht unabdingbar, so doch zumindest äußerst hilfreich bei der Analyse der gesellschaftlichen Wirklichkeit erscheint, in der Geschichte öffentlich wird.

2.4 Gesellschaftliche Dimensionen II: Inklusion[57]

Diskussionen über die Bedeutung von Inklusion haben sich bisher zurecht prioritär auf die schulisch-vermittelnden Arbeitsfelder gerichtet, scheint hier doch auch eine tatsächliche Priorität zu liegen: Immerhin verpflichten sich die Unterzeichnerstaaten der *Convention on the Rights of Persons with Disabilities* vom 13. Dezember 2006, darunter die Bundesrepublik, zur Etablierung eines *inclusive education system*, in dem der gemeinsame Unterricht von Schüler*innen mit und ohne Behinderung der Regelfall zu sein hat. Es heißt: „Ausgehend vom Prinzip der Gleichberechtigung gewährleistet die UN-Behindertenrechtskonvention damit ein einbeziehendes (inklusives) Bildungssystem auf allen Ebenen und lebenslanges Lernen."[58]

Es lohnt sich jedoch, auch den Blick darauf zu richten, vor welche Herausforderungen sich eine inklusive Erinnerungs- und Geschichtskultur gestellt sieht, die die Ansprüche von Inklusion ernst nimmt. Wenn auch völlig zurecht primär schulisch-pragmatische Arbeitsfelder der Geschichtsdidaktik in das Blickfeld von Inklusionsdebatten geraten, so fordert die bereits genannte UN-Konvention eben auch „die volle und wirksame Teilhabe an der Gesellschaft und Einbeziehung in die Gesellschaft."[59]

Insbesondere öffentliches Reden über Geschichte und öffentliche Erinnerungsrituale richten sich fast immer noch ausschließlich an nationalen Bedürfnissen aus, feiern und betrauern meist staatliche Zäsuren oder das Leben und Wirken von vermeintlich großen Männern. Damit stabilisieren sie das Nationale als hegemonialen Gedenkrahmen und wirken in modernen Wanderungsgesellschaften exkludierend. Historische Erfahrungen eines zumeist als sesshaft gedachten Nationalkörpers werden auf diese Weise zum Maßstab des Erinnerns. Hierzu lohnt sich der Blick auf eine Rede des ehemaligen Bundespräsidenten Joachim Gauck, die das Staatsoberhaupt

---

57 Bei diesem Beitrag handelt es sich um eine überarbeitete Fassung des Vortrages „Auf der Suche nach einer inklusiven Erinnerungskultur" von Martin Lücke, gehalten auf der Tagung #erinnern.kontrovers am 9.7.2015 in Berlin, die die „Agentur für Bildung – Geschichte, Politik und Medien e. V." gemeinsam mit der Stiftung „Erinnerung, Verantwortung und Zukunft" und dem Arbeitsbereich Didaktik der Geschichte der Freien Universität Berlin veranstaltet hat, vgl. URL: http://erinnern.hypotheses.org/463 (Aufruf 11.11.2017) und des Artikels: Lücke, Martin: Auf der Suche nach einer inklusiven Geschichts- und Erinnerungskultur, in: Alavi/Lücke, Geschichtsunterricht ohne Verlierer!?, 2016, S. 58–87.
58 Artikel „Bildung" der Behindertenrechtskonvention der Vereinten Nationen, URL: http://www.behindertenrechtskonvention.info/bildung-3907/ (Aufruf 13.11.2017).
59 Art. 3 „Allgemeine Grundsätze" der Behindertenrechtskonvention der Vereinten Nationen, zitiert nach URL: http://www.behindertenrechtskonvention.info/allgemeine-grundsaetze-3765/ (Aufruf 13.11.2017).

am 21. März 2015 im bedeutenden peruanischen Gedenkort *Lugar de la Memoria* in Lima gehalten hat und in der er über historische Erfahrungen der deutschen Nation nachdachte:

„Es geht mir darum, Ihnen zu zeigen: Unsere Erfahrung hat unsere Nation nicht kaputt gemacht, sondern gestärkt. Und ich wünsche mir einen weiteren Austausch zwischen Peru und Deutschland in diesen Fragen. Lassen Sie uns gemeinsam diskutieren, wie [...] man es schafft, zuerst die Fakten und damit die Wahrheit auf den Tisch des Hauses zu bringen. Und dann auf der Ebene dieser Fakten einen manchmal schonungslosen, aber letztendlich doch befriedigenden Diskurs in Gang zu setzen.

Wir Deutsche wollen da an Ihre Seite treten. In genau derselben Weise, wie wir Ihnen zur Seite stehen, wenn es darum geht, Infrastruktur zu stärken oder die Staatlichkeit zu verbessern oder die Rechtsordnung sicherer zu machen. All das sind Ebenen der Begegnung, die ich für wichtig und schön halte. Aber es gibt auch eine Begegnung der gebrannten Kinder. Und wenn die bei ihrer wirklichen Wirklichkeit bleiben, dann gibt es Zukunft aus Wahrheit."[60]

Betrachtet man diese Rede als einen Ausdruck von hegemonialer Erinnerungskultur (der Bundespräsident kann hier wohl zurecht als ihr wichtigster Repräsentant herangezogen werden), so lassen sich in diesem nur kurzen Textauszug ganz unterschiedliche Dinge beobachten: Zum einen scheint die Bundesrepublik in ihrer Gegenwart sehr zufrieden mit ihrer Art und Weise des Erinnerns zu sein, insbesondere wenn die eigene Geschichte erinnert wird. Diese eigene Geschichte wird hier noch immer als die Geschichte einer Nation, nicht als die Geschichte der widerspenstigen und eigen-sinnigen Menschen, die in dieser Nation gelitten und gehandelt haben, erzählt. Zudem scheint es ‚uns' in dieser Nation gelungen zu sein, aus der Geschichte gelernt zu haben, vor allem aus der Geschichte des Nationalsozialismus, und zwar auf positive Weise. Historische Erfahrung und Erinnern erscheinen hier zudem als machtvolle Ressourcen im politischen Diskurs – sie können sogar dabei helfen, Rechtsordnungen zu exportieren und wirtschaftlich vielversprechenden Infrastrukturprojekten einen kulturellen Kitt zu verleihen. Zudem verbirgt sich ein positivistisches Geschichtsverständnis hinter Aussagen dieser Art, es wird von „Wahrheit" und „Fakten" gesprochen, statt von Deutungen und vom Aushandeln. Historische Erfahrung als Erinnern an die eigene Geschichte, so schließlich die Quintessenz des Staatsoberhauptes, „hat unsere Nation nicht kaputt gemacht, sondern gestärkt."

Von Inklusionsgedanken sind Äußerungen dieser Art kaum inspiriert. Wir können aber Ansätze und Ansprüche von Inklusion konstitutiv in Erinnerungs- und Geschichtskultur einfügen. Dabei soll ein weiter **Inklusionsbegriff** verwendet werden, der sich nicht ausschließlich auf die Kategorie der sogenannten körperlichen und geistigen Behinderung bezieht. Inklusion wird hier nach Andreas Hinz verstanden als ein

---

60 Gauck, Joachim: Besuch im Museum Lugar de Memoria, URL: http://www.bundespraesident.de/SharedDocs/Reden/DE/Joachim-Gauck/Reden/2015/03/150321-LugarMemoria-Lima-Peru.html (Aufruf 13.11.2017)

„allgemeinpädagogische[r] Ansatz, der auf der Basis von Bürgerrechten argumentiert, sich gegen jede gesellschaftliche Marginalisierung wendet und somit allen Menschen das gleiche volle Recht auf individuelle Entwicklung und soziale Teilhabe ungeachtet ihrer persönlichen Unterstützungsbedürfnisse zugesichert sehen will. [...] damit wird dem Verständnis der Inklusion entsprechend jeder Mensch als selbstverständliches Mitglied der Gemeinschaft anerkannt."[61]

Kersten Reich präzisiert vor dem Hintergrund eines solchen weiten Inklusionsbegriffes fünf

„Standards der Inklusion:
Ethnokulturelle Gerechtigkeit ausüben und Antirassismus stärken,
Geschlechtergerechtigkeit herstellen und Sexismus ausschließen,
Diversität in den sozialen Lebensformen zulassen und Diskriminierungen auch in den sexuellen Orientierungen verhindern,
Sozioökonomische Chancengleichheit erweitern,
Chancengleichheit von Menschen mit Behinderung herstellen"[62]

Das freilich ist eine Herausforderung – von allen Akteur*innen des Erinnerns für die akademische Geschichtswissenschaft vielleicht am allermeisten, denn das bedeutet:
1. Inklusive Erinnerungskultur zeigt auf, wer sich an wen erinnert und zu welchem politischen Zweck. Auf diese Weise wird Erinnerung als Mittel von Herrschaft sichtbar, Erinnerungskultur wird zu **Herrschaftskritik**.
2. Sie zeigt auf, wer beim Erinnern marginalisiert wird, oder noch genauer: wer vergessen wird – und deshalb in unserer so historisch überbordenden Gegenwartsgesellschaft gar nicht erst über die Ressource von Geschichte verfügen darf. Hier geht es um eine **Sichtbarmachung des Vergessenen.**
3. Sie fordert, dass die Teilhabe an Geschichte für alle möglich sein muss – weil Geschichte (gerade das zeigt die Rede von Joachim Gauck) zu einer mächtigen Ressource geworden ist, die als kultureller Kitt unser Machtgefüge absichert. Inklusive Erinnerungskultur fordert also *Empowerment* durch Erinnern und Geschichte **für die Machtlosen.**

Inklusive Geschichts- und Erinnerungskultur – bezieht man sich dabei auf die Begriffsarbeit aus Kapitel 1.3 – heißt dann in jedem Fall, dass es nicht nur darum gehen kann, alle auf ihre Weise in bisherige Geschichtserzählungen zu integrieren. Das wäre bloß eine integrative Geschichts- und Erinnerungskultur, die sich dem Ziel

---

61 Hinz, Andreas: Inklusion, in: Antor/Bleidick, Handlexikon der Behindertenpädagogik, 2006, S. 97–99, hier S. 97.
62 Reich, Kersten: Inklusive Didaktik. Bausteine für eine inklusive Schule, Weinheim 2015, S. 31–36, zitiert nach Musenberg, Oliver/Riegert, Judith: Inklusiver Fachunterricht als didaktische Herausforderung, in: Dies., Inklusiver Fachunterricht in der Sekundarstufe, 2015, S. 13–14.

verschreibt, aus *divided memories* erfolgreich *shared memories* zu formen. Inklusive Erinnerungskultur würde sich hingegen dem Ziel verschreiben, eine Erinnerungslandschaft zuzulassen, in der auch *conflicting memories* ausgehandelt werden – und in ihrer Konflikthaftigkeit auch nebeneinander stehen bleiben dürfen. Eine inklusive Geschichts- und Erinnerungskultur fragt aber außerdem nach neuen Geschichten, mit denen sich Marginalisierte, also auch die viel zitierten Subalternen, einen Geltungsstatus als historische Subjekte erkämpfen können, und mit denen sie außerdem ihren sozialen Bewegungen und ihren Kollektiven (auch jenseits eines nationalen Referenzrahmens) die Wirkungsmacht als historische Institutionen zuweisen. Und sie fragt nicht nur nach solchen Geschichten, sie erzählt sie dann auch und bringt sie in den machtvollen Diskurs der Gesellschaft ein.

Konkrete Beispiele können das bisher Gesagte veranschaulichen – und zugleich die Grenzen einer inklusiven Erinnerungskultur aufzeigen.

2.4.1 Beispiel 1: Der Genozid an den Armenier*innen zu Beginn des 20. Jahrhunderts

Zurecht wurde im Frühling und Sommer 2015 gefordert, dass sich ‚die Türkei' auch an den Genozid an den Armenier*innen zu erinnern habe. Vertreter*innen bundesdeutscher Politik hatten recht lange gebraucht, um in diesem Zusammenhang das Wort „Genozid" in den Mund zu nehmen. Als das dann dennoch am 23. April 2015 von Seiten des Bundespräsidenten geschah, kommentierte die Journalistin Monika Wagner in der ARD-Tagesschau:

„Komisch ist nur eins: Wenn es um deutsche Kolonialvergangenheit geht, verhalten wir uns nicht anders als die Türkei. Da gab es doch zehn Jahre vor dem Massenmord an den Armeniern den Massenmord an den Herero. (…) Auf keinen Fall will die Bundesregierung das bis heute als Völkermord bezeichnen."[63]

Während also das Reden über einen Genozid an den Armenier*innen allmählich zu einer konsensfähigen Formulierung in der bundesdeutschen Erinnerungskultur wird, bleibt das Reden über die deutschen Verbrechen an den Herero und Nama in den Jahren 1904 bis 1908 noch fast immer unerwähnt. Zwar unternahm die damalige Bundesministerin für wirtschaftliche Zusammenarbeit, Heidemarie Wieczorek-Zeul, bereits anlässlich einer einhundertjährigen Gedenkfeier den Versuch, „die Gewalttaten der deutschen Kolonialmacht in Erinnerung zu rufen"[64]. Und der Präsident des Deutschen Bundestages, Norbert Lammert, nannte 2015 immerhin

---

63 Wagner, Monika: Kommentar am 23.4.2015, URL: https://www.tagesschau.de/multimedia/video/video-79613.html bzw. jetzt auf, URL: https://www.youtube.com/watch?v=eDthEtNeEaQ (Aufruf 13.11.2017).

64 Rede von Bundesministerin Heidemarie Wieczorek-Zeul bei den Gedenkfeierlichkeiten der Herero-Aufstände am 14. August 2004 in Okakarara, URL: http://www.windhuk.diplo.de/Vertretung/windhuk/de/03/Gedenkjahre__2004__2005/Seite__Rede__BMZ__2004-08-14.html (Aufruf 13.11.2017).

das Massaker an den Herero einen „Völkermord"[65]. Äußerungen anderer führender staatlicher Repräsentanten sucht man jedoch vergeblich. Wenn das Gedenken an den Genozid an den Herero jedoch Teil einer inklusiven Erinnerungskultur wäre, könnten die vergessenen Opfer deutscher Kolonialpolitik zunächst *sichtbar* gemacht werden. Für die Nachfahren der Opfer böte eine solche Inklusion der Erinnerung tatsächlich die Möglichkeit von *Empowerment* – vor allem nur scheinbar banal materiell durch den Anspruch auf Entschädigungsleistungen. Aber auch darüber hinaus könnten die Nachfahren dieses Genozides, des ersten im 20. Jahrhunderts, von Geschichte als kultureller Ressource profitieren – und zu geschichtsmächtigen Subjekten in einer bundesdeutschen Erinnerungskultur werden. Es wäre dann in Museen und Schulbüchern die Geschichte eines Genozides mehr zu erzählen.

Herrschaftskritisch wäre eine solche inklusive Erinnerungskultur, indem die bundesdeutsche Gesellschaft konsequent daraufhin befragt werden könnte, was es mit gegenwärtigen Rassismen in unserer Gesellschaft zu tun hat, wenn der Genozid an den Herero verschwiegen oder sogar vergessen wird.

2.4.2 Beispiel 2: Die Geschichte der Homosexualitäten

Im Juni des Jahres 2015 eröffneten das Deutsche Historische Museum und das Schwule Museum* die gemeinsame Ausstellung „Homosexualität_en", die in den Ausstellungsräumen beider Häuser zu sehen war.

Das Plakat zur Ausstellung fand die Staatsministerin für Kultur, Monika Grütters, bei einem Presserundgang zur Ausstellung „verstörend."[66] Die Staatsministerin ergänzte:

„Diese Ausstellung ist ein schönes Beispiel dafür, dass Museen eben nicht nur Orte des Sammelns und Bewahrens sind, sondern mit ihrer Arbeit zur Verständigung darüber beitragen, wie wir leben wollen. Die Ausstellung ordnet die aktuelle Debatte über die rechtliche Gleichstellung Homosexueller in die historischen Zusammenhänge ein, die unter anderem von Diskriminierung und Stigmatisierung geprägt waren. Sie führt uns damit vor Augen: Die Vielfalt, die nur in Freiheit gedeihen kann, ist eine Bereicherung für uns alle! Das erleben wir gerade in einer Stadt wie Berlin, die ihre Lebensqualität und ihre Anziehungskraft nicht zuletzt ihrer Offenheit – der Liebe zum ‚leben und leben lassen' – verdankt."[67]

---

65 Vgl. etwa URL: http://www.zeit.de/politik/deutschland/2015-07/herero-nama-voelkermord-deutschland-norbert-lammert-joachim-gauck-kolonialzeit (Aufruf 13.11.2017).
66 Lange, Nadine: Die Ausstellung Homosexualität_en. Die Verschiebung der Mitte, in: Der Tagesspiegel, 26.6.2015, URL: http://www.tagesspiegel.de/berlin/queerspiegel/die-ausstellung-homosexualitaet_en-die-verschiebung-der-mitte/11971118.html (Aufruf 13.11.2017).
67 Presse- und Informationsamt der Bundesregierung: Kulturstaatsministerin Grütters zur Ausstellung „Homosexualität_en": Bekenntnis zu Toleranz und Vielfalt in unserer Gesellschaft, URL: https://www.bundesregierung.de/Content/DE/Pressemitteilungen/BPA/2015/06/2015-06-25-bkm-homosexualitaet.html (Aufruf 13.11.2017).

Abb. 2: Plakat zur Ausstellung „Homosexualität_en"

Hier wird in der Interpretation der Ministerin der Versuch unternommen, die Geschichten des Handelns und Leidens homosexueller Menschen in die Meistererzählung einer erfolgsverwöhnten Bundesrepublik zu integrieren – geht es in Äußerungen wie dieser doch um ein Erinnern hin zu einer Gegenwart, die sich durch Vielfalt und Freiheit auszeichnet – hier wird eine beste aller gegenwärtigen Welten entworfen, geprägt durch „Vielfalt, die nur in Freiheit gedeihen kann". Vielleicht zeigen diese Äußerungen von Monika Grütters sogar, dass es der Geschichte der Homosexualitäten mittlerweile gelungen ist, Teil einer integrativen Erinnerungskultur der Bundesrepublik zu werden, mit der es gelingen kann, das Erreicht-Haben gegenwärtiger Toleranzstandards als das erfolgreiche Ergebnis der bundesdeutschen Geschichte zu begreifen. Kennzeichen einer inklusiven Erinnerungskultur könnte im Gegenzug sein, dass nicht nur an das Leid und die Verfolgung von Homosexuellen im Nationalsozialismus gedacht wird, sondern dass die Bundesrepublik sich auch endlich an diejenigen Homosexuellen erinnert, die sie selbst bis zum Jahr 1994 verfolgt, diskriminiert und marginalisiert hat. Während die doppelte Ausstellung im Deutschen Historischen Museum und im Schwulen Museum* dieses Thema zwar keineswegs verschweigt, spricht die Ministerin in ihrer Eröffnung nicht davon.

Genauso schweigt auch die Gedenktafel für die homosexuellen Opfer des Nationalsozialismus im Berliner Tiergarten zu diesem Thema. Hier heißt es:

„Lange Zeit blieben die homosexuellen Opfer des Nationalsozialismus aus der Gedenkkultur ausgeschlossen – in der Bundesrepublik wie in der DDR. Hier wie dort wurden Schwule weiter strafrechtlich verfolgt. In der Bundesrepublik Deutschland galt der § 175 unverändert bis 1969 fort. Aus seiner Geschichte heraus hat Deutschland eine besondere Verantwortung, Menschenrechtsverletzungen gegenüber Schwulen und Lesben entschieden entgegenzutreten. In vielen Teilen der Welt werden Menschen wegen ihrer sexuellen Identität heute noch verfolgt, ist homosexuelle Liebe strafbar und kann ein Kuss Gefahr bedeuten."[68]

Hier unternimmt die Bundesrepublik als Verfasserin der Gedenktafel den Versuch, die *conflicting memories* an die Opfer aus eigener Verantwortung mindestens zu bagatellisieren, und in den Grundkonsens einer hegemonialen Erinnerungskultur zu integrieren. Unsichtbar und unbenannt bleiben hier also tatsächlich die Verfolgten des eigenen Systems, denen erst im Jahr 2017 formale Rehabilitation und materielle Entschädigung zugestanden wurden.

Literatur

Pandel, Hans-Jürgen: Historisches Erzählen. Narrativität im Geschichtsunterricht, Schwalbach/Ts. 2010.
Schörken, Rolf: Historische Imagination und Geschichtsdidaktik, Paderborn 1994.
Winker, Gabriele/Degele, Nina: Intersektionalität. Zur Analyse sozialer Ungleichheiten, Bielefeld 2009.

---

68 Vgl. hierzu ergänzend zu erinnerungskulturellen Debatten zur Geschichte der männlichen Homosexualität: Lücke, Martin: Scheinerfolge und Emanzipationsstillstand – Männliche Homosexualitäten in der Weimarer Republik, in: Domeier u. a., Gewinner und Verlierer, 2015, S. 27–43.

3. Methodische Zugänge zur Public History

Public History hat bislang keine eigenen Methoden entwickelt, sondern bedient sich vor allem verschiedener Ansätze aus der Geschichts- und Kulturwissenschaft. Neben dem fachwissenschaftlichen Umgang mit Textquellen zieht sie vor allem Objekte, Bilder, Film- und Tonquellen sowie Zeitzeug*inneninterviews heran. Im Sinne der geschichtswissenschaftlichen Verankerung ist es wichtig, diese Quellen zu analysieren, aber auch ihren Einsatz in historischen Repräsentationen, sei es in Ausstellungen oder in Filmen, in Zeitschriften oder auf Websites, zu diskutieren. Im Folgenden werden vier Zugangsweisen konkreter vorgestellt, die sich jeweils auf eine bestimmte Quellengattung beziehen: Objekte, Bilder, Töne und Zeitzeug*innenaussagen. Darüber hinaus wird abschließend mit der Living History der Versuch vorgestellt, Geschichte nachzuspielen und sie damit sowohl zu „erleben" als auch zu vermitteln.

3.1 Materielle Kultur

Der Forschungsansatz der Materiellen Kultur beschäftigt sich mit Gegenständen, „die vom Menschen selbst hergestellt oder modifiziert sind".[1] Anders ausgedrückt, umfasst dieses Forschungsfeld

„alle in menschlichen Gesellschaften verwendeten oder bedeutungsvollen Dinge, gleichviel, ob sie in der betreffenden Gesellschaft hergestellt, lediglich in Gebrauch genommen oder konsumiert werden bzw. worden sind."[2]

Die betreffenden Gegenstände sind also durch Menschen und Gesellschaften geprägt und können deshalb etwas über diese aussagen. Sie wurden für einen bestimmten Zweck hergestellt und anschließend benutzt, behandelt, aber auch verändert, als Symbole oder Distinktionsmerkmale eingesetzt. Sie haben einen Material-, aber auch

---

1 Ludwig, Andreas: Materielle Kultur, Version: 1.0, in: Docupedia-Zeitgeschichte, 30.5.2011, S. 1–18, hier S. 2, URL: http://docupedia.de/zg/Materielle_Kultur (Aufruf 13.11.2017).
2 Hahn, Hans Peter/Eggert, Manfred K.H./Samida, Stefanie: Einleitung, in: Dies., Handbuch Materielle Kultur, 2014, S. 1–12, hier S. 4.

einen Nutzwert, und darüber hinaus wird ihnen ein Bedeutungswert zugemessen. So eingeordnet können sie als Quelle wissenschaftlicher Forschung dienen. Während die Archäologie und Ethnologie dies schon früh erkannten und auch die Kunstgeschichte, die Volkskunde bzw. Empirische Kulturwissenschaft und die Soziologie sich mit „Dingen" auseinandersetzen, hat die Geschichtswissenschaft diese erst relativ spät in den Fokus genommen. Sie betrachtete **Dinge** vor allem als museale Repräsentationsobjekte und weniger als Quellen für die Forschung. Seit den 1980er Jahren nahmen jedoch Vertreter*innen der Alltags-, aber auch der Konsum- und Wissenschaftsgeschichte die Materielle Kultur und damit die Dinge in den Blick.[3] Zudem setzt sich die Technikgeschichte mit den Objekten und ihrer Funktionsweise auseinander. Insgesamt nimmt die Materielle Kultur jedoch in der allgemeinen Geschichtswissenschaft bis heute nur eine nachrangige Bedeutung ein. Für die Public History sind die Objekte allerdings ein zentrales Element der Geschichtsvermittlung und daher auch eine Quelle für die Forschung.

Die Begriffe „Gegenstand", „Ding", „Sache", „Objekt" oder „Artefakt" werden in der Literatur mehr oder weniger synonym verwendet. „Objekt" und „Artefakt" heben den menschlichen Einfluss am deutlichsten hervor. In Abgrenzung zur Kunstgeschichte fokussiert die Forschung zur Materiellen Kultur alltägliche **Objekte,** die auch in größerer Zahl vorhanden sein können, und nicht einzigartige Kunstwerke.

Auch in Museen sind die Begriffe „Objekt" und „Artefakt" üblich. Museen werden häufig auch als „Sachzeugenarchive" bezeichnet, deren Aufgabe es ist, Dinge zu sammeln, zu bewahren, zu erforschen und auszustellen. Die kultur- und technikhistorischen Museen sind deshalb bislang die wichtigsten Orte, an denen Historiker*innen sich mit Objekten auseinandersetzen. Dabei muss beachtet werden, dass die Objekte einen Funktionswechsel durchlaufen, wenn sie in ein Museum gelangen. Sie werden zu Kulturobjekten, die ihre vorherige Funktion vollständig verlieren. So wird beispielsweise auf einem Stuhl, der in die Sammlung eines Museums übernommen wird, für gewöhnlich nie wieder jemand sitzen. Vielmehr wird er ausgestellt, weil er als Informationsträger gilt, der „uns über die Vergangenheit in Kenntnis setzen" kann.[4] Krzysztof Pomian bezeichnet die Museumsdinge daher auch als Semiophoren, als Zeichenträger.[5]

In der Forschung über Materielle Kultur wird davon ausgegangen, dass die Objekte nicht von sich aus zu uns „sprechen", sondern ihre Geschichten und Bedeutungen erst herausgearbeitet werden müssen. Judy Attfield betont, dass Objekte als Quellen „polyvalent" sind und bezeichnet sie auch als „wild things"[6], um ihre Vieldeutigkeit hervorzuheben.

---

3 Vgl. Ruppert, Wolfgang (Hg.): Fahrrad, Auto, Fernsehschrank. Zur Kulturgeschichte der Alltagsdinge, Frankfurt/M. 1993.
4 Korff, Gottfried: Zur Eigenart der Museumsdinge (1992), in: Eberspächer/König/Tschofen: Gottfried Korff: Museumsdinge deponieren – exponieren, Köln 2. erg. Auflage 2007, S. 140–145, hier S. 141.
5 Vgl. Pomian, Krzysztof: Der Ursprung des Museums. Vom Sammeln, Berlin 1988.
6 Attfield, Judy: Wild Things: The Material Culture of Everyday Life (Materializing Culture), Oxford 2000.

Die Annäherung erfolgt mit Hilfe einer **Objektanalyse,** die mit der Dokumentation aller vorliegenden Informationen beginnt. Dazu werden zunächst Materialität und Gestaltung beschrieben, Herstellungszweck, -datum und -ort benannt und der Gebrauch sowie die Provenienz festgehalten, soweit dies aus der Betrachtung des Objektes selbst oder aus beigefügten Informationen hervorgeht. Damit liegen Eckdaten vor, die die Grundlage für eine Objektgeschichte bzw. Objektbiografie bilden. Der nächste Schritt gilt der Recherche des historischen Kontextes, der sowohl die Entstehungs- als auch die Gebrauchszeit und die jeweiligen Funktionen des Objektes umfasst. Als letztes wird nach der Bedeutung gefragt, die dem Objekt zugewiesen wurde. Dafür ist es wichtig zu wissen, wo das Objekt gefunden, in welchem Kontext es aufbewahrt wurde und wer es wann besessen hat. Auf dieser Grundlage können schließlich Rückschlüsse auf die individuelle, aber vielleicht auch gesellschaftliche Bedeutung gezogen werden, die dem Objekt zugeschrieben wurde. Andreas Ludwig spricht in diesem Zusammenhang von einem Analyse-Dreischnitt,

„der die Materialität der Dinge, den Umgang mit Dingen sowie die Analyse der Dinge als Bedeutungsträger umfasst".[7]

Je nach Fragestellung kann die Objektgeschichte das Material, das Design, die Produktion, den Verkauf, den Konsum bzw. den Gebrauch, das Wegwerfen oder das Recycling der Dinge fokussieren. Andere Zugänge wie die Geschichte der Werbung nehmen stärker die zugeschriebene Bedeutung in den Blick, die je nach Perspektive höchst unterschiedlich sein kann. Dies ist allerdings auch der Aspekt, der Objekte für Museen besonders interessant macht, weil sie in unterschiedlichen Zusammenhängen mehrfach ausgestellt und damit die verschiedenen Bedeutungen immer neu sichtbar gemacht werden können.

Die hier skizzierten Analyseansätze der Forschung über Materielle Kultur bauen auf den im englischsprachigen Wissenschaftsraum entwickelten *Material Culture Studies* auf, die interdisziplinär agieren und mit der Archäologie, Ethnologie und Kulturanthropologie zusammenarbeiten. Material Culture Studies sind kulturwissenschaftlich ausgerichtet, ohne einen zeitlichen Schwerpunkt zu haben. Vielmehr reichen die Untersuchungen von der Steinzeit bis in die Gegenwart. Neben zahlreichen Einzelveröffentlichungen bietet das „Journal of Material Culture", das seit 1996 regelmäßig erscheint, sehr gute Einblicke in die entsprechenden Forschungsansätze und in einzelne Projekte.

Für die Public History ist jedoch nicht allein wichtig, wie Dinge des täglichen Lebens als Quellen für die Wissenschaft genutzt, sondern auch wie sie in der Geschichtsvermittlung eingesetzt werden können. Im Sinne der Idee von den „wild things" repräsentieren sie nicht nur eine, sondern je nach Perspektive und Analyseansatz viele verschiedene Geschichten. Dies ist zu beachten, wenn sie in der Geschichtsvermittlung benutzt werden. Dabei hat sich die Rolle der Objekte im Museum immer wieder ver-

---

7 Ludwig, Materielle Kultur, S. 5.

ändert.[8] Außerdem gibt es Dinge, die als „böse Objekte" bezeichnet werden. Dazu zählen beispielsweise Gegenstände aus der NS-Zeit mit Hakenkreuz-Aufdruck oder von denen bekannt ist, dass sie nationalsozialistischen Persönlichkeiten gehörten. Sie scheinen kontaminiert und ihre Präsentation in Ausstellungen genießt besondere Vorsicht, damit sie keinen Reliquiencharakter bekommen.[9] Weiterhin gibt es „schwierige Objekte", die eine so eindeutige Aussagekraft haben, dass alle anderen Zeichen, die sie vielleicht auch noch beinhalten, überstrahlt werden.[10] Detlef Hoffmann spricht auch von „eigenwilligen Objekten", die nicht nur stets in einem Kontext dargestellt werden müssen.[11] Gegenstände haben somit nicht nur eine zu erschließende, objektivierbare Geschichte, sondern ihnen werden Bedeutungen zugewiesen bzw. sie sind Objekte von Projektionen, die bei der Erschließung derselben ebenfalls beachtet werden müssen.

Die weitreichende Aussagekraft materieller Überreste lässt sich gut anhand von Gedankenexperimenten durchspielen:

> Eine erste Übung beinhaltet den Blick in die eigene Tasche und die Frage, was Historiker*innen in späteren Epochen anhand der dort vorgefundenen Objekte über uns aussagen könnten. Welche Schlüsse über Geschlecht, Alter, Vorlieben, Tätigkeit des Taschenbesitzers, aber auch die vorherrschende Mode und die technischen alltäglichen Dinge der Zeit, das Wirtschaftssystem, die politische Verwaltungsstruktur oder das Gesellschaftssystem können gezogen werden? Daran anschließend lässt sich fragen, wie mit diesen Dingen unterschiedliche Geschichten erzählt werden könnten, indem die einen in den Mittelpunkt gestellt, andere weggelassen und wiederum andere in Beziehung zueinander präsentiert werden.
>
> Eine andere Aufgabe ist die Analyse eines einzelnen Alltagsobjektes. Nehmen Sie zum Beispiel einen Kaffeepappbecher. Dass es diesen zu tausenden in unserem Müll gibt, könnte künftige Generationen zum Nachdenken über folgende Fragen anregen: Warum hat eine Gesellschaft zu einem bestimmten Zeitpunkt damit begonnen, Kaffee aus Bechern mit Deckel zu trinken? Warum wurde Kaffee nicht mehr zu Hause gekocht, sondern bei einem Anbieter, der sein Logo auf den Becher druckte? Was zeigt das Logo? Warum wurde der Kaffee aus Wegwerfbechern getrunken? Warum finden sich die gleichen Becher über die gesamte Welt verteilt? Die Antworten auf diese Fragen dienen dazu, Rückschlüsse über die Gesellschaft, das Wirtschaftssystem oder die Konsumgewohnheiten einer bestimmten Zeit zu ziehen. So lassen sich auch andere Objekte in unserer alltäglichen Umgebung unter der Fragestellung betrachten, was für eine Geschichte mit ihnen erzählt werden könnte.

---

8 Vgl. Schulze, Mario: Wie die Dinge sprechen lernten. Eine Geschichte des Museumsobjektes 1968–2000, Bielefeld 2017.
9 Hagemann, Susanne: „Leere Gesten"? Darstellungsmuster in Ausstellungen zur NS-Zeit, in: Museumsverband des Landes Brandenburg, Entnazifizierte Zone?, 2015, S. 77–92, hier S. 88.
10 Zündorf, Irmgard: Dingliche Ostalgie? Materielle Zeugnisse der DDR und ihre Präsentation, in: Ulbricht, Schwierige Orte, 2013, S. 77–95, hier S. 77 f.
11 Hoffmann, Detlef: Zeitgeschichte aus Spuren ermitteln. Ein Plädoyer für ein Denken vom Objekt aus, in: Zeithistorische Forschungen, 4 (2007), S. 200–210, hier S. 206.

Abb. 3: Pappbecher, 2017

Ein Beispiel für die verschiedenen Geschichten, die anhand von Objekten erzählt werden können, hat Neil MacGregor mit seinen Radiosendungen und dem daraus entstandenen Buch „Eine Geschichte der Welt in 100 Objekten"[12] gegeben. Viele Museen sind inzwischen dieser Idee gefolgt und präsentieren einzelne Objekte mit ihren jeweiligen Geschichten, ohne diese Einzeldarstellungen unmittelbar in einen Zusammenhang zu stellen. Darüber hinaus bieten sie eine Dokumentation derselben im Internet an, die über Datenbankauszüge der eigenen Sammlung weit hinausgehen. Hier steht die Vieldeutigkeit der Objekte im Mittelpunkt und die Idee, mit ihnen Geschichten zu erzählen und zu weiteren Geschichten anzuregen.

Zusammenfassend lässt sich festhalten, dass Objekte Zeichenträger sind und als solche sowohl Quellen der Geschichtsforschung als auch Medien der Geschichtsvermittlung darstellen. Damit sind sie ein zentrales Element der Public History, das mit der Methode der Materiellen Kultur entschlüsselt werden kann. Für ihren Einsatz bietet sich in erster Linie das Museum an, das im Laufe der Zeit unterschiedliche Formen der Präsentation von Objekten entwickelt hat (siehe dazu Kapitel 5).

Literatur

Attfield, Judy: Wild Things. The Material Culture of Everyday Life, New York u. a. 2000.
Ludwig, Andreas: Materielle Kultur, Version: 1.0, in: Docupedia-Zeitgeschichte, 30.5.2011, URL: http://docupedia.de/zg/Materielle_Kultur
Hahn, Hans Peter: Materielle Kultur. Eine Einführung, 2. überarb. Auflage Berlin 2014.
Ortlepp, Anke/Ribbat, Christoph (Hg.): Mit den Dingen leben. Zur Geschichte der Alltagsgegenstände, Stuttgart 2010.
Samida, Stefanie/Eggert, Manfred K.H./Hahn, Hans Peter (Hg.): Handbuch Materielle Kultur. Bedeutungen, Konzepte, Disziplinen, Stuttgart 2014.

3.2 Visual History

Dass Bilder als Quellen der Geschichtsforschung herangezogen werden – und dass sich Geschichtsdarstellungen auch immer in Bildern manifestieren, ist fast schon eine banale Erkenntnis. Der Forschungszweig einer *Visual History* will aber mehr. Gerhard Paul, einer seiner führenden Protagonisten im deutschsprachigen Raum, führt vielmehr aus, dass die *Visual History*

---

[12] MacGregor, Neil: Eine Geschichte der Welt in 100 Objekten, München 2011.

„Bilder in einem weiten Sinne sowohl als Quellen als auch als eigenständige Gegenstände der historiografischen Forschung betrachtet und sich gleichermaßen mit der Visualität von Geschichte wie mit der Historizität des Visuellen befasst. Ihren Exponenten geht es darum, Bilder über ihre zeichenhafte Abbildhaftigkeit hinaus als Medien und Aktiva mit einer eigenständigen Ästhetik zu begreifen, die Sehweisen konditionieren, Wahrnehmungsmuster prägen, Deutungsweisen transportieren, die ästhetische Beziehung historischer Subjekte zu ihrer sozialen und politischen Wirklichkeit organisieren und in der Lage sind, eigene Realitäten zu generieren. Visual History in diesem Sinne ist damit mehr als eine additive Erweiterung des Quellenkanons der Geschichtswissenschaft oder die Geschichte der visuellen Medien; sie thematisiert das ganze Feld der visuellen Praxis sowie der Visualität von Erfahrung und Geschichte."[13]

Bilder als Medien und Aktiva spielen auch in der Public History eine wichtige Rolle, indem vor allem ihre Bedeutung für die Konstruktion eines kollektiven kulturellen Bildgedächtnisses betrachtet werden kann. Teil einer Professionskompetenz von Public Historians wäre es dann, solche kollektiven historischen Bildgedächtnisse zu kennen und bei der Konzeption von Produkten der Public History reflektiert mit ihnen umzugehen.

Abb. 4: Foto eines Jungen im Warschauer Ghetto, 1943

---

13 Paul, Gerhard, Visual History, Version: 3.0, in: Docupedia-Zeitgeschichte, 13.03.2014, URL: http://docupedia.de/zg/Visual_History_Version_3.0_Gerhard_Paul (Aufruf 13.11.2017).

Sebastian Schönemann hat anhand des sehr bekannten Fotos des Jungen aus dem Warschauer Ghetto gezeigt, dass sich gerade das kulturelle Bildgedächtnis dadurch auszeichnet, dass ein bestimmtes „Bilderrepertoire kanonisiert und damit ein ikonografisches Bildwissen konventionalisiert wird".[14] Dabei gehe es nicht so sehr darum, „ob ein Ursprungsbild in seiner kulturellen Nachgeschichte häufig reproduziert und dadurch kanonisiert wurde, sondern vielmehr, wie die Bildproduzenten vom Ursprungsbild losgelöste Bildelemente für eine Kommunikation über Vergangenheit verwenden, sie dadurch konventionalisieren und somit tradieren".[15] Er betont weiter, dass sich unser Bild der Vergangenheit so gesehen aus dem visuellen Gedächtnis unserer Gegenwart speist, ein Bild, das nicht nur Geschichte repräsentiert, sondern auch seine eigene mediale Geschichte besitzt.[16] Ferner, so Schönemann, „folgen die Sichtweisen auf ein historisches Ereignis einer tradierten Sichtbarkeitsordnung, die wir [...] als Rezipienten einer Erinnerungs- und Geschichtskultur medienbiografisch erfahren haben".[17]

Dieser komplexe Zusammenhang, der sich auf die Ebene des Bildes als Quelle, seine Rezeptionsgeschichte als auch auf die Möglichkeiten seiner gegenwärtigen Verwendbarkeit als bewusst inszeniertes Produkt der Public History bezieht, erfordert in Anlehnung an Gerhard Paul also nicht nur für Fachhistoriker*innen, sondern auch für Public Historians „eine Schule des Sehens und der kritisch-ikonografischen Interpretation".[18] Zeichnet man die Entwicklung der Visual History nach, so stellt man fest, dass sich die **historische Bildkunde** noch bis in die 1990er Jahre hinein eher als eine historische Hilfswissenschaft denn als ein eigener geschichtswissenschaftlicher Forschungszugang verstand. Ihr ging es, folgen wir den Ausführungen zur Entwicklung des Forschungsfeldes von Gerhard Paul,[19] darum, Bilder als Primärquellen zu nutzen, etwa um einen Zugang zu den Mentalitäten von Zeitgenoss*innen zu erhalten. Die Produktionsbedingungen von Bildern, der Bildgebrauch und Rezeptionserfahrungen mit Bildern waren bei einer solchen Ausrichtung nicht von primärem Interesse. 1992 konnte Heike Talkenberger fünf Untersuchungsmethoden der Historiker im Umgang mit Bildquellen ausmachen:

---

14 Schönemann, Sebastian: Kulturelles Bildgedächtnis und kollektive Bilderfahrung. Die visuelle Semantik der Erinnerung am Beispiel des Fotos des Jungen aus dem Warschauer Ghetto, in: Zeitschrift für Geschichtsdidaktik 12 (2013), S. 46–60, hier S. 46.
15 Ebd., S. 47.
16 Ebd., S. 48 f.
17 Ebd., S. 49.
18 Paul, Gerhard: Von der historischen Bildkunde zur Visual History. Eine Einführung, in: Ders., Visual History, 2006, S. 7–36, hier S. 7.
19 Bei dem folgenden Abschnitt handelt es sich um eine zusammenfassende Darstellung der Ausführungen in: Paul, Von der historischen Bildkunde zur Visual History, S. 7–36; sowie: Paul, Visual History.

„1. Realienkundliche Bildinterpretation [...] 2. Ikonografische/ikonologische Bildbetrachtung [...] 3. Funktionsanalytische Bildbetrachtung, 4. [...] Semiotischer Ansatz [...] 5. Repräsentationsästhetischer Ansatz."[20]

In Anlehnung an die Arbeiten von Erwin Panowsky konnte die von Rainer Wohlfeil und Heike Talkenberger vorgeschlagene „Historische Bildkunde" in der Geschichtsdidaktik durchaus Anklang finden, indem vor allem ein Dreischritt aus vorikonografischer Beschreibung, ikonografischer Analyse und ikonologischer Interpretation Eingang in Medienhandreichungen für den Geschichtsunterricht fand.[21]

Der oft als eng empfundene Bildbegriff der Kunstgeschichte musste vorrangig durch Impulse aus der Public History[22] erweitert werden, wobei primär – so Gerhard Paul – ein Verständnis von Bildern als eigenständige Wirkungsmacht in der Geschichte befördert wurde[23]:

„Bis zum Ende der 1990 Jahre folgte die Geschichtswissenschaft somit weitgehend einem verkürzten Bild-Begriff, der sich primär auf das trägergebundene stehende Bild reduzierte und dieses oft ausschließlich in widerspiegelungstheoretischer Manier als passiven Spiegel der Zeitläufe, kaum jedoch das Bild als Medium und Bildakt, das selbst wiederum Einstellungen, Mentalitäten und Geschichtsbilder etc. generierte, zum Gegenstand machte."[24]

Außerdem ergänzt er:

„Bilder würden meist ‚inhaltistisch' gelesen, ohne dass der Ästhetik eine sinngebende Rolle zugedacht wird."[25]

Was aber brachte nun der Visual Turn bzw. Iconic Turn[26] und wie zeichnet sich die aktuelle Visual History aus?[27] In Anlehnung an die historische Bildforschung „ging es den neuen Bestrebungen zunächst primär darum, der bislang bildabstinenten Zeitgeschichtsforschung Bilder als zusätzliche Quellen für neue, oft kulturwissenschaft-

---

20 Paul, Von der historischen Bildkunde zur Visual History, S. 9 f.
21 Hamann, Christoph: Bildquellen im Geschichtsunterricht, in: Barricelli/Lücke, Handbuch Praxis des Geschichtsunterrichts, 2012, S. 108–124, hier S. 111.
22 Etwa durch die Ausstellung „Parteiauftrag: Ein neues Deutschland. Zur Ikonographie der DDR" (1996–1997) im Deutschen Historischen Museum, die Fotoausstellung im Deutsch-Russischen Museum oder die Ausstellungen „Vernichtungskrieg. Verbrechen der Wehrmacht 1941 bis 1944" (1995–1999) und „Verbrechen der Wehrmacht. Dimensionen des Vernichtungskrieges 1941–1944" (2001–2004).
23 Paul, Von der historischen Bildkunde zur Visual History, S. 14.
24 Ebd., S. 18.
25 Ebd. Paul zitiert hier: Heßler, Martina: Bilder zwischen Kunst und Wissenschaft. Neue Herausforderungen für die Forschung, in: Geschichte und Gesellschaft, 31 (2005), 2, S. 266–292, hier S. 272.
26 Vgl. Bredekamp, Horst: Drehmomente – Merkmale und Ansprüche des iconic turn, in: Burda/Maar, Iconic Turn, 2005, S. 15–26.
27 Das alles in Anlehnung an Paul, Visual History.

lich inspirierte historische Fragestellungen sowie als Quellen für zeitgenössische Sichtweisen, für sozial und kulturell geformte Blickwinkel, als Deutungsmedien und daher auch als Quellen der Erinnerungsgeschichte zu erschließen".[28] Paul ergänzt:

„Dass Bilder nicht nur Repräsentationen oder gar Spiegel von etwas Geschehenem sind und Geschichte nicht nur passivisch widerspiegeln, sondern selbst mitprägen, zum Teil erst generieren, blieb somit weitgehend außerhalb des historiografischen Verständnisses."[29]

Und gerade dieser Mangel sollte durch das Konzept der Visual History behoben werden. Wie in Zeiten interdisziplinärer Forschungszugänge üblich, hat sich hier kein einheitliches Methodeninstrumentarium etabliert, vielmehr wird in der Visual History ein Methodenpluralismus angewendet, der sich an den jeweils betrachteten Themen und natürlich auch den in Rede stehenden Bildern orientiert. Dabei kommen – abhängig von den Gegenständen – ikonografisch-ikonologische Methoden, semiotische und auch soziologische Ansätze zum Tragen.[30]

Überaus inspirierend wurde vor diesem Hintergrund auch das Konzept des „aktiven Bildes" von Horst Bredekamp aufgefasst, der davon ausgeht, dass Bilder „keine Epiphänomene [seien], sie verdoppeln nicht, sondern sie erzeugen, was sie zeigen".[31] Auf diese Weise proklamierte Bredekamp für Bilder eine „autonome Kraft des Ästhetischen als eigenen, die Geschichte mitgestaltenden Faktor anzuerkennen" und den „Eigensinn der Bilder" zu berücksichtigen.[32] Bilder erscheinen einer solchen Lesart zu Folge „als generative Quelle […], die auf einen Sachverhalt oder ein Ereignis außerhalb ihrer eigenen Existenz verweisen, sie sind mehr als Medien, die unter Nutzung ihres ästhetischen Potentiales Deutungen transportieren oder Sinn generieren; Bilder verfügen auch über die Fähigkeit, Realitäten zuallererst zu erzeugen."[33]

Warum sind diese Ausführungen auch für Public Historians interessant und für deren spätere Arbeitspraxis erkenntnisleitend? In der Zeitschrift für Geschichtsdidaktik hat Gerhard Paul 2013 drei Säulen der Visual History benannt:

„Ein geschichtskulturelles Verständnis von Visualität, das sich auf mehr als das einzelne Bild bezieht, sondern vielmehr die Welt des Sichtbaren in toto und vor allem die Weise des sozialen Gebrauchs thematisiert.

Ein medienwissenschaftlicher Bildbegriff, der stehende und laufende, künstlerische und technische, analoge und digitale, private und kommerzielle Bilder als prinzipiell gleichrangig behandelt.

---

28 Paul, Visual History, S. 6.
29 Ebd., S. 13.
30 Ebd., S. 7. Vgl. auch Bredekamp, Schlussvortrag: Bild – Akt – Geschichte, in: Geschichtsbilder. 46. Deutscher Historikertag vom 19.–22. September 2006 in Konstanz. Berichtsband, Konstanz 2007, S. 289–309, hier S. 309.
31 Paul, Visual History, S. 13.
32 Ebd., S. 14.
33 Ebd., S. 21.

Ein kunstwissenschaftliches Verständnis, in dem Bilder nicht mehr nur Passiva der Anschauung sind, sondern ebenso Aktive im Prozess der Wissensgenerierung, der Machtausübung und der Realitätserzeugung."[34]

Nehmen Public Historians diese Säulen auch als Stützen für ihre Professionalisierung ernst, so gilt es, ausgehend etwa von einem „aktiven Bildbegriff" nach Bredekamp, sowohl in der Lage zu sein, das Wechselverhältnis eines einzelnen Bildes mit der „Welt des Sichtbaren in toto" rekonstruieren zu können, um für Präsentationen von Geschichte in der Öffentlichkeit gerade die Bilder auswählen zu können, die für eben jene Welt in toto repräsentativ sind. Daneben müssen sie – um die jeweiligen Bilder zu verstehen und sie ihrem Publikum auch erklären zu können, eben auch Kenntnisse in Medien- und Kunstwissenschaften aufweisen. Wichtiger aber noch: Nimmt man einen aktiven Bildbegriff wirklich ernst, so müssen sich Public Historians insbesondere der Tatsache bewusst sein, dass sie durch die Auswahl visueller Elemente in Geschichtsdarstellungen eben nicht die Vergangenheit möglichst anschaulich repräsentieren (also bloß spiegeln), sondern dass sie Geschichte als Realität dadurch überhaupt erst erzeugen und auf diese Weise wesentlichen Einfluss auf die historische Imagination ihres Publikums nehmen.

Literatur

Bannasch, Bettina/Hammer, Almuth (Hg.): Verbot der Bilder – Gebot der Erinnerung. Mediale Repräsentationen der Schoah, Frankfurt/M. 2004.
Hamann, Christoph: Visual History und Geschichtsdidaktik. Bildkompetenz in der historisch-politischen Bildung, Herbolzheim 2007.
Jäger, Jens: Fotografie und Geschichte, Frankfurt/M. 2009.
Paul, Gerhard (Hg.): Visual History ein Studienbuch, Göttingen 2006
Paul, Gerhard (Hg.): Das Jahrhundert der Bilder, 2. Bd. (I: 1900 bis 1949, II: 1949 bis heute), Göttingen 2008/2009.
Visual History. Online-Nachschlagewerk für die historische Bildforschung, URL: https://www.visual-history.de

3.3 Sound History

Viel von dem, was für die Visual History gilt, kann auch auf die Sound History übertragen werden: Hier hat sich ein Forschungszweig innerhalb der Geschichtswissenschaften etabliert, der zwar von einem speziellen Medium (hier: dem Hörbaren) ausgeht, von diesem Medium aber grundlegend auf Repräsentationsmodi des Vergangenen schließt. Außerdem sind auch zur Analyse der geschichtswissen-

---

34 Paul, Gerhard: Visual History und Geschichtsdidaktik, in: Zeitschrift für Geschichtsdidaktik 12 (2013), S. 9–26, hier S. 22.

schaftlichen Kategorie „Sound" fächerüberschreitende Ansätze heranzuziehen. Und auch „Sound" wird fast immer verwendet, wenn Geschichte in der Öffentlichkeit präsentiert wird. Dies gilt besonders für die Zeitgeschichte. Hier, so Daniel Morat, machen sich „populäre Geschichtsdarstellungen in Film, Fernsehen und Radio […] diese historische Indexikalität von Klängen und Geräuschen sowie den daraus resultierenden Widererkennungseffekt vielfach zunutze".[35] Mit Indexikalität, einem Begriff aus der semiotischen Zeichentheorie, ist in diesem Zusammenhang gemeint, dass Rezipient*innen solcher populären Geschichtsdarstellungen bestimmte Sounds, Klänge und Geräusche ohnehin mit bestimmten vergangenen Wirklichkeiten kausal verknüpfen, sodass die Verwendung von Sound in populären Geschichtsdarstellungen ein wichtiges Mittel zur ästhetischen Sättigung darstellt.

Mit dem Begriff Sound liefert uns die englische Sprache einen Begriff, der, so Jan-Friedrich Missfelder, „die semantischen Gräben, die sich zwischen ‚Klang', ‚Ton', ‚Musik' und ‚Geräusch' auftun, überbrückt"[36] und auf diese Weise das komplette Repertoire des Hörbaren ins Blickfeld nimmt.

Sound History widmet sich dementsprechend der umfassenden geschichtswissenschaftlichen Analyse der Bedeutung von Hörbarem aus der Vergangenheit. Dabei werden „Klang und Sound, […] Ton, Musik, Geräusch oder Lärm" nicht einfach nur als scheinbar eindeutige Indikatoren vergangener Wirklichkeiten aufgefasst, aus denen man hören kann, was in der Vergangenheit ebenso zu hören war, sondern vielmehr als Gegenstand von **„Hörgeschichte"**, weil, so Missfelder,

„die Quellen, die über Klänge in ihrer Geschichte Auskunft geben, in aller Regel Ergebnisse von Hörprozessen sind. Wichtig ist in diesem Fall vor allem das Hören als soziale Praktik zu begreifen, welche die Geschichtlichkeit von Klängen zuallererst herstellt."[37]

Solche sozialen Praktiken lassen sich nicht voneinander isoliert, sondern als komplexe **„Soundscapes"** beschreiben, wo sie „in ihrer akustischen und gesellschaftlichen Vernetzung analysiert werden sollen", also als einen „Zusammenklang für eine je spezifische historische, geographische oder gesellschaftliche Lage"[38] gesetzt werden. Solche Soundscapes umfassen, gerade bei einer Betrachtung zeithistorischer Zusammenhänge, ein umfassendes Netz des Hörbaren. Daniel Morat präzisiert:

„Neben politischen Reden und Kundgebungen gehört die Musik sicher zu den wichtigsten akustischen Mobilisierungsinstrumenten nicht nur im 20. Jahrhundert. […] Zur poli-

---

35 Morat, Daniel: Der Klang der Zeitgeschichte. Eine Einführung, in: Zeithistorische Forschungen, 8 (2011), S. 172–177, hier S. 172.
36 Missfelder, Jan-Friedrich: Der Klang der Geschichte. Begriffe, Traditionen und Methoden der Sound History, in: Geschichte in Wissenschaft und Unterricht, 66 (2015), 11/12, S. 633–649, hier S. 635.
37 Ebd., S. 637.
38 Ebd.

tischen Dimension der Klanggeschichte gehören darüber hinaus die öffentlichen Auseinandersetzungen um den Lärm, die das industrielle Zeitalter seit Mitte des 19. Jahrhunderts begleiten."[39]

Dabei sollten Historiker*innen aber nicht in eine Authentizitätsfalle geraten, gerade in der Geschichte des 20. Jahrhunderts. Besonders Jan-Friedrich Missfelder hebt hervor, dass in Zeiten der Konservier- und Reproduzierbarkeit von Sound immer auch die „Eigenlogik des Mediums"[40] betrachtet werden muss. So hören wir heute bei Sound-Wiedergaben besonders aus der ersten Hälfte des 20. Jahrhunderts oft ein Rauschen, Krächzen und Knistern – was freilich den technischen Möglichkeiten der Zeit geschuldet ist und keinesfalls zu „unterkomplexe[n] Evidenzeffekte[n] („So hat es damals geklungen!")"[41] führen darf. Bei der Verwendung von Sound in Produkten der Public History freilich wird eben ein solches Rauschen, Krächzen und Knistern (etwa bei der immer und immer wieder verwendeten Rede Philipp Scheidemanns zur Ausrufung der Republik am 9. November 1918) nur selten problematisiert, und oft als historischer Patina-Effekt zur Evokation von Alteritätserfahrungen nutzbar gemacht – eine Authentifizierungsstrategie, die den Ansätzen der Sound History zuwiderliefe.

Aber selbst wenn es gelänge, Sound der Vergangenheit genauso zu rekonstruieren wie die Zeitgenoss*innen ihn gehört haben (bei längerem Nachdenken freilich stellt man fest, dass dieser Versuch nur scheitern kann), hätte man auf diese Weise eben keine Quelle geschaffen, die uns unmittelbaren Einblick in hörbare Vergangenheit liefert, denn – so Missfelder – die im Sinne der Sound History immer notwendige „genaue Rekonstruktion der sozialen, kulturellen und politischen Kontexte dieses Klangereignisses muss schlicht an der ihr innewohnenden Überkomplexität scheitern".[42] An anderer Stelle spitzt er zu: „Man wird nie wissen, wie es eigentlich geklungen [hat], sondern nur, wie Menschen ihre Klangumwelt wahrnahmen und in ihr handelten."[43]

Wesentlicher Bestandteil von Sound History ist aber nicht nur, sich mit der Forschungshaltung eines mindestens gemäßigten Konstruktivismus damit zu beschäftigen, *was* Menschen der Vergangenheit gehört haben und wie diese Sounds zustande kamen, sondern sich mit der Geschichte des Hörens und den sozialen, kulturellen und gesellschaftlichen (sprich: historischen) Implikationen des Hörens als einem aktiven und aneignenden Rezeptionsprozess zu befassen. Jürgen Müller benennt unterschiedliche Dimensionen und Funktionen des Hörens in kultureller Hinsicht:

---

39 Morat, Der Klang der Zeitgeschichte, S. 174 und S. 176.
40 Missfelder, Der Klang der Geschichte, S. 647.
41 Ebd.
42 Ebd., S. 648.
43 Missfelder, Jan-Friedrich: Period Ear. Perspektiven einer Klanggeschichte der Neuzeit, in: Geschichte und Gesellschaft, 38 (2012), S. 21–47, hier S. 35.

"Hören liefert Information.

Hören schafft Orientierung: Individuen wie Kollektive orientieren sich durch Hören im physikalischen Raum, aber ebenso auch im politischen, sozialen und kulturellen Raum. Jeder dieser Räume hat eine bestimmte Lautsphäre, die historischem Wandel unterworfen ist.
Hören bildet Erfahrung, und diese Erfahrungen wirken dann oft handlungsleitend.
Hören ermöglicht Kommunikation; nicht schriftliche, sondern mündliche Sprache hat lange Zeit die menschliche Kommunikation und die soziale und politische Interaktion beherrscht."[44]

Daniel Morat fasst diese Überlegungen treffend zusammen, indem er ausführt:

„Hearing is not simply a bodily and physical phenomenon but also a cultural capacity, and is therefore, like all sensory perception, subject to historical change".[45]

Für Public Historians stellt sich auf diese Weise eine doppelte Herausforderung: Arbeitet man mit Sound als Thema in der Geschichte (und widersteht der Versuchung, in krächzende, rauschende und knisternde Authentifizierungsfallen zu tappen), so sollte Sound bei aller Verführungsgefahr eben nicht als schlichtes Medium für die Herstellung hörbarer Welten des Vergangenen verwendet werden. Vielmehr wäre dann auch immer auf die Historizität des Hörens selbst als der zentralen sozialen Praktik, mit der sich die Sound History beschäftigt, zu verweisen. Es wären also Produkte der Public History herzustellen, die das Gehörte immer auch in den jeweils sozial, kulturell und gesellschaftlich möglichen Raum des Hörens einbetten. Eine zweite Herausforderung stellt sich, wenn Public Historians nicht nur die Akteur*innen in der Geschichte als Hörende ernst nehmen, sondern ebenso die, die in unserer Gegenwart Produkte der Public History als aktiv Hörende rezipieren.

Die hier angestellten Überlegungen beziehen sich in erster Linie auf die Zeitgeschichte oder doch zumindest auf diejenigen Zeiten der Vergangenheit, in denen Hörbares in konservierter Form hinterlassen wurde. So befasst sich Sound History im Schwerpunkt mit dem „Klang der Zeitgeschichte", die auf diese Weise „nicht nur die Epoche der Mitlebenden, sondern zugleich diejenige Epoche [darstellt], in der dieses Mitleben massenmedial stattfindet, in Bild und Ton aufgezeichnet und wiedergegeben werden kann".[46] Diese Überlegung soll keinesfalls bedeuten, dass Sound History eben nur zu solchen Epochen forschen kann, aus denen konkret Hörbares in Konserven überliefert ist – wer so etwas fordert, tappt schnell selbst in die schon zuvor beschriebene Authentizitäts-Evidenz-Falle. Ungleich schwerer wird

---

44 Müller, Jürgen: „The Sound of Silence". Von der Unhörbarkeit der Vergangenheit zur Geschichte des Hörens, in: Historische Zeitschrift, 292 (2011), S. 1–29, hier S. 7–8.
45 Morat, Daniel: Introduction, in: Ders., Sound of Modern History, 2014, S. 1–7, hier S. 3.
46 Morat, Der Klang der Zeitgeschichte, S. 172.

das Betreiben einer Sound History aber zweifellos, wenn gar keine Hörkonserven zur Verfügung stehen.

Dass man auch für solche historische Zeiten nicht auf Sound History verzichten muss, hat (unter anderem) Daniela Hacke für die Frühe Neuzeit gezeigt, die sich anhand der Geschichte des Bauernkrieges damit beschäftigt hat, wie sich eine Klanggeschichte der Vormoderne schreiben lässt, wenn sich ihr eigentlicher Untersuchungsgegenstand verflüchtigt hat.[47] Sie zeigt anhand von Verteidigungs- und Angriffskommunikation (etwa dem Ruf des Nachtwächters, der Verbindung von Schellen an Seilen und Pfeifsignalen), dass durch verabredete hörbare Signale die bloße Funktionsweise dieses Kommunikationssystems sichergestellt werden konnte. Nur durch die Variation in der Lautstärke konnte dieses an sich defensive Kommunikationssystem auch „zum Angriff blasen" lassen. Nur wer diese Regeln kannte, war Mitglied einer akustischen Gemeinschaft von Hörenden.

Literatur

Morat, Daniel (Hg.): Sound of Modern History. Auditory Cultures in 19th and 20th Century Europe, New York/Oxford 2014.
Paul, Gerhard/Schock, Ralph (Hg.): Sound des Jahrhunderts. Geräusche, Töne, Stimmen 1889 bis heute, Bonn 2013.
Themenheft: Politik und Kultur des Klangs im 20. Jahrhundert, Zeithistorische Forschungen, 8 (2011).
Themenheft: Sound History, Geschichte in Wissenschaft und Unterricht, 66 (2015), 11/12.

3.4 Oral History und Zeitzeug*innen in der Geschichtsvermittlung

Oral History ist eine Methode, mit deren Hilfe die Erfahrungen von Menschen in den Fokus der Geschichtswissenschaft gerückt werden. Mündliche Erzählungen werden in Audio- oder Videoformaten aufgezeichnet, transkribiert und anschließend analysiert. Im größeren Maßstab konnten solche Vorhaben erst mit der Entwicklung und Verbesserung der entsprechenden Aufnahmetechnik seit den 1970er Jahren erfolgen. Seit dieser Zeit gibt es relativ einfach zu handhabende Aufnahmegeräte für den Massenmarkt. Die ersten Oral History-Interviews entstanden in den USA, um insbesondere die Geschichte bestimmter Bevölkerungsgruppen neu zu schreiben, die kaum schriftliche Quellen hinterlassen hatten, wie die Native Americans oder die African Americans.

In Europa ist der Aufstieg der Oral History eng mit der Entwicklung der Geschichtswerkstätten in den 1980er Jahren verbunden. Diese nahmen unter dem

---

47 Hacke, Daniela: Hearing Cultures. Plädoyer für eine Klanggeschichte des Bauernkriegs, in: Geschichte in Wissenschaft und Unterricht, 66 (2015), 11/12, S. 650–662, hier S. 650.

Motto „Grabe, wo du stehst"[48] die regionale Geschichte in den Blick und fokussierten vor allem sozial- und alltagsgeschichtliche Aspekte, die allein mit den herkömmlichen schriftlichen Quellen schwer zu erforschen waren. Stattdessen befragten sie Menschen aus dem lokalen Umfeld oder aus bestimmten Regionen wie dem Ruhrgebiet nach ihren individuellen Erfahrungen.[49] Dabei wurde jedoch auch deutlich, dass die Ergebnisse dieser Befragungen nicht einfach ein Abbild der Vergangenheit darstellten, sondern wissenschaftlich analysiert werden mussten. So entstand die professionelle Oral History. Seit 1987 informiert „BIOS – Zeitschrift für Biographieforschung, Oral History und Lebensverlaufsanalysen" über entsprechende Forschungen, methodische Probleme und Interviewsammlungen.

Die neuen Quellen waren und sind aufgezeichnete audio- oder audiovisuelle Interviews mit Menschen, die aus ihrer subjektiven Perspektive über ihre Erlebnisse und Erfahrungen berichten. Die Analyse der Interviews gibt Hinweise darauf, wie die Personen vergangene Ereignisse erinnern und wie sie diese verarbeitet haben. Methodisch folgt daraus, wie etwa die Historikerin Dorothee Wierling festgehalten hat, eine Konzentration auf den Konstruktionscharakter der Quellen:

„Für die Historiker geht es nicht um die Wahrheit dieser Erzählung im Sinne faktischer Zuverlässigkeit, sondern um ihre Wahrhaftigkeit, also eine Erzählung, an deren Wahrheit der Erzähler selbst glaubt."[50]

Zwar wird durchaus versucht, mit Hilfe von Interviews historische Sachverhalte zu klären, besonders dann, wenn keine anderen Quellen vorliegen. Dabei ist jedoch stets zu bedenken, dass

„das Gedächtnis ein konstruktives System ist, das Realität nicht einfach abbildet, sondern auf unterschiedlichsten Wegen und nach unterschiedlichsten Funktionen filtert und interpretiert."[51]

Zudem wird davon ausgegangen, dass die Erinnerungen durch die Erfahrungen der folgenden Jahre überlagert und beeinflusst sind, nicht zuletzt durch mediale Vermittlung. Es ist daher wichtig zu beachten, wie oft die Interviewten ihre Geschichte bereits erzählt haben, ob sie ‚Profis' sind, die ihre Erzählung mit der Zeit immer weiter entwickeln, oder ‚Ersterzähler*innen', die sich vielleicht noch unvorbereitet auf ein Interview einlassen.

---

48 Vgl. Lindqvist, Grabe, wo du stehst [1978].
49 Vgl. Niethammer, Lutz (Hg.): „Die Jahre weiß man nicht, wo man die heute hinsetzen soll". Faschismuserfahrungen im Ruhrgebiet, Berlin/Bonn 1983; Ders. (Hg.): „Hinterher merkt man, daß es richtig war, daß es schiefgegangen ist." Nachkriegserfahrungen im Ruhrgebiet, Berlin/Bonn 1983.
50 Wierling, Dorothee: Oral History und Zeitzeugen in der politischen Bildung. Kommentar zu einem Spannungsverhältnis, in: Ernst, Geschichte im Dialog?, 2014, S. 99–107, hier. S. 99.
51 Welzer, Harald: Das Interview als Artefakt. Zur Kritik der Zeitzeugenforschung, in: BIOS, 13 (2000), 1, S. 51–63, hier S. 52.

Zu den Besonderheiten der Oral History-Interviews für die Geschichtswissenschaft zählt, dass die Historiker*innen selbst an der Produktion ihrer Quellen beteiligt sind und diese somit beeinflussen. Ihre Einflussnahme findet bereits bei der Auswahl der Interviewten statt, aber auch mit jeder Frage, die gestellt wird, mit bestimmten Formulierungen oder inhaltlichen Vorgaben. Daher gilt die Regel, dass die Interviewenden sich möglichst weit zurücknehmen und möglichst wenig in die Erzählung eingreifen sollten. Völlig zu verhindern ist die Einflussnahme jedoch nicht. Daher zielt die Kritik an der Oral History sowohl auf die subjektive Erinnerung der Interviewten und als auch auf ihre Beeinflussung durch die Interviewenden. Die im nächsten Abschnitt kurz vorgestellten Interview- und Analysemethoden wurden nicht zuletzt in Reaktion auf diese Kritik entwickelt.

3.4.1 Oral History-Interviews

Oral History-Befragungen dauern häufig mehrere Stunden und folgen in ihrer Vorgehensweise dem Modell der sogenannten narrativen bzw. offenen lebensgeschichtlichen Interviews, die in der empirischen Sozialforschung entwickelt wurden. Mit ihrer Hilfe sollen die Interviewten möglichst frei über sich erzählen. Ziel ist es, die Erfahrungen, die die Person in einer bestimmten Zeit gemacht hat, in einen biografischen Kontext einzubinden.

Alexander von Plato hat Richtlinien zur Vorbereitung, Durchführung und Nachbereitung von Oral History-Interviews formuliert, die im Folgenden näher erläutert werden.[52] Zunächst einmal sollten sich die Interviewenden gut auf das Gespräch vorbereiten, indem sie sich ein möglichst breites historisches Hintergrundwissen zu der Zeit aneignen, auf die sich das Gespräch konzentriert. Zudem sollten die Interviewenden sich darüber im Klaren sein, was sie genau erfahren möchten. Dafür kann eine eigene Frageliste erstellt werden, die aber nicht direkt im Interview zur Anwendung kommt, sondern nur als Gedächtnisstütze für die Interviewenden dient. Wichtig ist zudem, bereits im Vorfeld möglichst viele Informationen über die zu Interviewenden zu sammeln, um die Erzählung einordnen zu können. Dafür sollte eine Kurzbiografie erstellt werden. Diese dient auch dazu, sich auf die Person einzustellen und zum Beispiel auf das Reden über traumatische Erlebnisse vorbereitet zu sein.

Das Interview selbst kann in drei bis vier Schritte unterteilt werden: Als erstes wird eine möglichst offene „Reiz- oder Impulsfrage"[53] nach der Lebensgeschichte gestellt, um zum Erzählen zu animieren. Im besten Fall berichten die Interviewten anschließend offen und ausführlich, im ungünstigeren Fall verläuft die Erzählung stockend und die Interviewenden müssen durch weitere Fragen das Gespräch for-

---

52 Vgl. Plato, Alexander von: Interview-Richtlinien, in: Ders./Leh/Thonfeld, Hitlers Sklaven, 2008, S. 443–450.
53 Geppert, Alexander C.T.: Forschungstechnik oder historische Disziplin? Methodische Probleme der Oral History, in: Geschichte in Wissenschaft und Unterricht, 45 (1994), 5, S. 303–323, hier S. 310.

cieren. Wenn die Erzählung vorerst als abgeschlossen eingeschätzt wird, können im zweiten Schritt konkrete Nachfragen zur Lebensgeschichte gestellt werden, um bestimmte Punkte oder Sachverhalte zu klären, die missverständlich waren. Der Versuch, durch kritische Nachfragen eventuelle Widersprüche innerhalb der Erzählung oder im Verhältnis zu geschichtswissenschaftlichen Erkenntnissen zu klären, sollte erst am Ende des Gespräches gemacht werden. Während des gesamten Gespräches gilt der Leitsatz, dass die Interviewten in ihrer Erzählung nicht durch Nachfragen unterbrochen oder korrigiert werden sollten. Der dritte Schritt gilt als besonders schwierig, da nun die Interviewenden anhand einer vorbereiteten Frageliste gezielt versuchen, fehlende Informationen von der interviewten Person zu bekommen. Damit wird an dieser Stelle relativ deutlich Einfluss auf Inhalt und Verlauf des Gespräches genommen. Zum Abschluss kann die Gelegenheit genutzt werden, nach privaten Fotos, Briefen oder Dokumenten zu fragen, die mit der Erzählung in Zusammenhang stehen.

Nach dem Interview sollte möglichst zeitnah ein Protokoll angefertigt werden. Darin wird sowohl die Vorgeschichte als auch die Atmosphäre des Interviews beschrieben. Über Angaben hinsichtlich Uhrzeit, Ort und Teilnehmer*innen bzw. Anwesenden hinaus sollten die Interviewer*innen ganz subjektiv ihren Eindruck von dem Gespräch festhalten. Die zur Vorbereitung erstellte Kurzbiografie der Interviewten kann zudem anhand der neuen Informationen aktualisiert werden.

Für die wissenschaftliche Auswertung ist abschließend ein Transkript des Interviews wichtig, das gemeinsam mit der Audio- oder audiovisuellen Aufzeichnung und dem Protokoll als neu produzierte Quelle verstanden wird, die mit historischen Methoden analysiert werden kann. Die Analyse liefert, wie eingangs dargelegt, Erkenntnisse über die subjektive Sicht einer Person und ihre Verarbeitung der Geschichte.

3.4.2 Die Figur des ‚Zeitzeugen' bzw. der ‚Zeitzeugin'

Interviews mit sogenannten Zeitzeug*innen werden jedoch nicht nur für die Forschung genutzt, sondern auch in Geschichtspräsentationen und in der Geschichtsvermittlung. Damit gehören sie zum Instrumentarium der Public History. Der Begriff „Zeitzeuge" findet sich seit Mitte der 1970er Jahre vereinzelt und seit den späten 1980er Jahren verstärkt in der Literatur über die NS-Zeit. Parallel traten Zeitzeug*innen immer häufiger im bundesdeutschen Fernsehen, in den Gedenkstätten und Museen sowie in der politischen Bildungsarbeit auf.[54] In der Sowjetischen Besatzungszone und später in der DDR wurden Zeitzeug*innen, ohne sie als solche zu bezeichnen, dagegen wesentlich früher in die politische Bildungsarbeit eingebunden. So berichteten ehemalige Konzentrationslagerhäftlinge, die aufgrund ihrer politischen Einstellung verfolgt worden waren, bereits in der frühen

---

54 Sabrow, Martin: Der Zeitzeuge als Wanderer zwischen zwei Welten, in: Ders./Frei, Die Geburt des Zeitzeugen nach 1945, 2012, S. 13–32, hier S. 14f.

Nachkriegszeit zum Beispiel vor Schulklassen über ihre in der NS-Zeit gemachten Erfahrungen.

Die eigentliche Karriere der Figur startete jedoch in den 1990er Jahren im vereinigten Deutschland. Seit dieser Zeit sind die Zeitzeug*innen ein fester Bestandteil der deutschen Erinnerungskultur. Trotzdem gibt es keine eindeutige Definition, was Zeitzeug*innen ausmacht. Der Begriff selbst verweist mit dem ersten Wortteil auf die Beziehung zur Zeitgeschichte, die als die „Epoche der Mitlebenden"[55] definiert werden kann. Sie umfasst in diesem Verständnis jene Jahrzehnte, die heute noch lebende Personen miterlebt haben. Der zweite Wortteil verweist auf eine Person, die im Zuge einer Ermittlung Zeugnis über ein von ihr miterlebtes Ereignis ablegt. Zeitzeug*innen im weiteren Sinne können daher Personen sein, die über ihre Erinnerungen an vergangene Erlebnisse berichten. In dieser Funktion könnten Zeitzeug*innen allerdings auch als Tat- oder Augenzeug*innen bezeichnet werden, die ein „miterlebtes abgrenzbares Geschehen durch [ihre] Darstellung zum Zweck der politischen oder juristischen Ermittlung so präzise wie möglich nachvollziehbar und beurteilbar" machen. Zur Abgrenzung von den Augenzeug*innen hat der Historiker Martin Sabrow daher eine weitere Definition des **„Zeitzeugen im engeren Sinne"** vorgeschlagen: Dieser beglaubigt nicht ein Geschehnis, sondern „konstituiert vielmehr durch seine Erzählung eine eigene Geschehenswelt". Er fungiert somit stärker als „Träger von Erfahrung" denn als „wahrnehmender Beobachter".[56]

In der Geschichtspräsentation dienen Zeitzeug*innen als Vermittlungsinstanz zwischen der Gegenwart und der Vergangenheit. Ihre Rollen reichen dabei von Stichwortgeber*innen über „Statist*innen" zu Illustrationszwecken bis hin zu Lieferant*innen von Emotionen und schließlich Geschichtenerzähler*innen, die selbst historische Expert*innen sein können. Bei der Analyse der verschiedenen Rollen muss zwischen dem mittelbaren und dem unmittelbaren Einsatz der Zeitzeug*innen in der Vermittlung unterschieden werden. So finden sich ihre Aussagen in Form kurzer Filmausschnitte in Ausstellungen, Websites oder Filmdokumentationen. Zeitzeug*innen sind aber auch unmittelbar in die Vermittlungsarbeit eingebunden.

In der Gedenkstättenarbeit finden sich häufig beide Varianten: Zeitzeug*innen werden sowohl in Form von direkten Gesprächen mit den Besucher*innen in die pädagogische Arbeit eingebunden als auch über Audio- und Videoausschnitte aufgezeichneter Interviews in den Ausstellungen präsentiert. In der Vermittlungsarbeit allgemein, aber vor allem im direkten Kontakt der Zeitzeug*innen mit den Besucher*innen sind weniger „Ersterzähler*innen" als vielmehr „Profis" gefragt, die den Umgang z. B. mit Besucher*innengruppen gewohnt sind. Die Zeitzeug*innen werden von den Besucher*innen als besonders interessante Geschichtsvermittler*innen geschätzt, da ihnen Authentizität zugeschrieben wird und ihre Erzählungen persönlicher und häufig emotionaler Natur sind. Problematisch ist, dass die

---

55 Rothfels, Hans: Zeitgeschichte als Aufgabe, in: Vierteljahreshefte für Zeitgeschichte, 1 (1953), S. 1–8, hier S. 2.
56 Sabrow, Der Zeitzeuge, S. 14.

Erzählungen aufgrund dieser Zuschreibungen meist nicht hinterfragt, kommentiert oder gar kritisiert werden. Dies widerspricht jedoch den Zielen der Gedenkstätten, die in ihren Ausstellungen Kontroversität und Multiperspektivität vermitteln wollen, um zum historischen Lernen anzuregen. Um dies zu erreichen, erscheint es sinnvoll, die Gespräche zwischen Besucher*innen und Zeitzeug*innen zu moderieren und anschließend zu diskutieren.[57] Auf diese Weise können die Zeitzeug*innen ihre besondere Aura entfalten und trotzdem kann im Anschluss über ihre Perspektive auf die Geschichte sowie über die präsentierte Geschichtsdarstellung insgesamt diskutiert werden.

Mittelbar finden sich Zeitzeug*innen zudem in sogenannten Geschichtsdokumentationen im Fernsehen. Dabei veränderte sich ihre Rolle im Laufe der Zeit. In den 1970er Jahren wurden sie noch als Expert*innen eingebunden, die konkrete Sachverhalte erläuterten, häufig in Form abgelesener Statements. Erst in den 1980er Jahren entstand der frei vorgetragene, emotionale Zeitzeug*innenbeitrag im Fernsehen, wie er heute noch in Dokumentationen zu finden ist. Dabei kann zwischen langen Gesprächen und kurzen Interview-Ausschnitten unterschieden werden. Vor allem der mehr als neun Stunden umfassende Film „Shoah" (1985) von Claude Lanzmann ist ein Beispiel dafür, wie Zeitzeug*innen ausführlich zu Wort kommen können. Wesentlich häufiger werden ihre Erzählungen jedoch in sehr kurzen Sequenzen in Dokumentationen präsentiert. Seit den 1990er Jahren hat sich in Deutschland durch die ZDF-Redaktion Zeitgeschichte rund um Guido Knopp ein Format durchgesetzt, bei dem Personen vor schwarzem Hintergrund und meist nur mit Kopf und Schultern zu sehen sind. Auf diese Weise erscheinen „die Zeitzeugen in gewisser Weise geschichts- und ortlos".[58] Die so aufgenommenen Interviews können neu geschnitten, in unterschiedlichen Filmproduktionen, Websites oder Museums- bzw. Gedenkstättenausstellungen verwendet werden. Das Format entspricht somit den mittlerweile vorherrschenden Sehgewohnheiten der Zuschauer*innen bzw. Besucher*innen. Problematisch bleibt jedoch die unpersönliche Präsentation der Portraitaufnahmen vor dunklem Hintergrund. Die Historikerin und Museumsfachfrau Rosmarie Beier-de Haan schlägt alternativ vor, im Rahmen von musealen Darstellungen die „Präsentation des ganzen Menschen" und nicht nur der „talking heads" anzustreben. Die Zeitzeug*innen sollten zudem ausführlich vorgestellt und ihre Erzählung kontextualisiert werden.[59] Zeitzeug*inneninterviews werden aber nicht nur geführt, um sie unmittelbar für die Forschung zu nutzen oder in Ausstellungen bzw. Filmdokumentationen zu zeigen. Vielmehr haben sich sowohl Gedenkstätten

---

57 Vgl. Passens, Kathrin: Dialogische Kommunikationssituationen ermöglichen. Zur Rolle der Moderation in Zeitzeugengesprächen zur DDR-Geschichte, in: Ernst: Geschichte im Dialog?, 2014, S. 238–247.
58 Bösch, Frank: Geschichte mit Gesicht. Zur Genese des Zeitzeugen in Holocaust-Dokumentationen seit den 1950er Jahren, in: Fischer/Wirtz: Alles authentisch?, 2008, S. 51–72, hier S. 68.
59 Beier-de Haan, Rosmarie: Geschichte, Erinnerung, Repräsentation. Zur Funktion von Zeitzeugen in zeithistorischen Ausstellungen im Kontext einer neuen Geschichtskultur, in: Kalinke, Zeitzeugenberichte, 2011/2012, S. 1–15, hier S. 12, URL: http://www.bkge.de/52803.html (Aufruf 13.11.2017).

Abb. 5: Zeitzeugeninterview mit Marion Gräfin Dönhoff, Gedächtnis der Nation

als auch verschiedene private Initiativen zur Aufgabe gemacht, solche Interviews zu sammeln, zu archivieren und auf Nachfrage zugänglich zu machen. Entstanden sind dadurch zahlreiche Oral History-Archive bzw. **Zeitzeugenarchive**. Das größte Archiv mit Berichten von Holocaustüberlebenden befindet sich in Yad Vashem (Jerusalem). Darüber hinaus gelten das Fortunoff Video Archive an der Yale University in New Haven und die USC Shoah Foundation an der University of Southern California in Los Angeles, die vor allem Interviews mit NS-Verfolgten und inzwischen auch mit Opfern von Völkermorden sammeln, als stilbildend. In Deutschland archivieren vor allem die Gedenkstätten entsprechende Dokumentationen. Zudem gab es mit dem von Guido Knopp initiierten Verein „Unsere Geschichte. Das Gedächtnis der Nation" in Deutschland eine private Einrichtung, die rund 1.000 Zeitzeug*inneninterviews jeglicher Art durchgeführt hat, nicht thematisch beschränkt war und Ausschnitte ihres Archivmaterials online präsentierte. Im Sommer 2017 wurden der umfangreiche Bestand des „Gedächtnis" von der Stiftung Haus der Geschichte der Bundesrepublik übernommen und seitdem auf dem Zeitzeugenportal präsentiert. Ziel dieses neuen Portals ist es, alle Zeitzeug*inneninterviews, die mit Mitteln der Bundesbeauftragten für Kultur und Medien durchgeführt wurden, zentral zu erfassen, zu sichern, zu erschließen und schließlich auch zugänglich zu machen. In welchem Umfang die einzelnen Museen und Gedenkstätten ihre Interviews abgeben, die ihnen meist nur zur eigenen Nutzung gewährt wurden, bleibt abzuwarten.

Diese Initiativen arbeiten mehr oder weniger alle nach den oben skizzierten Methoden der Oral History. Das zentrale Anliegen besteht häufig jedoch eher darin, so viele Erzählungen wie möglich zu sammeln, solange die Zeitzeug*innen noch leben. Methodische Kriterien sind dabei oft nachrangig. Darüber hinaus gibt es auch sogenannte ‚Zeitzeugenportale' oder ‚Zeitzeugenbörsen', über die passende Personen für bestimmte Veranstaltungen der historisch-politischen Bildung „gebucht" werden können. Dies mutet auf den ersten Blick etwas merkwürdig an, bietet aber zum Beispiel für Lehrer*innen eine gute Möglichkeit, Zeitzeug*innen aus der näheren Umgebung zu einem Besuch einzuladen. Hier gilt, ebenso wie in der Gedenkstättenarbeit, dass die Gespräche moderiert und ausgewertet werden sollten.

Aufgrund der Tatsache, dass viele Zeug*innen der NS-Geschichte bereits verstorben sind, wird unter anderem in Gedenkstätten die Frage gestellt, wie ohne diese Menschen die Geschichte weiter eindrücklich vermittelt werden könne. Eine Antwort liegt sicher in der Präsentation von Audio- und Videointerviews. Aber aufgezeichnete Berichte sind für die Besucher*innen nur ein schwacher Ersatz für die realen Gespräche und die unmittelbare Konfrontation mit noch lebenden Zeug*innen der Geschichte. Auch die Idee der Shoah Foundation, das direkte Gespräch mit Hilfe von Zeitzeug*innen-Hologrammen zu imitieren, die auf eine Auswahl von Fragen antworten, bleibt ein Hilfskonstrukt.[60] Ganz abgesehen von den enormen Kosten dieses Projekts sowie dem technischen und zeitlichen Aufwand, dem sich die Zeitzeug*innen für die Aufnahmen unterziehen müssten, stellt sich die Frage, ob diese Hologramme noch Mittler zwischen Gegenwart und Vergangenheit sein können, da ihre Protagonist*innen eben nicht mehr unter uns sind.

Abschließend bleibt festzuhalten, dass Zeitzeug*innen in der Geschichtsvermittlung nicht nur wegen ihres persönlichen Bezuges zur Geschichte und der ihnen zugeschriebenen Brückenfunktion eingesetzt werden. Ihre zentrale Bedeutung in der Erinnerungskultur lässt sich darüber hinaus auf ihre subjektive Perspektive, ihre persönlichen Geschichten, ihre nicht fachwissenschaftlich gefärbte Sprache und ihre Emotionalität zurückführen. Ihre besondere Funktion liegt somit auch darin, die präsentierte Geschichte zu beglaubigen, zu individualisieren und zu emotionalisieren. Für Public Historians, die mit Zeitzeug*innen arbeiten, gilt es nicht zuletzt, diese Funktionen in den verschiedenen Geschichtsdarstellungen herauszuarbeiten, ohne die Würde des Zeitzeug*innen zu verletzen. Neben den geschichtswissenschaftlichen Fähigkeiten der Quellenanalyse ist in der Zusammenarbeit mit Zeitzeug*innen vor allem die Empathie mit ihnen gefragt.

Literatur

Ernst, Christian (Hg.): Geschichte im Dialog? ‚DDR-Zeitzeugen' in Geschichtskultur und Bildungspraxis, Schwalbach/Ts. 2014.
Obertreis, Julia (Hg.): Oral history. Stuttgart 2012.
Sabrow, Martin/Frei, Norbert (Hg.): Die Geburt des Zeitzeugen nach 1945, Göttingen 2012.
Taubitz, Jan: Holocaust Oral History und das lange Ende der Zeitzeugenschaft, Göttingen 2016.
Welzer, Harald/Moller, Sabine/Tschuggnall, Karoline: „Opa war kein Nazi". Nationalsozialismus und Holocaust im Familiengedächtnis, 6. Aufl. Frankfurt/M. 2008.

---

60 Vgl. Körte-Braun, Bernd: Erinnern in der Zukunft: Frag das Hologramm, in: Yad Vashem E-Newsletter für die deutschsprachigen Länder, o. J., URL: http://www.yad-vashem.org.il/yv/de/education/newsletter/10/article_korte.asp (Aufruf 13.11.2017).

Web-Links

Yad Vashem Archiv, Zeitzeugenberichte, URL: http://www.yadvashem.org/de/archive/about/administrative-archive
Shoah Foundation, URL: http://sfi.usc.edu
Fortunoff Video Archive, URL: http://web.library.yale.edu/testimonies
Zeugen der Shoah, URL: http://www.zeugendershoah.de
Zwangsarbeiter 1939–1945, URL: http://www.zwangsarbeit-archiv.de
Das Zeitzeugenbüro, URL: http://www.zeitzeugenbuero.de
DDR-Zeitzeuge, URL: http://www.ddr-zeitzeuge.de
Die Zeitzeugenbörse, URL: http://www.zeitzeugenboerse.de
Oral History, URL: https://userblogs.fu-berlin.de/oralhistory
Zeitzeugen-Portal: URL: http://www.zeitzeugen-portal.de

3.5 Living History

Living History ist keine geschichtswissenschaftliche Methode, sondern bezeichnet zunächst jeglichen Versuch, Geschichte nachzuspielen bzw. „to simulate life in another time".[61] Der Begriff selbst ist umstritten, da „lebendige Geschichte" offenkundig einen Widerspruch in sich darstellt. Im deutschsprachigen Raum wird daher auch versucht, die Bezeichnung durch „Geschichtstheater" zu ersetzen, um auf den spielerischen und konstruierten Charakter des Umganges mit Geschichte hinzuweisen.[62] Bislang hat sich jedoch in der Literatur die englische Variante durchgesetzt. Der Begriff bezeichnet sowohl eine Praxis als auch deren Anwendungsfelder. Unter Living History lässt sich zum einen

„der Versuch verstehen, Geschichte in ihren alltäglichen Bezügen ‚lebensecht' zu präsentieren – durch Akteure in originalgetreuer Kleidung, durch die Demonstration von Handwerks- und Gebrauchstechniken, an originalen oder rekonstruierten Schauplätze."[63]

---

61 Anderson, Jay: Living History: Simulating Everyday Life in Living Museums. American Quarterly, 34 (1982) 3, S. 290–306, hier S. 291.
62 Vgl. Hochbruck, Wolfgang: Geschichtstheater. Formen der „Living History". Eine Typologie, Bielefeld 2013; Ders.: ‚Belebte Geschichte': Deliminationen der Anschaulichkeit im Geschichtstheater, in: Korte/Paletschek, History goes Pop, 2009, S. 215–230.
63 Drieschner, Carsten: Living History als Freizeitbeschäftigung – Der Wikingerverein „Opinn Skjold e. V.", in: Schleswig. Kieler Blätter zur Volkskunde, 37 (2005), S. 31–61, hier S. 32.

Zum anderen gilt Living History als

„Versuch der aktiven Aneignung von Vergangenheit und somit als praktisches/emotionales/ körperliches Erleben von Vergangenheit in der Gegenwart."[64]

In beiden Fällen wird Living History als „Versuch" definiert und damit auf die Unmöglichkeit verwiesen, Geschichte wirklich nachzu*leben*. Die Living History-Akteur*innen bemühen sich trotzdem, Geschichte für Zuschauer*innen darzustellen und durch das Nachspielen zugleich für sich selbst zu erschließen. Dabei geht es meist nicht um herausragende historische Ereignisse, sondern um das alltägliche Leben in einer vergangenen Zeit. Nur eine spezielle Variante der Living History, die als **Reenactment** bezeichnet wird, umfasst das

„Nachempfinden/-spielen oder auch Wiederholen von vergangenen Ereignissen in ‚historischer Verkleidung'."[65]

In diesem Fall werden ganz konkrete historische Szenen nachgestellt. Reenactment findet sich besonders häufig beim Nachspielen von militärischen Schlachten an historischen Orten. So etablierte sich in den USA in den 1960er Jahren das Darstellen ausgewählter Szenen des amerikanischen Bürgerkrieges in historischen Kostümen an originalen Schauplätzen als Hobby von Privatpersonen. Die Anfänge des Reenactment reichen jedoch wesentlich weiter zurück und lassen sich zum Beispiel in religiösen Passionsspielen des Mittelalters finden, aber auch im Nachspielen politischer Ereignisse seit der französischen Revolution. In Deutschland konzentriert sich das Reenactment auf die Zeit vor dem 20. Jahrhundert und findet oft an Jahrestagen bestimmter Ereignisse statt. Größere Events dieser Art waren das Nachspielen der sogenannten Varusschlacht des Jahres 9 n. Chr. im Jahr 2009 oder der Völkerschlacht bei Leipzig 2013. Szenen zum Beispiel des Zweiten Weltkrieges werden dagegen bislang nur außerhalb Deutschlands, etwa in Frankreich zur Erinnerung an die Landung der Alliierten in der Normandie, nachgestellt. Diese Reenactments sind touristische Attraktionen, die weit über die Region hinaus Besucher*innen und Akteur*innen anziehen.

Die Teilnehmenden an Living History und auch an Reenactments sind vor allem Privatpersonen, die, organisiert in Vereinen oder anderen Gruppen, in ihrer Freizeit „Geschichte nachspielen". Ihre Ziele können dabei die persönliche Selbstverwirklichung wie das Verstehen von Geschichte, der unterhaltsame Zeitvertreib wie die Suche nach Grenzerfahrungen sein. Viele Beteiligte nehmen die dargestellte Geschichte sehr ernst und versuchen, ihre Kostüme, Requisiten, Sprache oder Handlungen möglichst eng an historischen Vorbildern auszurichten, um größtmögliche

---

64 Samida, Stefanie: Inszenierte Authentizität: Zum Umgang mit Vergangenheit im Kontext der Living History, in: Fitzenreiter, Authentizität, 2014, S. 139–150, hier S. 141.
65 Ebd.

Authentizität zu erreichen.[66] Im Rahmen der Experimentellen Archäologie wird verschiedentlich versucht, auch mit Hilfe von Living History wissenschaftliche Fragen zu beantworten. So werden zum Beispiel historische Gegebenheiten nachgestellt, um herauszufinden, wie bestimmte Werkzeuge funktionierten. Allerdings ist die Experimentelle Archäologie eine wissenschaftliche Methode, deren Nachstellungen der Beantwortung konkreter Fragen dienen und jederzeit wiederholbar sein müssen. Dies unterscheidet sie von der Living History, die einen eher spielerischen Charakter hat und deren Ziel in der Geschichtsvermittlung liegt.

Living History wird aber auch eingesetzt, um Geschichte zum Beispiel im Museum oder im Film zu vermitteln. Durch den Fokus auf die Alltagsgeschichte und das Nachspielen alltäglicher Begebenheiten mit historischen Objekten kann sie auch als die „museumsdidaktische Umsetzung der akademischen *new social history* bezeichnet" werden.[67] Der Einsatz in der Geschichtsvermittlung hat seinen Anfang in den 1970er Jahren in sogenannten **Living History-Museen** in den USA genommen. Dies spiegelt wiederum das seinerzeitige Bestreben, Museen für eine breitere Öffentlichkeit attraktiv zu machen. Bis dahin schienen sie vor allem ein historisch vorgebildetes Publikum anzusprechen (siehe auch Kapitel 5). Zudem sollten die Museen die Geschichte auch jener Bevölkerungsschichten behandeln, die wenige oder gar keine schriftlichen Quellen hinterlassen hatten.

Das berühmteste und eines der ältesten Beispiele eines Living History-Museums ist die *Plimoth Plantation* in Plymouth, Massachusetts. Sie präsentiert die Rekonstruktion der ersten Ansiedlung europäischer Siedler*innen in Nordamerika im frühen 17. Jahrhundert. Das Museum wurde 1947 gegründet, seit 1969 ‚bewohnen' und bewirtschaften während der Öffnungszeiten Menschen in historischen Kostümen die Siedlung. Seit 1978 nehmen die Akteur*innen Rollen von Personen ein, deren Existenz in der Siedlung historisch belegt ist. Sie sprechen untereinander aber auch mit den Besucher*innen im Dialekt der frühen Siedler*innen und verfügen über umfangreiche Kenntnisse der dargestellten Epoche. Aus dieser Position heraus antworten sie auf Fragen, solange sich diese auf den ihnen zugewiesenen historischen Wissenshorizont beziehen. Das gebotene Bild soll möglichst ganzheitlich sein. Dies wird auch dadurch unterstützt, dass neben dem Dorf der eingewanderten Europäer*innen eine Siedlung der Native Americans präsentiert wird, wie sie im 17. Jahrhundert in der Gegend ausgesehen haben könnte. Die dortigen Akteur*innen tragen zwar auch historische Kleidung, sprechen allerdings über die Figuren, die sie darstellen, in der dritten Person. Sie erläutern aus der heutigen Perspektive die historische Situation, um die Folgen der Besiedlung durch die Europäer*innen zu verdeutlichen.

---

66 Sénécheau, Miriam/Samida, Stefanie: Living History als Gegenstand Historischen Lernens. Begriffe – Problemfelder – Materialien, Stuttgart 2015, S. 42.
67 Schindler, Sabine: Living History und die Konstruktion von Vergangenheit in amerikanischen *historic sites*, in: Echterhoff/Saar, Kontexte und Kulturen des Erinnerns, 2002, S. 163–179, hier S. 164.

Abb. 6: Plimoth Plantation, 2009

Die *Plimoth Plantation* bietet ein Paradebeispiel für amerikanische Living History-Museen, in denen zwischen „first-person-interpretation" und „third-person-interpretation" unterschieden wird. Allerdings haben sich die meisten Einrichtungen dieser Art, anders als die *Plimoth Plantation*, für eine der beiden Darstellungsformen entschieden: Entweder schlüpfen die Darsteller*innen in die Rolle einer historischen Figur und sprechen in der ersten Person oder aber sie tragen zwar historische Kostüme, erläutern jedoch in der dritten Person zum Beispiel den Umgang mit historischen Gerätschaften. Weiterhin kann zwischen Museen unterschieden werden, die, wie die *Plimoth Plantation*, allein mit Hilfe von Living History-Interpreten Geschichte vermitteln, und solchen, in denen nur vereinzelt kostümierte Personen durch das Museum führen oder spezielle Living History-Vorführungen im Rahmen eines gewöhnlichen Museumsbetriebs angeboten werden.

Das Anliegen der Living History-Museen ist es, die Besucher*innen an der dargestellten Geschichte teilhaben zu lassen. Nicht nur die Räume und Objekte sollen als historisch wahrgenommen werden, sondern auch die Personen, die die Geschichte (re-)präsentieren. Tatsächlich sind jedoch selbst die Objekte, die angefasst und benutzt werden sollen, selbstverständlich Repliken, die nicht selten von den Beteiligten selbst hergestellt wurden. Die Originale liegen geschützt in der Museumssammlung oder den Vitrinen einer angeschlossenen klassischen Ausstellung.

Die Idee der Living History-Museen hat sich schnell weiterverbreitet. Die Präsentationen finden sich in Europa vor allem in Großbritannien, den Niederlanden und Schweden. In Deutschland gibt es bislang keine Living History-Museen, aber einzelne Elemente werden in verschiedenen Museumstypen eingesetzt. So arbeiten vor allem Freilicht- und Technikmuseen mit Living History-Akteur*innen, um bestimmte Objekte in Benutzung zu zeigen. Aber auch in anderen historischen und volkskundlichen Museen kommen solche Darsteller*innen zum Einsatz. In diesem Zusammenhang stellen Industriemuseen, die sich an den Standorten früherer Unternehmen befinden und mit Hilfe ehemaliger Mitarbeiter*innen zum Beispiel die dortigen Maschinen erläutern, eine Besonderheit dar. Diese Akteur*innen erklären die ausgestellten Objekte, indem sie ihre eigene frühere Tätigkeit nachstellen. Damit nehmen sie gleichzeitig die Funktion von Museumsmitarbeiter*innen, Living History-Darsteller*innen und Zeitzeug*innen ein.

Die Museen müssen jeweils entscheiden, wie und in welchem Umfang sie mit Living History-Akteur*innen zusammenarbeiten und diese in ihre Ausstellungen und ihre Vermittlungsarbeit integrieren. In Deutschland gibt es bislang nur wenige durch die Museen selbst entwickelte und umgesetzte Living History-Formate. Vielmehr werden vor allem mehr oder minder professionelle Living History-Akteur*innen für Sonderveranstaltungen oder zu regelmäßigen Vorführungen engagiert. Diese wiederum können als eine Art Theatermonolog durchgeführt werden oder als kostümierte Führungen, bei denen die Guides in der dritten Person die Ausstellung erläutern. Die Qualität dieser Darbietungen schwankt sehr stark, sowohl hinsichtlich ihrer historischen Inhalte als auch der pädagogischen Formen und schließlich der Verbindung zum Museum und den dortigen Objekten. Nur in enger Abstimmung zwischen Living History-Akteur*innen und Museumsfachleuten kann eine für die Geschichtsvermittlung sinnvolle Darstellung entwickelt werden. Aber auch, wenn die Living History-Präsentationen eher zur Unterhaltung denn zur Vermittlung beitragen, können sie dem Museum nützen. Beispielsweise ziehen sogenannte Mittelaltermärkte, die als Events in räumlicher Nähe zum Museum aufgebaut werden, obwohl sie in keiner inhaltlichen Verbindung mit dem Haus stehen, neue Besuchergruppen an, die anschließend, so die Hoffnung, an den Marktbesuch vielleicht auch eine Ausstellung besichtigen.[68]

Trotz der Attraktivität der Living History für Besucher*innen wird die Geschichtsvermittlung durch das Nachstellen von historischen Szenen von Museumsfachleuten zwiespältig betrachtet. Diese Szenen vermitteln ein relativ einfaches, aber eindeutiges Bild von Geschichte, das bei den Besucher*innen schnell den Eindruck erweckt, die Vergangenheit habe sich genauso ereignet, wie sie präsentiert wird. Die Akteur*innen versuchen möglichst authentisch zu wirken und verschleiern damit den Konstruktionscharakter von Geschichte. Dies widerspricht dem multiperspektivischen Anspruch heutiger Museen, die gerade eine kritische

---

68 Vgl. Walz, Markus: Sehen, Verstehen. Historisches Spiel im Museum – zwischen Didaktik und Marketing, in: Carstensen/Meiners/Mohrmann, Living History im Museum, 2008, S. 15–45.

Auseinandersetzung mit dem Dargebotenen fördern wollen. Außerdem unterliegt das Nachspielen von Geschichte natürlich auch den Grenzen der Darstellbarkeit von Krankheit, Tod und Gewalt, was dazu führt, dass häufiger eine „heile Welt" präsentiert wird als die unschönen Seiten der Vergangenheit.

Neben den Zweifeln, inwiefern mit Living History Geschichte seriös vermittelt werden kann, wird vor allem der Event-Charakter solcher Aufführungen in Museen kritisiert. Sie werden auch mit Disneyland verglichen, was aber nicht unbedingt abwertend gemeint sein muss, denn schließlich ziehen die Vergnügungsparks sehr erfolgreich Besucher*innen in ihren Bann.[69] Positiv gewendet wird der Living History somit das Potential zugesprochen, neue Besucher*innenkreise in Museen zu locken und Interesse für eine Geschichte zu wecken, die in abstrakterer Form gar nicht zur Kenntnis genommen würde.

In filmischen Geschichtsdokumentationen wird Living History nicht zuletzt gern eingesetzt, um Ereignisse visuell darzustellen, zu denen es keine Originalbilder gibt. In Deutschland finden sich entsprechende Spielszenen verstärkt seit den 1990er Jahren in sogenannten **Doku-Dramen,** womit eine „Mischung aus szenischem Spiel und dokumentarischer Darstellung" bezeichnet wird.[70] Die nachgestellten Szenen dienen hier ebenso wie im Museum dazu, bestimmte historische Gegebenheiten plastisch darzustellen, für die es keine andere Form der bildlichen Überlieferung gibt, und um bestimmte Objekte in einen Kontext zu stellen und zu authentifizieren.[71]

Living History-Elemente finden sich aber auch im sogenannten **Reality-Fernsehen,** wenn zum Beispiel Menschen bei dem Versuch gefilmt werden, mit den technischen und materiellen Gegebenheiten einer vergangenen Epoche zurecht zu kommen. Dabei kann es sich ebenso um die Steinzeit wie um das Mittelalter oder die Bundesrepublik der 1950er Jahre handeln. Beispiele dafür sind die Sendungen „Schwarzwaldhaus 1902", „Die Bräuteschule 1958" oder „Steinzeit – das Experiment". Obwohl diese Produktionen kaum der seriösen Geschichtsvermittlung dienen, werden dort doch Geschichtsbilder konstruiert, die von Seiten der Public History untersucht werden sollten.[72]

Abschließend kann festgehalten werden, dass mit Hilfe der Living History die Vergangenheit zwar nicht „wieder zum Leben erweckt" wird, aber lebendig präsentiert und vermittelt werden kann. Living History fördert das Interesse von Menschen, die die visuelle Darstellung von Geschichte, ob sie nun historisch seriös ist oder nicht, einer abstrakteren Präsentation vorziehen. Daher spricht vieles dafür, Living History stärker in die Geschichtsvermittlung einzubeziehen, wobei an der historisch-didaktischen Professionalisierung zu arbeiten bleibt. Seriöse Living His-

---

69 Lässig, Simone: Clio in Disneyland? Nordamerikanische Living History Museen als außerschulische Lernorte, in: Zeitschrift für Geschichtsdidaktik, 5 (2006), S. 44–69, hier S. 60.
70 Fischer, Thomas/Schuhbauer, Thomas: Geschichte in Film und Fernsehen, Theorie – Praxis – Berufsfelder, Tübingen 2016, S. 27.
71 Vgl. Pirker, Eva Ulrike/Rüdiger, Mark: Authentizitätsfiktionen in populären Geschichtskulturen: Annährungen, in: Pirker u.a., Echte Geschichte, 2010, S. 11–30.
72 Fischer/Schuhbauer, Geschichte in Film und Fernsehen, S. 126.

tory-Veranstaltungen sollten die Aspekte der Multiperspektivität gewährleisten und trotz aller Authentisierungsversuche den Konstruktionscharakter ihrer Darstellung offenlegen. Positive Beispiele stellen die Theaterprojekte der Universität Bremen „Aus den Akten auf die Bühne" dar, die inzwischen auch von anderen Universitäten in ähnlicher Formen nachgeahmt werden. Dabei gehen Sie konkret der Frage nach, wie Geschichte in Form von Theatervorführungen präsentiert werden kann.

Literatur

Carstensen, Jan/Meiners, Uwe/Mohrmann, Ruth (Hg.): Living History im Museum. Möglichkeiten und Grenzen einer populären Vermittlungsform, Münster 2008.

Duisberg, Heike (Hg.): Living History in Freilichtmuseen: Neue Wege der Geschichtsvermittlung, Rosengarten-Ehestorf 2008.

Hochbruck, Wolfgang: Geschichtstheater. Formen der „Living History". Eine Typologie, Bielefeld 2013.

Roselt, Jens/Otto, Ulf (Hg.): Theater als Zeitmaschine. Zur performativen Praxis des Reenactments. Theater- und kulturwissenschaftliche Perspektiven, Bielefeld 2012.

Schindler, Sabine: Authentizität und Inszenierung. Die Vermittlung von Geschichte in amerikanischen historic sites, Heidelberg 2003.

Sénécheau, Miriam/Samida, Stefanie: Living History als Gegenstand Historischen Lernens. Begriffe – Problemfelder – Materialien, Stuttgart 2015.

Willner, Sarah/Koch, Georg/Samida, Stefanie (Hg.): Doing History. Performative Praktiken in der Geschichtskultur, Münster 2016.

4. Public History und Medien

Geschichte – davon war in diesem Band schon mehrfach die Rede – hat auf vielfältige Weise Einzug in unseren Alltag gefunden und befriedigt dabei ganz unterschiedliche Bedürfnisse:

„nach historischer Bildung und Unterhaltung, nach Entspannung und Zerstreuung, nach Identität und Orientierung, nach Abenteuer und Exotismus, nach neuen Erfahrungen und Erlebniswelten oder auch nach einer Flucht aus dem Alltag in eine Vergangenheit, die überschaubarer und weniger komplex erscheint als die Gegenwart."[1]

Gerade der Einzug von historischen Inhalten in populäre Medienformate dient dabei weit mehr als einem rein kognitiven Informationsgewinn. Barbara Korte und Sylvia Paletschek heben hervor, dass es bei der Rezeption und dem Konsum von Medien mit historischen Inhalten oft auch um die Suche „nach ästhetischen wie emotionalen Erfahrungen und einer risikofreien Begegnung mit fremden Lebenswelten"[2] geht. Man wäre freilich naiv, würde man aber solche Begegnungen mit dem Historischen ausschließlich dem individuellen Lustgewinn zurechnen. Gerade in populären Aufbereitungsformen wird – so fügen die beiden hinzu –

„Geschichte (…) von Staaten, gesellschaftlichen Eliten und verschiedensten Gruppen dazu genutzt, politische Forderungen zu legitimieren – ob zur Erhaltung des Status quo oder zur Propagierung von Veränderungen".[3]

Public Historians kommen bei ihrer Tätigkeit auf vielfältige Weise mit Medien in Kontakt: Sie nutzen Medien zur eigenen Informationsgewinnung, wenn sie historische Inhalte für die Öffentlichkeit aufbereiten. Sie sind aber häufig auch auf ganz unterschiedliche Weise an der Produktion von Medien beteiligt, etwa in den Redaktionen von Verlagshäusern, Rundfunkanstalten und Medienagenturen. Gerade bei

---

1 Korte, Barbara/Paletschek, Sylvia: Geschichte in populären Medien und Genres. Vom historischem Roman zum Computerspiel, in: Dies., History goes Pop, 2009, S. 9–60, hier S. 9.
2 Ebd., S. 10.
3 Ebd., S. 19.

letzten geht es oft auch um die Aufbereitung von Geschichte für das Internet und für Online-Angebote, also um die Herstellung komplexer Multimedia-Landschaften. Neben der Rolle als Rezipient*innen und Produzent*innen von Medien treten Public Historians zudem als Kritiker*innen des Umganges mit Medien auf, und analysieren zum Beispiel, ob die Verwendung von historischen Quellen, Reenactment-Szenen oder Zeitzeug*inneninterviews geschichtsdidaktischen, fachhistorischen und natürlich medieneigenen Kriterien genügt.

Vor diesem Hintergrund spielt für medienkritische Public Historians der Begriff der Authentizität eine Schlüsselrolle. Nehmen wir es ernst, dass Geschichte nicht einfach bereits vorhanden ist und von Medien lediglich wiedergegeben oder abgebildet wird, sondern dass Geschichte durch Medien überhaupt erst entsteht, so sind es die Medien, die Geschichte mit ihren je eigenen medienspezifischen Möglichkeiten erzählen und sich intentional an ein ausgewähltes Publikum richten. Diese medienspezifischen Möglichkeiten lassen sich als **Authentizitätsfiktionen** beschreiben und die ihnen immanente Intentionalität als **Authentifizierungsstrategie**.

Deshalb soll es in diesem Kapitel zunächst um den Begriff der Authentizität gehen. Danach wird betrachtet, wie Medien „echte Geschichte" herstellen, wie sich also ihre Rezeption und Prozesse der Aneignung von Geschichte theoriehaft beschreiben lassen. Im Anschluss werden unterschiedliche Medien, in denen Geschichte besonders prominent zu Tage tritt, in Augenschein genommen. Die Darstellung gliedert sich dabei in textgebundene Medien, audiovisuelle Medien und schließlich digitale Medien. Zu den hier behandelten Mediengenres liegen mittlerweile umfassende Einzeldarstellungen vor, an dessen Umfang und Systematisierungsleitung sich dieser Überblick keinesfalls messen kann. An den entsprechenden Stellen des Kapitels wird auf diese jeweils deutlich ausführlicheren Veröffentlichungen verwiesen.

4.1 Medien machen „echte" Geschichte: Authentizität als Konstruktionsleistung von Medien in der Public History und Medienaneignung

Traditionelle Grenzziehungen zwischen wissenschaftlich-akademischer Darstellung von Geschichte auf der einen und populären, oftmals als trivial bezeichneten Darstellungen von Geschichte auf der anderen Seite sind in den letzten Jahren durchlässiger geworden (wovon nicht zuletzt eine gewisse Konjunktur von Public-History-Studienangeboten in Deutschland Auskunft gibt). Geschichtsdarstellungen in der Öffentlichkeit werden deshalb schon längst nicht mehr nur als „banalisierte Derivate der Historischen Wissenschaften"[4] analysiert, sondern als eigenständige und ernst zu nehmende Objektivationen von Geschichtskultur, die eigenen, ebenso legitimen Regeln wie jenen der Akademie, und vor allem medialen Regeln folgen. Gerade beim Umgang mit populären Geschichtsformaten in der Schule, so beobachten es

---

4 Oswalt, Vadim/Pandel, Hans-Jürgen: Einleitung, in: Dies., Geschichtskultur, 2009, S. 7–13, hier S. 9.

zumindest Hans-Jürgen Pandel und Vadim Oswalt, herrscht „die von Lehrern oftmals geübte Praxis, geschichtskulturellen Produkten Banalisierung, Verfälschung oder gar Geschichtsklitterungen nachzuweisen"[5], noch immer vor. Dass eine solche Umgangsweise mit populärer Geschichte auch in der Schule nicht mehr ausreicht, dürfte kaum bestritten werden – für die mediale Produktion, Rezeption und Aneignung von Geschichte in der Öffentlichkeit kann sie ohnehin kein Maßstab mehr sein. Der oftmals auch kommerzielle Erfolg von Geschichte in den Medien ist gegen einen solchen schulmeisterlichen Umgang vermutlich sowieso völlig immun. Was nach Pandel und Oswalt für den Umgang mit Medien und Geschichte im Klassenzimmer gelten soll, nämlich „das Verständnis für Funktionsweisen und den alltäglichen Gebrauch von Geschichte im Kontext unterschiedlicher medialer Realisierungen zu fördern"[6], sollte deshalb auch Leitlinie für Medien in der Public History sein. Denn Geschichte in der Alltagswelt, so Pandel und Oswalt weiter, „unterwirft sich nicht wissenschaftlichen Kategorisierungen und Einhegungen, da diese Umgangsformen quer durch viele Manifestationen kultureller, aber auch rein kommerzieller Art sichtbar werden".[7] Das heißt freilich nicht, dass fachwissenschaftliche Expertise bei der Konzeption von Medien mit historischen Inhalten nicht notwendig ist und erst recht nicht, dass eine fundierte fachwissenschaftliche Kompetenz nicht unabdingbar ist, um solche Medien zu kritisieren oder sie für Aneignungsprozesse aufzubereiten. Im Gegenteil: solche fachhistorischen Kompetenzen sind die Voraussetzung für die Konzeption und auch für die kritische Rezeption von Medien, mit denen Geschichte in die Öffentlichkeit gebracht wird. Erst diejenigen, die etwa Kriterien für die empirische Triftigkeit der Darstellung eines historischen Themas kennen, können *dann* darüber nachdenken, wie etwa das Bedürfnis des Publikums nach einer ästhetischen Sättigung historischer Imagination gestillt werden kann – und welche Möglichkeiten Medien dazu bieten.

Das, was Public Historians mit Medien machen können, nämlich mittels empirisch triftiger historischer Narrationen ästhetisch gesättigte und auf diese Weise für das Publikum attraktive Geschichtsbilder zu generieren, lässt sich wohl am besten mit dem von Eva Ulrike Pirker, Mark Rüdiger, Christa Klein, Thorsten Leiendecker, Carolyn Gesterle, Miriam Sénécheau und Michiko Uike-Borma in die geschichtskulturellen Debatten eingeführten Konzept der „Authentizitätsfiktionen"[8] beschreiben, das Siegfried J. Schmidt im Rahmen seiner Theorie der Geschichte und Diskurse schon 2005 erstmals begrifflich geschärft hat.[9]

Ein „wiederkehrender und zentraler Aspekt in den Debatten um die Repräsentationen von geschichtlichen Stoffen", so Eva Ulrike Pirker und Mark Rüdiger, „ist

---

5 Ebd., S. 9.
6 Ebd.
7 Ebd., S. 11.
8 Vgl. hierzu insgesamt den Band Pirker, Eva Ulrike u. a. (Hg.): Echte Geschichte. Authentizitätsfiktionen in populären Geschichtskulturen, Bielefeld 2010.
9 Schmidt, Siegfried J.: Lernen, Wissen, Kompetenz, Kultur. Vorschläge zur Bestimmung von vier Unbekannten, Heidelberg 2005, S. 85.

die Frage nach dem Grad des Authentischen in der Darstellung, d. h. die Frage nach der Art und Weise, wie – und vor allem wie erfolgreich – historische ‚Echtheit' suggeriert werden kann".[10] Bereits der Geschichtsdidaktiker Hans-Jürgen Pandel hat darauf hingewiesen, dass Authentizität geradezu konstitutiv für Geschichtspräsentationen ist; unser Geschichtsbewusstsein, so Pandel weiter, stelle ständig Authentizitätsansprüche, denn „es will wissen ob etwas tatsächlich der Fall gewesen ist oder nicht".[11] Dass es nun aber mit dem Tatsächlichen bei der Konstruktion von Geschichte keine einfache Angelegenheit ist (uns deshalb das Geschichtsbewusstsein eigentlich am Konstruktionscharakter von Geschichte ständig verzweifeln lassen müsste), zeigen Pirker und Rüdiger unter Rückgriff auf den Geschichtstheoretiker Reinhard Kosselleck, denn der wusste bereits 1989:

„Jedes historisch eruierte und dargebotene Ereignis lebt von der Fiktion des Faktischen, die Wirklichkeit selber ist vergangen. Damit wird ein geschichtliches Ereignis aber nicht beliebig oder willkürlich setzbar. Denn die Quellenkontrolle schließt aus, was nicht gesagt werden kann. Negativ bleibt der Historiker den Zeugnissen der Vergangenheit verpflichtet. Positiv nähert er sich, wenn er ein Ereignis deutend aus den Quellen herauspräpariert, jenem literarischen Geschichtenerzähler, der ebenfalls der Fiktion des Faktischen huldigen mag, wenn er seine Geschichte dadurch glaubwürdiger machen will."[12]

Nehmen Public Historians ihre Rolle als historische Geschichtenerzähler*innen ernst, so konstruieren sie ihre authentischen Geschichten vor dem Hintergrund der Bedürfnisse ihres Publikums und nach deren „Verlangen nach Originalobjekten und wissenschaftlicher Absicherung einerseits sowie nach einer geradezu sinnlichen Erfahrung von Vergangenheit im Sinne einer felt history andererseits"[13] – also genau in jenem Spannungsverhältnis zwischen einer empirischen Triftigkeit der Narrationen und der ästhetischen Sättigung der auf diese Weise geschaffenen Imaginationsangebote.

Pirker und Rüdiger erkennen dabei „zwei dominante Modi", mit denen solche authentischen Geschichten erzählt werden können:

„derjenige des authentischen Zeugnisses und derjenige des authentischen Erlebens.

Zum Zeugnis gehören die Objektgruppen der Quellen, der Zeitzeugen, der Unikate und der ‚auratischen' Orte, kurz: die Suggestion des Originalen, eines Reliktes aus der Vergangenheit, das durch seine historische Echtheit selbst zu wirken scheint.

---

10 Pirker, Eva Ulrike/Rüdiger, Mark, Authentizitätsfiktionen in populären Geschichtskulturen: Annäherungen, in: Pirker, Echte Geschichte, 2010, S. 11–30, hier S. 12 f.
11 Vgl. ebd. S. 14 und dazu auch Pandel, Hans-Jürgen: Authentizität, in: Mayer u. a., Wörterbuch Geschichtsdidaktik, 2009, S. 30–31.
12 Vgl. Pirker/Rüdiger: Authentizitätsfiktionen, S. 15 und dazu auch Kosselleck, Reinhart: Darstellung, Ereignis und Struktur, in: Ders., Vergangene Zukunft, 1989, S. 144–157, hier S. 153.
13 Vgl. Pirker/Rüdiger: Authentizitätsfiktionen, S. 17.

Zum Erlebensmodus gehören Repliken, Kopien, das Nachspielen und Reenactment, das Evozieren eines ‚authentischen Gefühls', Zeitstimmung oder – atmosphäre durch Annäherung an das Original oder Erzeugung einer plausiblen bzw. typischen Vergangenheit mit Mitteln der Gegenwart."[14]

In beiden Modi, so führen die beiden weiter aus, werden Authentizitätserwartungen über Medialität erzeugt, bei populären Geschichtsdarstellungen oftmals durch Multimedialität, die sich „von der Verwendung von rein schriftbasierter über audiovisuelle bis hin zu performativen Medien erstreckt."[15]

Die dabei verwendeten Medien „erzeugen verschiedene Formen und Elemente unterschiedlicher Authentizitätseffekte"[16]: Eine konventionelle Geschichtsdokumentation etwa verwendet vermeintliche „Originalaufnahmen" oder Zeitzeug*inneninterviews (und setzt auf diese Weise auf Objektauthentizität), während z. B. Doku-Dramen „auf detailgetreue Kulissen und glaubwürdige plausible Geschichten setzen, um die Zuschauer Geschichte erleben zu lassen, also auf Subjektauthentizität"[17] abzielen. Dabei ist hervorzuheben, dass sich scheinbar nun scharf voneinander abtrennbare Mediengenres zunehmend mischen – und auf diese Weise in populären Geschichtsmedien sowohl Elemente von Objekt- als auch von Subjektauthentizität zu beobachten sind. Wie Rezipient*innen dieser Medien Authentizität erleben, ist dabei freilich auch immer ein gesellschaftlicher Kommunikations- und Aushandlungsprozess, der mit Vorwissen und den Sehgewohnheiten zusammenhängt. Eng damit verknüpft ist nicht nur die Bedeutung von kognitivem Vor-Wissen, sondern auch von bereits bestehenden historischen Imaginationen, denen die Rezipient*innen z. B. durch eine vorherige Begegnung in der Populärkultur zuvor ausgesetzt waren. Wie dann konkret Medien gestaltet werden, die in der populären Geschichtskultur auf Zustimmung und Absatz stoßen, hängt gleichermaßen vom Vor-Wissen und den Vor-Bildern der Rezipient*innen wie auch dem der Produzent*innen ab, die dieses vielschichtige Vorwissen antizipieren und zugleich eigene Vorstellungen in ihre Medien einweben. Historische Medien sind auf diese vielschichtige Weise Produkte der populären Geschichtskultur und produzieren in einer solchen wiederum neue Geschichten. Pirker und Rüdiger resümieren:

„Die Produkte der populären Geschichtskultur und die Geschichtsbilder, die sie präsentieren, aktualisieren kollektive Gedächtnisse und prägen die Authentizitätserwartungen der Rezipienten ebenso wie die der Produzenten."[18]

---

14 Vgl. ebd.
15 Vgl. ebd., S. 18–19.
16 Ebd., S. 20.
17 Ebd.
18 Ebd., S. 21.

Damit lässt sich der Umgang mit Medien in der Public History als ein komplexer Aneignungsprozess beschreiben: Er hängt sowohl vom kognitiven Vorwissen als auch von den ästhetischen Vorerfahrungen der Rezipient*innen ab, wird angetrieben vom Authentizitätsanspruch des Geschichtsbewusstseins und findet in politisch, ökonomisch und kulturell machtvollen Zusammenhängen statt, auf die ein solcher Aneignungsprozess dann wiederum Einfluss nehmen kann.

Literatur

Korte, Barbara/Paletschek, Sylvia (Hg.): History Goes Pop. Zur Repräsentation von Geschichte in populären Medien und Genres, Bielefeld 2009.
Pirker, Eva Ulrike u. a. (Hg.): Echte Geschichte. Authentizitätsfiktionen in populären Geschichtskulturen, Bielefeld 2010.

4.2 Text- und bildbezogene Printmedien

4.2.1 Historischer Roman

Gerade historische Romane erfreuen sich großer Beliebtheit.[19] Hier – so scheint es zunächst – tritt genrebedingt das fiktionale Element sehr deutlich hinter das historisch-triftige zurück. Wichtiges Merkmal dieser Sorte eines textgebundenen Mediums ist es, dass die erzählte Geschichte zuerst eine literarische ist. Erzählaufbau, *emplotment* und die Konfiguration der in der Erzählung handelnden Akteure gehorchen also literarischen Regeln. Historisch wird eine solche fiktionale Geschichte, indem sie sich auf eine als außersprachlich vorausgesetzte vergangene Wirklichkeit bezieht, die zum Referenzpunkt für die Erzählung oder die im literarischen Text auftretenden Personen wird. Oft sind handelnde Personen eines historischen Romans natürlich auch mit ‚echten' historischen Akteur*innen identisch. So gibt es neben vermutlich nur einer ‚echten' historischen Kleopatra unzählige literarische Schwestern, die in ihrer Wirkweise in der Geschichtskultur aber vermutlich nachhaltiger auf unser Geschichtsbewusstsein wirken als all das, was wir empirisch triftig aus der fachhistorischen Forschung über die hellenistische Königin wissen. Als Kern des Gattungsverständnisses eines historischen Romans, so Barbara Korte und Sylvia Paletschek, lässt sich ausmachen, „dass er sich auf ein Geschehen in einer bestimmten, dem Leser bekannten historischen Epoche bezieht."[20] Weiter:

„Der historische Roman verlebendigt Geschichte und veranschaulicht sie, indem er eine vergangene Lebenswelt durch zahlreiche ‚authentische' Details – etwa in Bezug auf Kleidung

---

19 Korte/Paletschek, Geschichte in populären Medien und Genres, S. 17.
20 Ebd., S. 21

und Sitten der Figuren – konstruiert. In der für den historischen Roman charakteristischen Synthese von Fakt und Fiktion wird eine Erfahrungswelt simuliert."[21]

In der Geschichtsdidaktik herrscht deshalb schon lange die (freilich noch nicht empirisch eruierte) Vorstellung vor, dass das Fiktionale unser Geschichtsbewusstsein vermutlich viel stärker prägt als zum Beispiel der schulische Geschichtsunterricht oder die Vermittlung purer Ergebnisse fachhistorischer Forschung. Als besondere Medien der Geschichtskultur sind historische Romane also gerade vor diesem Hintergrund nicht zu vernachlässigen. Solche Texte können auf ganz unterschiedliche Weise von Public Historians befragt werden: Fragen nach einem „Richtig/Falsch" der in historischen Romanen dargestellten Geschichte sind dabei freilich nicht illegitim, werden aber dem eigentlichen Genre nur unzureichend gerecht. Vielmehr, so z. B. Monika Rox-Helmer, müsse bei einer Analyse und Bewertung ihre ästhetische Dimension ernst genommen werden.[22] Als geschichtskulturelles (und auf diese Weise dann nicht mehr allein literarisches) Produkt können sie dann jedoch daraufhin befragt werden, welche Geschichtsbilder sie imaginieren, mit welchen literarisch-ästhetischen Mitteln sie dies tun, und – im Sinne einer politisch-gesellschaftlich reflektierten Analyse – welchen politisch-intentionalen Charakter diese Geschichtsbilder haben.

Historische Romane greifen dabei nicht selten auf kontrafaktische Erzählmuster zurück. Sie bedienen dabei

„das florierende Genre der alternate history, die ab einem bestimmten ‚Verzweigungspunkt' eine andere Entwicklungslinie der Geschichte als die faktische geschehene konstruiert und einen Geschichtsverlauf darstellt, der hätte geschehen können und dessen Fiktivität in gewissen Grenzen Erwartungen an historische Plausibilität und Authentizität nicht verletzt."[23]

Eine Analyse gerade solcher kontrafaktischen Elemente ist für Public Historians freilich besonders interessant: „Kontrafaktisches Denken als Auseinandersetzung mit verworfenen Alternativen"[24] trägt der Sehnsucht nach historischer Alterität des Publikums Rechnung, und zeigt, welche Handlungsmöglichkeiten und welche Handlungsspielräume die Autor*innen ihren historischen Akteur*innen grundsätzlich zutrauen. Begrenzt werden diese Handlungsräume durch eben jene begrenzenden Erwartungen an historische Plausibilität und Authentizität. Authentizitätsfiktionen, die in historischen Romanen erzeugt werden, befriedigen dementsprechend auch nur so lange den Authentizitätsanspruch der Geschichtsbewusstseine der Leser*innen, wie sie sich innerhalb dieser Grenzen entfalten.

---

21 Ebd., S. 22.
22 Rox-Helmer, Monika: Fiktionale Texte im Geschichtsunterricht, in: Oswalt/Pandel, Geschichtskultur, 2009, S. 98–112, hier S. 102.
23 Korte/Paletschek, Geschichte in populären Medien und Genres, S. 26.
24 Ebd., S. 27.

4.2.2 Historisches Sachbuch

Historische Sachbücher sind textgebundene Medien, die sich – im Unterschied zu einem historischen *Fach*buch – nicht nur an ein explizit akademisches Publikum richten. Während ein historisches Fachbuch – etwa eine geschichtswissenschaftliche Dissertation – seine besondere Fachlichkeit durch konkrete und stets zu befolgende Bezugnahmen auf methodische Standards des Faches unter Beweis stellen muss, es die thematisierte Sache als neu und innovativ zu entwerfen hat und die Argumentation in den Forschungsstand des Faches einzubetten ist, geht es bei einem historischen Sachbuch nur darum, einen bestimmten historischen Gegenstand adressat*innengerecht darzustellen. Indem die Adressat*innen in erster Linie jenseits der Akademien und der Geschichtswissenschaft zu suchen sind, orientiert es sich an Marktmechanismen der Verlage, und eben nicht an denen der Wissenschaft.[25] „Das Verhältnis der Sachbuchautoren zu den Fachbuchautoren", so Martin Nissen, „lässt sich anhand des Vermittlungsverständnisses bestimmen, das sich aus dem jeweiligen Publikumsbezug ergibt."[26] Zudem erscheint es als vielfacher Hybrid: So heben David Oels und Andy Hahnemann für das Sachbuch generell hervor:

„Es irritiert die literarischen Gattungsgrenzen, unterläuft souverän die Abtrennungen der fachwissenschaftlichen Disziplinen und durchkreuzt die immer noch wirksame öffentliche Unterscheidung zwischen Hoch- und Unterhaltungskultur."[27]

Für ein historisches Sachbuch gilt aber speziell, dass die „Sache", um die es geht, Geschichte ist. Das Wissen, das ein Sachbuch konstruiert, ist narratives Wissen und präsentiert sich in Form einer Erzählung. Im Unterschied zum historischen Roman freilich (und diese Bemerkung mag trivial erscheinen), lassen sich Sachbücher nicht der ästhetischen, sondern der kognitiven Dimension der Geschichtskultur zuordnen.

Martin Nissen hebt für das historische Sachbuch hervor, dass sein Zielpublikum nicht mehr nur ein schmaler, bürgerlicher Kreis, sondern ein breites Massenpublikum wurde, und dass ein unterhaltender Charakter der Wissensvermittlung im Vordergrund stand. Seit den 1920er Jahren wurde vor diesem Hintergrund auch die Fiktionalisierung als Mittel der Wissensvermittlung erkannt und angewendet, seit den 1970er Jahren spielte Visualisierung eine zunehmende Rolle. In den 1970er Jahren veränderte sich auch das Verhältnis von Sachbuchautor*innen und Fachhistoriker*innen. War das Sachbuch zuvor oft nur eine popularisierende Reduktion der Erkenntnisse von fachhistorischer Forschung, so emanzipierten sich die Autor*innen von diesem Primat fachhistorisch-akademischen Wissens und

---

25 Vgl. Nissen, Martin: Historische Sachbücher – Historische Fachbücher: Der Fall Werner Maser, in: Korte/Paletschek, History goes pop, S. 103–120, hier S. 104.
26 Ebd., S. 105.
27 Hanemann, Andy/Oels, David: Einleitung, in: Dies., Sachbuch und populäres Wissen im 20. Jahrhundert, 2008, S. 7–25, hier S. 17.

beansprucht – so Nissen – ihrerseits, „die ‚bessere', da innovativere Geschichtsschreibung zu betreiben".[28]

4.2.3 Geschichtszeitschriften

„Geschichtszeitschriften" werden hier verstanden als kommerzielle populärwissenschaftliche Printprodukte, die Erkenntnisse aus der Geschichtswissenschaft komprimiert, vereinfacht und unterhaltsam für ein Laienpublikum präsentieren.[29] Sie erzählen Geschichte verständlich und gleichzeitig anschaulich, binden dabei häufig subjektive Erfahrungen Einzelner und immer die Bildlichkeit der Geschichte ein und veranschaulichen die räumliche Dimension historischer Prozesse. Sie sind damit sowohl Teil der Unterhaltungs- als auch der Geschichtskultur. Der inhaltliche Fokus der Geschichtszeitschriften liegt nach Christian Spieß, der vier Geschichtszeitschriften näher untersucht hat, allgemein auf der Ereignis- und Politikgeschichte, wobei in jüngerer Zeit eine leichte Verschiebung hin zur Alltags- und Sozialgeschichte festzustellen ist.[30] In zeitlicher Hinsicht werden Themen aus weiter zurückliegenden Epochen bevorzugt, sodass die Zeitgeschichte – und dabei vor allem NS-Themen – in den Geschichtszeitschriften nur einen „kleinen, wenn auch festen Platz" einnehmen.[31] Spieß sieht die Gründe für die Konzentration auf ältere Epochen darin, dass die populären Geschichtszeitschriften auf Mythen und Legenden setzten, die besser mit antiken oder mittelalterlichen Themen kompatibel wären und gerade wegen der zeitlichen Distanz zur Identifikation einlüden.[32] Eine andere Erklärung liegt jedoch im Medium selbst,

„denn Printmedien können audiovisuelle Quellen, die im Falle des Fernsehens zur Attraktivität der Zeitgeschichte beitragen, nicht einbinden. Für ältere Epochen stehen keine Originalaufnahmen zur Verfügung, weshalb wir uns ihnen vor allem über Bild- und Textquellen nähern können – sie eignen sich daher besser für das Printmedium."[33]

Die Geschichtszeitschriften können noch einmal in Formate unterschieden werden, die stärker auf den Unterhaltungsfaktor setzen und Formate, die eher ihren Bezug zur Geschichtswissenschaft herausstellen. Der Unterschied zeigt sich unter anderem darin, wie die Autor*innenschaft der einzelnen Texte ausgewiesen wird und

---

28 Nissen, Historische Sachbücher – Historische Fachbücher, S. 105–107.
29 Erweiterte Definition auf der Basis von: Spieß, Christian: Zwischen Wissenschaft und Unterhaltungsanspruch. Aktuelle Geschichtsmagazine im Vergleich, in: Horn/Sauer, Geschichte und Öffentlichkeit, 2009, S. 169–176, hier S. 169; Spieß, Christian: Zeitgeschichte in populären Geschichtsmagazinen, in: Popp u. a., Zeitgeschichte – Medien – Historische Bildung, 2010, S. 61–76, hier S. 62.
30 Spieß, Zeitgeschichte in populären Geschichtsmagazinen, S. 69.
31 Ebd., S. 66–67.
32 Ebd., S. 73–74.
33 Zündorf, Irmgard: Die Vermarktung historischen Wissens. Geschichtsmagazine als Produkte der Public History, in: Popp/Schumann/Crivellari, Fabio, Populäre Geschichtsmagazine in internationaler Perspektive, 2016, S. 53–69, hier. S. 63.

in der Form der Quellenzitate sowie den Erläuterungen des Bildmaterials. Empirische Triftigkeit wird in Geschichtszeitschriften also auf unterschiedlich explizite Weise sichtbar gemacht und befriedigt entsprechend unterschiedliche Bedürfnisse des Publikums nach Quellentreue.

Auch die Zeitschriften konnten und können vom Geschichtsboom profitieren, weshalb die Zahl der angebotenen Formate in Deutschland seit den 1990er Jahren stetig anstieg. Die bekanntesten der gegenwärtig erhältlichen Titel sind *Geo Epoche*, *Damals*, *P.M. History*, *G/Geschichte* sowie *Zeit Geschichte* und *Spiegel Geschichte*.[34] Hinzu kommen diverse Spezialzeitschriften für Militär- und Technikgeschichte. Sie alle versuchen in unterschiedlicher Weise sowohl dem Bildungs- als auch dem Unterhaltungsanspruch ihrer jeweiligen Leser*innenschaft gerecht zu werden.

Um sich ein Bild von ihren Leser*innen sowie deren Ansprüchen machen zu können, führen die Zeitschriften teilweise Umfragen durch. Die Zeitschrift *Damals* hat die Ergebnisse einer solchen Datenerhebung veröffentlicht. Demnach sind ihre Leser*innen mehrheitlich zwischen 50 und 70 Jahre alt. Darunter sind etwas mehr Männer als Frauen und „deutlich mehr" Personen mit Abitur. Die Befragten gaben an, ein gesteigertes Interesse an Geschichte zu haben.[35]

Die Zeitschriften arbeiten ebenso wie die Zeitungen bislang nur teilweise mit Fachhistoriker*innen als Autor*innen.[36] Allein die Zeitschriften Damals und Zeit Geschichte greifen relativ stark auf die Fachwissenschaft zurück. Die Wissenschaftler*innen müssen für die Zeitschriften einen möglichst komprimierten und unterhaltsamen Text abliefern, der auf dem neuesten Stand der Forschung, gleichzeitig aber auch ohne Vorwissen verständlich sein soll, erläuternde Beispiele aufführt, Quellenmaterial und Bilder einbindet und sich nicht in Details verliert.[37] Andere Redaktionen verzichten eher auf die direkte Mitarbeit von Fachwissenschaftler*innen und überlassen die Texterstellung den eigenen Autor*innen, die für die Darstellung von historischen Themen ausgebildet sind. Fachwissenschaftler*innen werden eventuell im Impressum als beratende Instanzen aufgeführt. Es lässt sich nach wie vor eine beidseitige Zurückhaltung gegenüber dem jeweils anderen Berufszweig feststellen. Eine Annäherung im Feld der Public History wäre jedoch wünschenswert. Public Historians könnten zwischen diesen beiden Polen vermitteln bzw. insbesondere durch ihre eigene Ausbildung zwischen Wissenschaft und Praxis als Autor*innen in Geschichtszeitschriften tätig werden.

---

34 Der „Spiegel" hat zusätzlich noch eine eigene Website zur Sammlung und Präsentation von privaten Geschichtserzählungen ins Leben gerufen: URL: http://www.einestages.de (Aufruf 13.11.2017).
35 Hiller, Marlene P.: Der Spagat zwischen Öffentlichkeit und Wissenschaft. Oder: Geschichte schreiben für Liebhaber, in: Horn/Sauer, Geschichte und Öffentlichkeit, 2009, S 161–168, hier S. 166.
36 Vgl. Kellerhoff, Sven Felix: Viel ist nicht genug. Historiker im professionellen Journalismus, in: Kleinehagenbrock/Petersen, Berufsfelder für Historikerinnen und Historiker sowie Studierende anderer Geisteswissenschaften, 2011, S. 48–59.
37 So die frühere Chefredakteurin von Damals, Marlene P. Hiller: Geschichte für Liebhaber. Oder: was Damals seinen Lesern zu bieten hat, in: Geschichte in Wissenschaft und Unterricht, 54 (2003), S. 85–90, hier S. 86.

4.2.4 Comic

Zu den text- und bildbezogenen Printmedien gehören auch Comics, in denen historische Themen mittlerweile durch alle Epochen hinweg, „zwischen Steinzeit und 9/11 [...] repräsentiert worden"[38] sind. Sie zeichnen sich dadurch aus, dass sie Bild-, Text- und Symbolelemente kombinieren und bestenfalls „eine Einheit dieser Elemente herstellen".[39] Mit der Funktionsweise von Comics und mit ihrer Bedeutung in historischen Aneignungsprozessen hat sich insbesondere Christine Gundermann beschäftigt. Die wohl prominenteste Geschichtscomic-Serie dürfte immer noch *Asterix* sein, aber gerade bei Geschichtscomics „jenseits von Asterix"[40] zählt wohl Art Spiegelmans Holocaust-Erzählung *Maus* zu den einflussreichsten Veröffentlichungen, dessen nachhaltige Wirkung seiner schwarz-weiß-Ästhetik sogar dazu beigetragen hat, dass Künstler*innen – so Gundermann – häufig auf eine farbige Comic-Darstellung verzichten, um den historischen Authentizitätsgrad ihrer Geschichtscomics zu verstärken.[41] Künstlerische Modi der Ästhetisierung und Authentifizierungsstrategien gehen hier also Hand in Hand.

Neben der Bildebene, die von Comic-Künstler*innen durch ihren je eigenen Stil geprägt werden, tauchen Textelemente im Comic auf dreierlei Weise auf. Christine Gundermann präzisiert:

„Der Text als zweitwichtigstes Element ist im Comic in drei möglichen Formen präsent. Blocktexte, die sich in westlichen Comics meist am oberen oder unteren Bildrand befinden, enthalten oftmals Situationsbeschreibungen, Kommentare, Vorhersagen, Metanarrationen oder Authentizitätsbeteuerungen. Sie können zur Überbrückung von Raum und Zeit eingesetzt werden.

Die Sprechblase stellt im Comic die eigentliche Sprache dar. Sie ist meist eine mit Text gefüllte Ellipse, die eine wörtliche Rede oder Gedanken anzeigt. [...] Sprechblasen können durch ihre Zeichnung Lautstärke, Tonfall oder Gemütsverfassung ausdrücken. [...]

Die dritte Form des Textes ist die Lautmalerei. Die sogenannten Soundwords sind integrale Bestandteile eines Bildes und dienen diesem in additiver Art und Weise, indem sie Geräusche simulieren."[42]

Neben Bild und Text arbeiten Comics jedoch zudem mit Symbolen, in denen etwa Stereotype genutzt und Klischees bedient (und auf diese Weise verfestigt) werden. Auf diese Weise – so Gundermann – kann der „Comic zu einer optimalen Platt-

---

38 Ribbens, Kees: Die Darstellung des Zweiten Weltkrieges in Europäischen Comics. Eine Fallstudie populärer Geschichtskultur, in: Korte/Paletschek, History goes pop, 2009, S. 121–145, hier S. 123.
39 Gundermann, Christine: Jenseits von Asterix. Comics im Geschichtsunterricht, Schwalbach/Ts. 2. Aufl. 2017, S. 59.
40 So der Titel der Monografie von Christine Gundermann: Gundermann, Jenseits von Asterix.
41 Ebd., S. 62.
42 Ebd., S. 62–63.

form für Propaganda und ideologische Beeinflussung [werden]. Anstelle eines Arguments wird ein Klischee gesetzt, das viel schwerer wieder zu entdecken und zu hinterfragen ist, zumal bildliche Stereotypen unbewusster als Text wirken können und zum ideologischen wie zum unpolitischen Comic einfach dazugehören."[43]

Einen Comic als eine historische Erzählung zu lesen, bedeutet dann, „Bilder, Symbole und deren Bedeutungen in eine Beziehung zum Text zu setzen. Der Schlüssel zum Verstehen von Comics liegt in einer Interaktion zwischen diesen drei Elementen."[44] Aus dem Medium Comic in einem Aneignungsprozess Geschichte zu konstruieren, erscheint daher als ein besonders vielschichtiges Verfahren: Bilder und Symbole müssen ästhetisch erfasst und durch einen Abgleich mit den Textinhalten verstanden werden – Textinhalte werden erst durch Bildsprache und Symbolik sinnträchtig. Texte, Bilder und Symbole wirken gleichzeitig auf die Leser*innen eines Comics ein und erfordern ein synästhetisches Rezeptionsvermögen – die Mediensprache eines Comics kann auf diese Weise emotionalisieren. Die ständige Verbindung von Bild, Text und Symbol spricht die kognitive, politische und ästhetische Dimension von Geschichtsbewusstsein somit auf besondere Weise an.[45] Dieses Potential eines Geschichtscomics (das hier vielleicht allzu sehr warnend als eine Gefahr beschrieben wurde) kann als dessen besondere Chance für die Stimulierung von reflektierten historischen Aneignungsprozessen verstanden werden: Denn durch die Verbindung von Text- und Bildebene besteht der besondere Vorteil eines Comics gerade darin, dass Bilder und Symbole an bisherige historische Imaginationen der Rezipient*innen anknüpfen können – und diese Imaginationen auf ästhetisch gesättigte Weise anreichern. Die Verknüpfung mit der Textebene des Comics bietet zudem die Chance, dass die erzählten Geschichten als empirisch triftige historische Erzählungen angeboten werden können. Auf diese Weise haben es die Leser*innen eines Comics „mit äußerst komplexen Varianten der Kennzeichnung von Wahrheit und Fiktion zu tun."[46]

Vor diesem Hintergrund bestimmt Christine Gundermann auf der Basis der Authentizitätstypen Hans-Jürgen Pandels[47] das Potential von Comics, „echte Geschichte" konstruieren zu können:

„Jeder Comic verfügt über eine Quellenauthentizität, denn er berichtet als Quellencomic auch immer über die Zeit, in der er entstanden ist.

Über Erlebnisauthentizität verfügen vor allem Comics des Typus Comic-Autobiografie und Comic-Journalismus. Die dargestellten Erfahrungen sind subjektiv authentisch.

---

43 Ebd., S. 64.
44 Ebd., S. 66.
45 Vgl. ebd., S. 67–76.
46 Gundermann, Jenseits von Asterix, S. 82.
47 Vgl. Pandel, Geschichtskultur, S. 30.

Ein Geschichtscomic verfügt über Faktenauthentizität, wenn zumindest exemplarisch nachgewiesen werden kann, dass die geschilderten Personen tatsächlich gelebt haben und die Ereignisse tatsächlich vorgefallen sind.

Typenauthentizität verlangt dagegen nur, dass die im Comic dargestellten fiktiven Personen einem historischen Typus entsprechen, ebenso sollte es möglich sein, fiktive Ergebnisse einem historischen Ereignistyp zuzuordnen.

Über Repräsentationsauthentizität verfügt ein Comic dann, wenn sich die Vordergrundnarration in einem historischen Gesamtzusammenhang einordnen lässt, der zumindest mit diesem nicht im Widerspruch steht."[48]

Literatur

Gundermann, Christine: Jenseits von Asterix. Comics im Geschichtsunterricht, Schwalbach/Ts. 2. Aufl. 2017.
Hanemann, Andy/Oels, David: (Hg.): Sachbuch und populäres Wissen im 20. Jahrhundert, Frankfurt/M. 2008.
Popp, Susanne u. a. (Hg.): Zeitgeschichte – Medien – Historische Bildung, Göttingen 2010.
Popp, Susanne/Schumann, Jutta/Crivellari, Fabio (Hg.): Populäre Geschichtsmagazine in internationaler Perspektive, Frankfurt/M. 2016.

4.3 Audiovisuelle Medien: Geschichte in Film und Fernsehen

Zum umfangreichen Themenkomplex Geschichte in Film und Fernsehen liegen zahlreiche Veröffentlichungen vor. Bereits Sylvia Paletschek und Barbara Korte haben hervorgehoben, dass „das Kino und das Fernsehen […] zu den wirkungsmächtigen Medien [gehören], in denen Geschichtsbilder, im konkreten wie im übertragenen Sinn, heute einem Breitenpublikum vermittelt werden" und dass die „Wirkungsmacht filmischer Bilder […] nicht nur auf ihrer massenmedialen Verbreitung [beruht]: Sie haben vor allem eine Suggestions- und Illusionswirkung, da sie dem Publikum mit fotografischen Bildern einen unmittelbaren Blick in die Geschichte suggerieren".[49]

Neben zahlreichen Einzelbeiträgen, die sich etwa mit Authentifizierungsstrategien durch den Einsatz von Zeitzeug*innen in filmischen Medien befassen oder mit den in historischen Spielfilmen vermittelten Geschichtsbildern, haben Thomas Fischer und Thomas Schuhbauer mit ihrer Monografie *Geschichte in Film und Fernsehen*[50] eine umfassende Systematisierung von audiovisuellem Erzählen von Geschichte

---

[48] Gundermann, Jenseits von Asterix, S. 82–83.
[49] Korte/Paletschek: Geschichte in populären Medien und Genres, S. 32–33.
[50] Fischer, Thomas/Schuhbauer, Thomas: Geschichte in Film und Fernsehen. Theorie – Praxis – Berufsfelder, Tübingen 2016.

in filmischen Medien vorgelegt, an die hier angeknüpft und die dann in einzelnen Aspekten weiter vertieft werden soll. Thomas Fischer und Thomas Schuhbauer betonen, dass für filmisches Geschichte-Erzählen zunächst im Prinzip das gleiche gilt wie für historisches Erzählen generell. So führen sie aus,

„dass es sich bei erzählter Geschichte, unabhängig davon, welches Erzählmedium genutzt wird, um Rekonstruktionen von historischen Welten handelt, die die tatsächliche Welt weder abbilden noch darstellen, sondern sie allenfalls repräsentieren. Je stärker die filmische Rekonstruktion dabei auf die Einarbeitung von historischen Quellen setzt (Archivbilder und -filme, Originaltöne, schriftliche Dokumente, Zeitzeugen, etc.), desto stärker erzeugt sie den Eindruck von Authentizität und desto größer wird damit auch ihre dokumentarische Glaubwürdigkeit. Je weniger sie es tut und stattdessen auf Spielszenen baut, desto mehr verschwimmen die Grenzen zwischen szenischer und dokumentarischer bzw. zwischen fiktionaler und faktualer Geschichtsdarstellung."[51]

Audiovisuelles Erzählen von Geschichte systematisieren Fischer und Schuhbauer, indem sie zwischen historischen Stoffen unterscheiden, die sich im Erinnerungshorizont der Zuschauer*innen bewegen („Erinnerungsfilme") und solchen, deren Thematik sich außerhalb der konkreten Erinnerungsmöglichkeiten des Publikums bewegt und die deshalb „Historienfilme" genannt werden können. Sie gehen davon aus, dass eine Zeitspanne von etwa 80 bis 100 Jahren die Zäsur zwischen Erinnerung und Historie/Geschichte markiert.[52] Daraus ergibt sich die folgende Systematisierung:

Tab. 2: Szenische und dokumentarische Erinnerungsfilme sowie szenische und dokumentarische Historienfilme und ihre Charakteristika[53]

Audiovisuelle Geschichte	Szenische Erinnerungsfilme	Szenische Historienfilme	Dokumentarische Erinnerungsfilme	Dokumentarische Historienfilme
Erzählte Zeit	Innerhalb des Erinnerungshorizonts der Zuschauer	Außerhalb des Erinnerungshorizonts der Zuschauer	Innerhalb des Erinnerungshorizonts der Zuschauer	Außerhalb des Erinnerungshorizonts der Zuschauer
Erzählmodus	Unmittelbar darstellend (szenisches Spiel)	Unmittelbar darstellend (szenisches Spiel)	Mittelbar erzählend (Voice-Over)	Mittelbar erzählend und unmittelbar darstellend (Voice-Over + Spielszenen)

---

51 Ebd., S. 9.
52 Ebd., S. 35–36.
53 Systematisierung von Fischer/Schuhbauer, Geschichte in Film und Fernsehen, S. 31–32.

Audiovisuelle Geschichte	Szenische Erinnerungsfilme	Szenische Historienfilme	Dokumentarische Erinnerungsfilme	Dokumentarische Historienfilme
Verweise auf die tatsächliche Welt = Authentifizierung	Voice-Over oder Textinserts im Vorspann – Szenenbild, Kostüme, etc.	Voice-Over oder Textinserts im Vorspann – Szenenbild, Kostüme, etc.	Archivmaterial (Text, Bild, Film, Ton), Zeitzeugen, Experten	Überreste, Experten plus historisch-szenische Rekonstruktionen
Erzählte Welt/ tatsächliche Welt	Erzählen von möglichen historischen Welten	Erzählen von möglichen historischen Welten	Erzählen von tatsächlichen historischen Welten	Erzählen von tatsächlichen und möglichen historischen Welten

Für Public Historians ist eine solche Systematisierung hilfreich, weil sie zunächst grundlegend den Blick darauf richtet, dass das Publikum unterschiedliche Erwartungen an die dargestellten Stoffe stellt, und zwar in Abhängigkeit von deren Zeitabstand zur Gegenwart – und dass auf diese Weise zwischen Erinnerungs- und Historienfilmen unterschieden werden kann. Fischer und Schuhbauer begründen diese Unterscheidung:

„Diese Unterscheidung halten wir deshalb für sinnvoll, weil die Erinnerungsfilme in der Regel Bestandteil von gesellschaftlichen Erinnerungsdiskursen sind. Der kollektive Erinnerungsprozess ist noch nicht abgeschlossen, es wird gesellschaftlich noch um ‚Objektivität' und ‚Relevanz' der erinnerten Ereignisse gerungen (Beispiele: Wende-Diskussion, Stasi-Debatte etc.). Die Historienfilme zeigen demgegenüber ferne Lebenswelten, die nicht mehr direkt mit zeitgenössischen Lebensgeschichten verbunden sind und deshalb auch nichts zur autobiografischen Selbstvergewisserung der Zuschauer beitragen können."[54]

Diese Gedanken, die sich an das Generationen- und Gedächtniskonzept von Jan und Aleida Assmann anlehnen, mögen nicht in jedem Einzelfall vollends aufgehen, bieten aber eine sinnvolle heuristische Hilfe, um audiovisuelle Medien der Public History auf der Ebene der historischen Inhalte in ein funktionales Verhältnis zur gesellschaftlichen Erwartung an die dargebotenen Stoffe zu setzen. Folgt man einer solchen Unterteilung, so scheint momentan etwa der Erste Weltkrieg endgültig von einem Erinnerungsstoff zu einem Historienstoff zu werden. Die Geschichte der Weimarer Republik bewegt sich momentan genau auf der Grenze zwischen einem Erinnerungs- und einem Historienstoff, wobei ja ohnehin insgesamt das Thema der ersten deutschen Demokratie offenbar als nicht interessant genug erscheint, um

---

54 Fischer/Schuhbauer, Geschichte in Film und Fernsehen, S. 36.

zum Gegenstand von publikumswirksamen Verfilmungen zu werden. Ob dann in ca. 20 Jahren die Geschichte des Nationalsozialismus und der Shoah tatsächlich von einem Erinnerungs- zu einem Historienstoff wird, bleibt freilich noch abzuwarten.

Auf der Ebene von Erzählmodus und Authentifizierungsstrategien bietet die Systematisierung von Fischer und Schuhbauer die Möglichkeit, einen Blick auf die filmischen Mittel zu richten, mit denen audiovisuelle Medien „echte Geschichte" herstellen. So sind es Text, Bild, Film, Ton, Zeitzeug*innen, Expert*innen, historisch-szenische Rekonstruktionen und Voice-over-Erzähltechniken, die in ihrer jeweiligen Kombination Authentifizierungsstrategien entwerfen. Dabei muss berücksichtigt werden, dass die Grenzen zwischen Spielfilm und Dokumentation bzw. zwischen szenischen und dokumentarischen Filmen ohnehin nicht scharf zu ziehen sind – folgt man etwa Bodo von Borries, so verschwimmen sie sogar zunehmend.[55]

Zu einem Forum, über das audiovisuelle Geschichtsmedien in erster Linie in die Öffentlichkeit gelangen, ist das Fernsehen geworden, das sich – so betont es zum Beispiel Saskia Handro – „vom Kultur- zum Unterhaltungsmedium"[56] entwickelt hat. Auch im öffentlich-rechtlichen Fernsehen – so konstatiert Handro – steige der kommerzielle Druck und kulturelle und kulturpolitische Maßstäbe würden zunehmend abgebaut, während im Privatfernsehen das „Publikum […] nicht Öffentlichkeit im gesellschaftlichen, sondern Markt im ökonomischen Sinne"[57] sei. Ob die hier attestierte Transformation des Fernsehens vom Kultur- zum Unterhaltungsmedium jedoch in erster Linie auf den Kommerzialisierungsdruck des Privatfernsehens zurückgeht, oder an davon unabhängigen generellen Veränderungsprozessen der Sehgewohnheiten des Publikums liegt, müsste zumindest im Hinblick auf das Phänomen Geschichte noch einmal genauer betrachtet werden. Judith Keilbach zumindest weist darauf hin, dass „die ‚Aufarbeitung' von historischen Ereignissen vorerst noch in den Händen von ARD, ZDF und den Dritten Programmen"[58] liegt – konkrete Konkurrenz durch das Privatfernsehen scheint also gar nicht vorzuliegen.

Audiovisuelle Medien erscheinen jedoch als Produzenten von Geschichtsevents, die zunehmend etwas „Außergewöhnliches" verkaufen, etwas, das „die bisherigen alltäglichen Erfahrungs-, Erlebnis- und Wissensgrenzen übersteigt. So wird das Geschichtsevent im Fernsehen mal als Tabubruch, mal als Vorstellung noch nie gesehener Bilder oder noch nicht erzählter Geschichte beworben."[59] Damit einher geht die Tendenz, dass sich fiktionale Geschichten mit eingeflochtenen Authentizi-

---

55 Vgl. z. B. von Borries, Bodo: Historischer „Spielfilm" und „Dokumentation" – Bemerkung zu Beispielen, in: Kühberger/Lübke/Terberger, Wahre Geschichte – Geschichte als Ware, 2007, S. 187–212, hier S. 208.
56 Handro, Saskia: Mutationen. Geschichte im kommerziellen Fernsehen, in: Oswalt/Pandel, Geschichtskultur, 2009, S. 75–97, hier S. 76.
57 Ebd.
58 Keilbach, Judith: Fernsehbilder der Geschichte. Anmerkungen zur Darstellung des Nationalsozialismus in den Geschichtsdokumentationen des ZDF, in: 1999. Zeitschrift für Sozialgeschichte des 20. und 21. Jahrhunderts, 17 (2002), 2, S. 102–113, hier S. 102.
59 Handro, Mutationen, S. 80.

tätsbeweisen vermengt haben, sodass zunehmend filmisch-dokumentarische Mischformen entstünden.[60] Besonders scheint das auf die Geschichtsdarstellungen im Fernsehen zuzutreffen, mit denen sich unter anderem Edgar Lersch und Reinhold Viehoff beschäftigt haben.[61] Sie betonen, dass sich Kritik an der Repräsentation von Geschichte im Fernsehen fast immer an der Arbeit der Redaktion Zeitgeschichte des ZDF unter Leitung von Guido Knopp entzünde, obwohl diese als „Histotainment" oder „Dokutainment" bezeichneten Medienformate bereits zahlreiche Vorläufer hatten, in denen ebenso „häufig und vielfältig versucht worden ist, vor allem dokumentarische Geschichtssendungen dramaturgisch und rezeptions-orientiert aufzulockern."[62] Zu den Geschichtsformaten von Guido Knopp liegen entsprechend bereits zahlreiche Veröffentlichungen vor.[63] Nach Lersch und Viehoff lassen sich vier Basiselemente dieser Fernsehdokumentation ausmachen: der Sinn vermittelnde Kommentar, die Zeitzeug*innen-Aussagen, die Bilderpräsentation und die szenische Rekonstruktion.[64]

Der Sinn vermittelnde Kommentar (bei Fischer/Schuhbauer als *Voice Over* benannt) stellt laut Fischer das wichtigste Element dar, „rundet gerade gelaufene Sequenzen ab oder schafft Kontexte für das Bildverständnis", auch „achtet er auf die chronologische und inhaltliche Richtigkeit der Ereignisse und hält sich damit an das methodische Gattungspostulat, dass alles, was erzählt wird, verbürgt – das heißt auf Augenzeugen, Gewährsleuten oder anderen glaubwürdigen Quellen beruhen muss."[65] Er ist der eigentliche Erzähler.

---

60 Ebd., S. 82.
61 Vgl. Lersch, Edgar/Viehoff, Reinhold: Geschichte im Fernsehen. Eine Untersuchung zur Entwicklung des Genres und der Gattungsästhetik geschichtlicher Darstellungen im Fernsehen 1995 bis 2003, Düsseldorf 2007.
62 Ebd., S. 21.
63 Einer der ersten, die das Medienformat des Dokutainments der ZDF-Redaktion Zeitgeschichte unter Guido Knopp aus geschichtsdidaktischer Perspektive analysiert hat, war Oliver Näpel: Historisches Lernen durch ‚Dokutainment'? – Ein geschichtsdidaktischer Aufriss. Chancen und Grenzen einer neuen Ästhetik populärer Geschichtsdokumentation, analysiert am Beispiel der Sendereihen Guido Knopps, in: Zeitschrift für Geschichtsdidaktik 2 (2003), S. 213–244; Vgl. auch Linne, Karsten: Hitler als Quotenbringer – Guido Knopps mediale Erfolge, in: 1999. Zeitschrift für Sozialgeschichte des 20. und 21. Jahrhunderts, 17 (2002), 2, S. 90–101; insb. zur Darstellung des Holocaust in den Dokumentationen aus dem Umfeld von Guido Knopp: Loewy, Hanno: Bei Vollmond: Holocaust. Genretheoretische Bemerkungen zu einer Dokumentation des ZDF, in: 1999. Zeitschrift für Sozialgeschichte des 20. und 21. Jahrhunderts, 17 (2002), 2, S. 114–127 sowie Frahm, Ole: Von Holocaust zu Holokaust. Guido Knopps Aneignung der Vernichtung der europäischen Juden, in: 1999. Zeitschrift für Sozialgeschichte des 20. und 21. Jahrhunderts, 17 (2002), 2, S. 128–138; Zur Rolle von Zeitzeug*innen in diesen Dokumentationen insb. Blanke, Horst Walter: Stichwortgeber. Die Rolle der „Zeitzeugen" in G. Knopps Fernsehdokumentationen, in: Oswalt/Pandel, Geschichtskultur, 2009, S. 63–74; Vgl. auch Bösch, Frank: Film, NS-Vergangenheit und Geschichtswissenschaft: Von „Holocaust" zu „Der Untergang", in: Vierteljahrshefte für Zeitgeschichte, 55 (2007), S. 1–33.
64 Lersch/Viehoff: Geschichte im Fernsehen, S. 26.
65 Fischer, Thomas: Ereignis und Erleben. Entstehung und Merkmale des zeitgenössischen dokumentarischen Geschichtsfernsehens, in: Korte/Paletschek (Hg.): History goes pop, S. 191–202, hier S. 198.

Bei den Zeitzeug*innen gehe es darum, dass „auftretende Erinnerungslücken, Hinzufabuliertes, Ungefähres, Unentschiedenes – also all das, was vor Gericht meist unberücksichtigt bliebe und was auch Neurophysiologen am Nutzen von Zeitzeug*innen-Aussagen für die Geschichtswissenschaft zweifeln lässt – [...] im zeitgeschichtlichen Film unverzichtbar zu Herstellung einer authentischen Atmosphäre"[66] sei. Damit nehmen Zeitzeug*innen im Mediengenre des Dokutainments eine andere Rolle ein als etwa in der wissenschaftlichen Oral History: Judith Keilbach betont, dass es in Fernsehsendungen im Unterschied zur Oral History nicht um die gewissenhafte und an den Regeln der fachhistorischen Forschung orientierte Produktion von historischen Quellen gehe, sondern lediglich darum, die Gesamtnarration des Beitrages zu verifizieren, indem die Zeitzeug*innen etwa eher allgemein gehaltene Aussagen des Voice-over-Kommentars rückwirkend bestätigen oder im Vorhinein Stichworte für die spätere Argumentation des oder der Sprechenden liefern.[67] Zu Kompliz*innen der Zeitzeug*innen werden in historischen Dokutainment-Formaten mittlerweile auch zunehmend Fachhistoriker*innen,[68] freilich nicht, um das kontroverse Wissen ihres jeweiligen Spezialgebietes möglichst facettenreich in den Diskurszusammenhang der Dokumentation einzuweben, sondern meistens nur ebenso, um die filmische Narration zu bestätigen.

Die Bildpräsentation, also die Verwendung von historischem Bildmaterial, zeichnet sich durch die Verwendung von historischen Fotografien oder Filmaufnahmen aus. Dass dokumentarische Genres thematisch den Zeitraum der letzten 80 bis 100 Jahre bedienen, liegt deshalb nur zum Teil an der Trennung von Erinnerungs- und Historiengenres und damit am Übergang der Themen vom kommunikativen zum kulturellen Gedächtnis des Publikums, sondern auch daran, dass solches Material, insbesondere Filmaufnahmen, ja ohnehin erst in nennenswertem Umfang seit Beginn des 20. Jahrhunderts vorliegen und massenhaft in Deutschland erst seit den 1920er Jahren hergestellt wurden.[69] Dieselbe Aufnahme – darauf weist insbesondere Judith Keilbach hin, lässt sich dabei in ganz unterschiedlichen inhaltlichen Zusammenhängen verwenden.[70] Die Verwendung von historischen Fotografien dient dabei zwei Zwecken: sie illustriert und visualisiert die Vergangenheit (und muss dabei zugleich anknüpfungsfähig an die historische Imagination des Publikums sein). Gleichzeitig suggeriert die Bildpräsentation, einen unmittelbaren Einblick in die Vergangenheit zu bieten, dient also als visuell besonders wirkungsmächtiger Authentifizierungsmarker.

Das vierte Element, die szenische Rekonstruktion, wurde bereits ausführlicher im Kapitel 3.5. *Living History* systematisch dargestellt. Gerade szenischen Rekonst-

---

66 Ebd., S. 197.
67 Vgl. Keilbach, Judith: Geschichte im Fernsehen, in: Horn/Sauer, Geschichte und Öffentlichkeit, S. 151–168, hier S. 157.
68 Brauburger, Stefan: Fiktionalität oder Fakten: welche Zukunft hat die zeitgeschichtliche Dokumentation, in: Korte/Paletschek, History goes pop, 2009, S. 203–213, hier S. 209.
69 Vgl. Keilbach, Geschichte im Fernsehen, S. 154.
70 Vgl. ebd.

ruktionen kann nach Maßgabe einer kritischen Bewertung von Authentifizierungsstrategien vorgeworfen werden, dass sie „als Grenzbruch bezeichnet – als Übergang zum Fiktionalen"[71] angesehen werden können. Szenische Rekonstruktionen sind in der Lage, in der filmischen Narration einer Geschichtsdokumentation Quellen-Leerstellen zu schließen. Sie können zudem das Bedürfnis des Publikums nach einer personalisierten Geschichtsdarstellung befriedigen, indem sie etwa historische Akteur*innen durch Schauspieler*innen darstellen.

Literatur

Fischer, Thomas/Schuhbauer, Thomas: Geschichte in Film und Fernsehen. Theorie – Praxis – Berufsfelder, Tübingen 2016.
Fischer, Thomas/Wirth, Rainer (Hg.): Alles authentisch? Popularisierung der Geschichte im Fernsehen, Konstanz 2008.
Keilbach, Judith: Geschichtsbilder und Zeitzeugen. Zur Darstellung des Nationalsozialismus im bundesdeutschen Fernsehen, Münster 2008.
Lersch, Edgar; Viehoff, Reinhold: Geschichte im Fernsehen. Eine Untersuchung zur Entwicklung des Genres und der Gattungsästhetik geschichtlicher Darstellungen im Fernsehen 1995 bis 2003, Düsseldorf 2007.

4.4 Digitale Medien

Nur im Überblick sollen hier nun schließlich digitale Medien der Public History vorgestellt werden. Auch zu diesem umfangreichen und – im Vergleich zu den anderen Medien – relativ neuen Feld liegen systematisierende Veröffentlichungen vor. Zum Themenkomplex der Digital History als Teildisziplin der Geschichtswissenschaft ist insbesondere die Einführung von Daniel J. Cohen und Roy Rosenzweig lesenswert,[72] mit dem Konsum von Geschichte in digitalen Medienumgebungen hat sich schon 2009 Jerome DeGroot beschäftigt,[73] und geschichtsdidaktische Aspekte digitaler Medien haben zuletzt Marko Demantowsky und Christoph Pallaske zusammengestellt.[74] Perspektiven digitaler Medien explizit für die Public History hat außerdem Fien Danniau[75] zusammengetragen.

---

71 Brauburger, Fiktionalität oder Fakten: Welche Zukunft hat die zeitgeschichtliche Dokumentation?, S. 204.
72 Cohen, Daniel/Rosenzweig, Roy: Digital History. A Guide to Gathering, Preserving, and Presenting the Past on the Web, URL: http://chnm.gmu.edu/digitalhistory/ (Aufruf 13.11.2017).
73 Vgl. DeGroot, Jerome: Consuming History. Historians and heritage in contemporary popular culture, Oxon 2009.
74 Vgl. Demantowsky, Marko/Pallaske, Christoph (Hg.): Geschichte lernen im digitalen Wandel, Berlin/München/Boston 2015.
75 Vgl. Danniau, Fien: Public History in a Digital Context. Back to the Future or Back ... to Basics?, in: BMGN – Low Countries Historical Review, 128 (2013), 4, S. 118–144.

Hervorzuheben sind hier außerdem die aktuellen Veröffentlichungen von Uwe Danker und Astrid Schwabe *Geschichte im Internet*[76] sowie das *Praxishandbuch Historisches Lernen und Medienbildung im digitalen Zeitalter*[77] von Daniel Bernsen und Ulf Kerber. Danker und Schwabe bieten einen Überblick über historische Lernpotentiale im Internet, bestimmen geschichtsdidaktische Gütekriterien für eine Analyse von Internetangeboten und vernetzen die Aneignung von Geschichte im Internet mit der geschichtsdidaktischen Kompetenzdebatte. Noch umfassender geben Bernsen und Kerber einen Einblick in die Grundlagen digitaler Medien, analysieren den viel beschworenen Digitalen Wandel in Geschichtswissenschaft, Geschichtskultur und Geschichtslernen und widmen den unterschiedlichen digitalen Medienformaten und Aneignungsformen (z. B. Digital Storytelling, Computerspiele, Geschichtsvideos, 3D-Modelle) besondere Aufmerksamkeit.

Digitalität verändert die Interaktion mit Medien grundlegend. Möglichkeiten von Hypertextualität etwa schaffen eine Komplexität von Verlinkungen, die in gedruckten Medien nicht reproduzierbar sind. Nutzer*innen digitaler Medien sind nicht mehr bloß Rezipient*innen (wie zum Beispiel bei der Rezeption audiovisueller Medien), sondern können mit dem Medium interagieren und an der Produktion von Wissenssystemen partizipieren.[78] Die Online-Enzyklopädie *Wikipedia* ist dafür das prominenteste Beispiel.

Beispielhaft für digitale Medien in der Public History soll betrachtet werden, welche Aneignungsprozesse von Geschichte durch Computerspiele angebahnt werden können.[79] Angela Schwarz arbeitet heraus, dass bei Computerspielen mit historischem Bezug zwischen den Genres Strategie, Adventure/Rollenspiele, Shooter, Jump&Run/Denk- und Geschicklichkeitsspiele, Fahrzeugsimulationen, Aufbausimulationen und Wirtschaftssimulationen unterschieden werden kann, wobei 45 Prozent der Spiele mit historischem Bezug Strategiespiele seien. Der Großteil der Spiele konzentriert sich auf das 20. Jahrhundert, und häufig besteht ein Zusammenhang zwischen Genre und Inhalt (z. B. Strategiespiel und Krieg). Spiele haben einen intermedialen Charakter, um eine Illusion in das Eintauchen vergangener Zeiten zu schaffen. Dabei werden oft auch Zeitungsausschnitte, Fotografien, Audiodokumente und Filmsequenzen eingebunden. Geschichte kann dabei in Computerspielen unterschiedliche Funktionen haben: Die für das Spiel wohl bedeutendste Funktion besteht

---

76 Vgl. Danker, Uwe, Schwabe, Astrid: Geschichte im Internet, Stuttgart 2017.
77 Vgl. Bernsen, Daniel/Kerber, Ulf (Hg.): Praxishandbuch Historisches Lernen und Medienbildung im digitalen Zeitalter, Opladen 2017.
78 Vgl. DeGroot, Consuming History.
79 Dabei wird in diesem Buch im Schwerpunkt auf Ausführungen der Siegener Historikerin Angela Schwarz Bezug genommen. Mit der Darstellung des Mittelalters im Computerspiel hat sich unter anderem Carl Heinze beschäftigt: Heinze, Carl: Mittelalter Computer Spiele. Zur Darstellung und Modellierung von Geschichte im populären Computerspiel, Bielefeld 2012. Eine Systematisierung von Computerspielen im Hinblick auf die Partizipationsmöglichkeiten der Spieler*innen bietet auch De Groot: Consuming History. Zur Thematisierung von Krieg im 20. Jahrhundert im Computerspiel hat Steffen Bender eine Monografie vorgelegt: Bender, Steffen: Virtuelles Erinnern. Kriege des 20. Jahrhunderts in Computerspielen, Bielefeld 2012.

darin, dem Spielgeschehen eine Rahmung zu geben, die sich mit historischen Details ausschmücken lässt. Auch kann Geschichte als eine Vergangenheit zum Nacherleben angeboten werden. Historische Computerspiele eröffnen durch ihre mediale Gestaltung und den thematischen Zugriff quasi einen Zugang zur Vergangenheit. Schließlich kann es – immerhin handelt es sich um Spiele – durch die Spielhandlung darum gehen, Geschichte in die eigene Hand zu nehmen: Spieler*innen erfahren sich nicht nur als Beteiligte von Geschichte, sondern nicht selten als die Personen, die in historischen Situationen über Handlungsfähigkeit verfügen und als imaginierte historische Akteur*innen Entscheidungen treffen können.[80]

Aus geschichtswissenschaftlicher Sicht benennt Angela Schwarz dabei unterschiedliche Kriterien, mit denen Computerspiele bewertet und analysiert werden können – und die auch für Public Historians anregend sein können, um Computerspiele systematisch zu analysieren. So kann ein Spiel im Hinblick auf seine **Linearität** bzw. seinen **Determinismus** im Vergleich zu einer potentiellen **Offenheit** des Spielgeschehens hin untersucht werden. So bedenklich – darauf weist Angela Schwarz hin – aus wissenschaftlicher Perspektive etwa die Aufforderung ist, Geschichte nachträglich umzuschreiben, so verweist eine potentielle Offenheit der Handlungsstrukturen eines Computerspieles doch erst einmal auf eine prinzipielle Offenheit von Geschichte. Zu analysieren wäre zudem die machtvolle Position des Subjektes, also der im Spiel handelnden Protagonist*innen. Dass Spieler*innen in einem Computerspiel grundlegend etwas verändern können und auch die Macht dazu haben, kann aus geschichtswissenschaftlicher Sicht mit tatsächlichen Handlungsmöglichkeiten historischer Subjekte verglichen werden. Ein Blick auf den Grad der Genauigkeit und Differenziertheit der historischen Darstellungen lässt zudem den Blick darauf richten, wie und zu welchem Grad die Staffage und Kulisse eines Computerspieles die historische Imagination der Spieler*innen anregen kann – und auch darauf, welche Geschichtsbilder die Produzent*innen in den Spielen bedienen und auf diese Weise reproduzieren.[81]

Authentizität stellen Computerspiele dabei auf unterschiedliche Weise her. Steffen Bender hat dabei Merkmale von Authentifizierungsstrategien in Computerspielen beschrieben:
– Das audiovisuelle Nachmodellieren dinglicher historischer Vorbilder stellt in den Computerspielen ein starkes Authentizitätssignal dar, in das teilweise große Detailverliebtheit von Entwicklern eingebracht wird.
– Neben dem visuellen Nachmodellieren wird auch die Tonspur der Spiele mit den rekonstruierten Geräuschen der Vergangenheit angereichert.
– Großproduktionen greifen auf militärische und historischer Berater*innen zurück
– In Werbekampagnen wird auch auf Zeitzeugen gesetzt.

---

80 Vgl. Schwarz, Angela: „Wollen Sie wirklich nicht weiter versuchen, diese Welt zu dominieren?" Geschichte in Computerspielen, in: Korte/Paletschek (Hg.): History goes pop, 2009, S. 313–340.
81 Angela Schwarz: Computerspiele – ein Thema für die Geschichtswissenschaft?, in: Dies., „Wollten Sie auch immer schon einmal pestverseuchte Kühe auf Ihre Gegner werfen?", 2010, S. 7–33.

- Neben den fiktiven Figuren mit einer teilweise detaillierten Charakterzeichnung sind in Spielen häufig realgeschichtlich existente Persönlichkeiten präsent, die als prominente historische Protagonisten des jeweils dargestellten Krieges die Glaubwürdigkeit der Darstellung des historischen Kontextes erhöhen soll.
- Computerspiele stoßen gerne gezielt in Lücken und auf ungesichertes Terrain historischen Wissens vor, um die dortige Leerstelle mit ihren Narrationen zu füllen und so plausibel erscheinende Geschichtsdeutungen anzubieten.
- Die Empfindung einer Unmittelbarkeit des gezeigten Geschehens in Spielen ist nicht an historische Fakten gebunden, sondern daran, wie plausibel Computerspiele ihre eigenen Visionen geschichtlicher Wirklichkeit vermitteln und glaubhaft machen können, dass die von ihnen präsentierten „Authentizitätsfiktionen" keine sind.[82]

Literatur

Bernsen, Daniel/Kerber, Ulf (Hg.): Praxishandbuch Historisches Lernen und Medienbildung im digitalen Zeitalter, Opladen 2017.

Cohen, Daniel/Rosenzweig, Roy: Digital History. A Guide to Gathering, Preserving, and Presenting the Past on the Web, URL: http://chnm.gmu.edu/digitalhistory

Danker, Uwe, Schwabe, Astrid: Geschichte im Internet, Stuttgart 2017.

DeGroot, Jerome: Consuming History. Historians and heritage in contemporary popular culture, Oxon 2009.

Demantowsky, Marko/Pallaske, Christoph (Hg.): Geschichte lernen im digitalen Wandel, Berlin/München/Boston 2015.

Schwarz, Angela (Hg.): „Wollten Sie auch immer schon einmal pestverseuchte Kühe auf Ihre Gegner werfen?" Eine fachwissenschaftliche Annäherung an Geschichte im Computerspiel, Münster 2010.

---

82 Bender, Virtuelles Erinnern, S. 47 ff.

5. Museen und Gedenkstätten

Museen und Gedenkstätten sind zentrale Institutionen der Public History, weshalb ihnen in diesem Buch ein eigenes Kapitel gewidmet wird. Dabei lassen sich Überschneidungen mit anderen Kapiteln nicht vermeiden, denn in Museen und Gedenkstätten wird schon lange nicht mehr allein mit Hilfe von historischen Objekten im Raum Geschichte erzählt. Auch wenn der Ort und die Objekte weiter im Mittelpunkt des Interesses stehen, arbeiten diese Einrichtungen sowohl in den Ausstellungen als auch in der Vermittlungsarbeit mit Zeitzeug*innen und setzen zudem Audios und Videos wie auch computeranimierte Darstellungen ein. Neben der Aufbewahrung von materiellen Überresten der Geschichte und dem Ausstellen derselben leisten sie historisch-politische Bildungsarbeit, publizieren Kataloge und betreiben Websites. Die Arbeit der Museen ist somit sehr vielseitig und reicht in andere Bereiche der Public History hinein.

Im Folgenden werden zunächst zentrale Begriffe geklärt und die historische Entwicklung von Museen und Gedenkstätten nachgezeichnet. Im zweiten Schritt werden ausgewählte Theorien zur Analyse von Museen und Gedenkstätten bzw. ihrer Ausstellungen vorgestellt. Abschließend folgt ein Überblick über die praktischen Arbeitsfelder in diesem Bereich.

5.1 Begriffliche und entwicklungsgeschichtliche Annäherungen an Museen und Gedenkstätten

Das *International Council of Museums* (ICOM), das 1946 als internationale Interessenvertretung der Museen gegründet wurde, hat eine Definition für Museen formuliert, die weltweit weitgehend anerkannt ist:

„Ein Museum ist eine gemeinnützige, auf Dauer angelegte, der Öffentlichkeit zugängliche Einrichtung im Dienste der Gesellschaft und ihrer Entwicklung, die zum Zwecke des Studiums, der Bildung und des Erlebens materielle und immaterielle Zeugnisse von Menschen und ihrer Umwelt beschafft, bewahrt, erforscht, bekannt macht und ausstellt."[1]

---

1 International Council of Museums, URL: http://www.icom-deutschland.de/schwerpunkte-museumsdefinition.php (Aufruf 13.11.2017).

Nicht alle Einrichtungen, die sich Museen nennen, kommen diesen Aufgaben gleichermaßen nach, und nicht alle Museen sind gemeinnützig. Vielmehr gibt es zunehmend auch private Museen, deren Ziel in der Erwirtschaftung von finanziellen Gewinnen liegt. Die meisten sind jedoch öffentlich zugänglich und setzen sich mit materiellen Zeugnissen auseinander, die im Fall von Geschichtsmuseen vor allem historische Objekte sind. Ziel der Museen ist es, diese zu sammeln, zu bewahren, zu erforschen und zu präsentieren. Damit sind auch bereits die Kernbereiche der Museen angesprochen: die Sammlungen und die Ausstellungen.

Gedenkstätten knüpfen in ihrer Funktion zunächst an Denkmale an. Wie bei einem Denkmal ist es ihre Aufgabe, im öffentlichen Raum an die Vergangenheit zu erinnern. Darüber hinaus informieren sie jedoch in Form von Ausstellungen über den Kontext des historischen Ortes. Sie erinnern dabei speziell an die besondere Geschichte des Ortes, an dem sie sich befinden, und der Menschen, die dort gelebt und gelitten haben oder gar gestorben sind. Der enge Bezug zum historischen Ort und die Aufgabe des Gedenkens heben Gedenkstätten von Museen ab. Trotzdem können sie auch als **Zeithistorische Museen** bezeichnet werden, denn sie setzen sich mit Zeitgeschichte auseinander und widmen sich, wie die Museen, der Aufgabe, materielle Zeugnisse (zu denen auch der historische Ort selbst gehört) zu bewahren, zu erforschen und auszustellen. Auch die Funktion als historisch-politische Bildungsstätte verbindet sie mit den Museen.[2]

Der Begriff „Gedenkstätte" findet sich bereits im 19. Jahrhundert und wurde zunächst im religiösen Zusammenhang etwa für Wallfahrtsorte benutzt. Wenig später wurden aber auch weltliche Orte herausragenden Persönlichkeiten wie Goethe und Schiller gewidmet und zu Gedenkstätten erklärt.[3] Seit 1945 bezeichnet der Begriff in West- wie in Ostdeutschland vor allem Orte, an denen der Opfer des Nationalsozialismus gedacht wird. Seit 1990 kamen Gedenkstätten hinzu, die an die Verbrechen des SED-Regimes erinnern. Andere historische Orte, an denen das Leben bestimmter Persönlichkeiten präsentiert wird, werden dagegen inzwischen als Gedenkstiftungen bezeichnet, so die Politikergedenkstiftungen des Bundes für Otto von Bismarck, Friedrich Ebert, Theodor Heuss, Konrad Adenauer und Willy Brandt.

Seit den späten 1970er Jahren wurden in der Bundesrepublik außerdem sogenannte **Dokumentationszentren** gegründet. Sie können sich an historischen Orten befinden, aber auch davon unabhängig bestehen. Die Bezeichnung verweist darauf, dass hier der Fokus auf der sachlichen Dokumentation liegt und weniger auf dem Gedenken. Im Gegensatz zu den Gedenkstätten, die an das Leiden von Opfern erinnern, sind sie häufig der Tätergeschichte gewidmet. In jüngster Zeit findet sich zudem vereinzelt auch die Bezeichnung „**Erinnerungsstätte**" für Einrichtungen, die

---

2 Zu Ähnlichkeiten und Unterschieden zwischen Museen und Gedenkstätten siehe: Kößler, Gottfried: Aura und Ordnung. Zum Verhältnis von Gedenkstätten und Museen, in: Gryglewski u. a., Gedenkstättenpädagogik, 2015, S. 67–81; Knigge, Volkhard: Gedenkstätten und Museen, in: Ders./Frei, Verbrechen erinnern. Die Auseinandersetzung mit Holocaust und Völkermord, 2002, S. 378–389.
3 Vgl. Bohnenkamp, Anne u. a. (Hg.): Häuser der Erinnerung. Zur Geschichte der Personengedenkstätte in Deutschland, Leipzig 2015.

an historischen Orten gegründet werden. Der Unterschied zwischen Dokumentations- und Erinnerungsstätten auf der einen und Gedenkstätten auf der anderen Seite kann darin gesehen werden, dass es in Gedenkstätten fast immer auch einen konkreten Platz gibt, an dem der Opfer von Verbrechen „gedacht" werden kann, was anderswo meist nicht dezidiert vorgesehen ist.

Die hier angedeuteten begrifflichen Unklarheiten werden noch einmal deutlicher beim Blick auf den englischsprachigen Raum. Während Bezeichnungen wie „Museum" und „Dokumentationszentrum" sich auf den ersten Blick leicht übersetzen lassen, trifft dies auf „Gedenkstätte" oder „Erinnerungsstätte" nicht zu. Meist wird die Gedenkstätte als *„memorial"* bezeichnet, was aber auch ein einfaches Denkmal sein kann. *„Memorial"* kann im Englischen auch als Begriff für Gedenkorte verstanden werden, die sowohl physische *„monuments"* umfassen als auch immaterielle Erinnerungsanstöße im Sinne der „Erinnerungsorte" bzw. „lieux mémoires"[4]. Eine griffige Bezeichnung für Gedenkstätten, die am historischen Ort der Geschichte erinnern, ist der der *memorial sites*. Das *„Memorial Museum"* charakterisiert Paul Williams dagegen als eine besondere Form des Museums, die vor allem an ein bestimmtes, mit großem Leid verbundenes historisches Ereignis erinnert.[5] Er sieht den Unterschied zwischen Museen und Gedenkstätten vor allem darin, dass Museen sich kritisch-rational mit der Geschichte auseinandersetzen, während dies in Gedenkstätten mit Blick auf die Opfer nicht in gleichem Maße möglich sei. Ein wichtiger Unterschied kann aber auch darin gesehen werden, dass die **„Memory Museums"**, wie sie auch bezeichnet werden, im Gegensatz zu den Gedenkstätten nicht am historischen Ort stehen. Ein typisches Beispiel ist das *United States Holocaust Memorial Museum* (USHMM) in Washington.[6]

Das *International Committee of Memorial Museums in Remembrance of the Victims of Public Crimes (IC MEMO)* hat folgende Charakterisierung der *Memorial Museums* festgehalten, die auch die deutschen Gedenkstätten zutreffend beschreibt:

„The purpose of these Memorial Museums is to commemorate victims of state, socially determined and ideologically motivated crimes. The institutions are frequently located at the original historical sites, or at places chosen by survivors of such crimes for the purposes of commemoration. They seek to convey information about historical events in a way which retains a historical perspective while also making strong links to the present."[7]

---

4 Vgl. beispielsweise François, Etienne/Schulze, Hagen (Hg.): Deutsche Erinnerungsorte. 3 Bände, München 2001.
5 Williams, Paul: Memorial Museums. The global rush to commemorate atrocities, Oxford 2007, S. 8.
6 Siehe dazu auch: Pieper, Kathrin: Die Musealisierung des Holocaust. Das Jüdische Museum Berlin und das US Holocaust Memorial Museum in Washington D.C. Ein Vergleich, Köln 2006.
7 Vgl. Website des International Committee of Memorial Museums in Remembrance of the Victims of Public Crimes, URL: http://icom.museum/the-committees/international-committees/international-committee/international-committee-of-memorial-museums-in-remembrance-of-the-victims-of-public-crimes/ (Aufruf 13.11.2017).

Die verschiedenen Definitionen zeigen eine Gemeinsamkeit auf: In all diesen Institutionen wird mit **Ausstellungen** Geschichte so erzählt, dass sie „sinnlich-ästhetisch"[8] wahrgenommen werden kann. Eine Ausstellung ist ein Medium, das im Raum Objekte zusammen mit Informationen präsentiert und dadurch bestimmte Sinnzusammenhänge herstellt. Dabei kann zwischen Dauer-, Wechsel- und Wanderausstellungen sowie mittlerweile auch virtuellen Ausstellungen unterschieden werden. Meist sind Wechselausstellungen, die nur für wenige Monate zu besuchen sind, inszenierter und thesenstärker als Dauerausstellungen, die für ca. 10 bis 15 Jahre konzipiert werden. Ein weiterer Unterschied besteht zudem darin, dass Dauerausstellungen überwiegend mit Objekten aus der eigenen Sammlung arbeiten, da nur diese über einen längeren Zeitraum zur Verfügung stehen. Wechselausstellungen hingegen können auch Leihgaben zeigen und sind nicht allein auf die eigene Sammlung angewiesen, wodurch sich auch die Themenauswahl erweitert.[9] Ausstellungen können, müssen aber nicht an Museen oder Gedenkstätten gebunden sein. Sie können auch von unabhängigen Ausstellungsmachern konzipiert und an ganz verschiedenen Orten gezeigt werden. Manchmal sind gerade solche Präsentationen die „Keimzelle späterer Museumsgründungen".[10]

5.1.1 Entstehung und Entwicklung von Museen

Die Historikerin und Museumsfachfrau Anke te Heesen datiert in ihrer Einführung in die „Theorien des Museums"[11] dessen Anfänge auf das 16. Jahrhundert, als allmählich Überlegungen zur Präsentation der bereits wesentlich früher entstandenen Sammlungen entwickelt wurden. Diese frühen Sammlungen wurden auch als **„Kunstkammern"** bezeichnet. Darin waren sowohl Kunstwerke als auch natürliche Objekte versammelt, die als Besonderheiten galten. Daher bürgerten sich für sie später auch die Begriffe „Wunderkammer" oder „Kuriositätenkabinett" ein.

Während in diesen Einrichtungen noch alles zusammengestellt wurde, was den jeweiligen Sammler*innen interessant erschien, differenzierten sich die Sammlungen im weiteren Verlauf aus. Es entstanden Gemäldekammern, Naturalienkabinette oder Antikensammlungen. In der zweiten Hälfte des 18. und vor allem im 19. Jahrhundert wurden in Europa neue große Museen als eigenständige Institutionen gegründet, darunter das British Museum in London, der spätere Louvre in Paris oder das Museum auf der späteren Museumsinsel in Berlin (heute Altes Museum). Erste spezielle Museumsbauten wurden entwickelt und darin Ausstellungen eröffnet, die zu festen Öffnungszeiten besichtigt werden konnten. Weitere Museen für Kunst-,

---

8 Korff, Bildwelt Ausstellung, S. 332.
9 Vgl. Wegner, Nora: Publikumsmagnet Sonderausstellung – Stiefkind Dauerausstellung?, Bielefeld 2015
10 Baur, Joachim: Ausstellen. Trends und Tendenzen im kulturhistorischen Feld, in: Graf/Rodekamp, Museen zwischen Qualität und Relevanz, 2012, S. 131–144, hier S. 132, siehe auch S. 136.
11 Der folgende historische Abriss beruht vor allem auf te Heesens Einführung: te Heesen, Anke: Theorien des Museums zur Einführung, Hamburg 2012.

Technik-, aber auch bereits Kulturgeschichte folgten. In Deutschland steht für diese neue Art der Museen das Germanische Nationalmuseum in Nürnberg, dessen Namensgebung bereits auf die Herausbildung des Nationalstaates im 19. Jahrhundert verweist. Neben den Landesmuseen mit regionalgeschichtlichem Bezug und lokalen Heimatmuseen entstanden spezielle Themenmuseen wie Armee-, Post- oder Völkerkundemuseen.

Mit den spezifischen Museumsbauten veränderte sich auch die Art der **Objektpräsentation**: Es gab das „singuläre Meisterwerk", das alleingestellt bewundert werden sollte, die „Reihendarstellung" des Objektes „als Exemplar einer vorzuführenden Klassifikation" sowie das „atmosphärische Bild, in dem die Objekte passend zusammengestellt" wurden. Dabei zielte letztere Präsentationsform vor allem auf das „Objekt als Relikt und Zeugnis einer Geschichte", die einem breiten Publikum vermittelt werden sollte.[12]

Am Ende des 19. Jahrhunderts entstanden zudem die ersten Freilichtmuseen, deren Anfang das 1891 gegründete Skansen in Stockholm markierte. Dort wurden erstmals auf einer größeren Freifläche historische Bauten zusammen mit typischen Pflanzen und Tieren präsentiert, um eine historische Atmosphäre zu schaffen. Parallel entwickelten sich im Zuge der Industrialisierung, unabhängig von Museen, die Arbeiterschutz- und Hygieneausstellungen. Mit ihrer Hilfe sollte gezielt Aufklärungsarbeit geleistet werden. Daher wurden in diesen Ausstellungen neben den Objekten Erläuterungstexte und erklärendes Personal eingesetzt. Der Vermittlungsgedanke, der in diesen Einrichtungen ebenso wie in den neu gegründeten Technikmuseen in den Vordergrund trat, musste sich in den kunst- und kulturhistorischen Museen erst noch durchsetzen.

Den Museumsgründungen Ende des 19. und Anfang des 20. Jahrhunderts folgten Professionalisierungsbemühungen der Museumsfachleute unter anderem in Form der 1905 gestarteten Zeitschrift „Museumskunde" und des 1917 gebildeten „Deutschen Museumsbundes". Die frühen Diskussionen drehten sich bereits um Fragen, die Ausstellungsmacher*innen auch heute noch beschäftigen: Wie können „zeitgemäßere Darstellungen" aussehen, wie können sie an die Gegenwart anknüpfen und „lebendig" bleiben? Eine mögliche Antwort lag bereits damals darin, „das Museum nach den Bedürfnissen des Besuchers zu gestalten".[13] Die Besucher*innen waren zunächst vor allem Bildungsbürger*innen, die bereits mit einem breiten Vorwissen in die Ausstellungen kamen und dort nicht belehrt werden sollten. Daher galt es, Kunstwerke allein mit den wichtigsten Eckdaten aber ohne weitere Erläuterungen auszustellen.

Seit Anfang des 20. Jahrhunderts verbreitete sich mit der Fotografie eine neue Möglichkeit der Präsentation in musealen Ausstellungen. Objekte konnten nun nicht nur im Original ausgestellt, sondern auch analog abgebildet werden. Diese Form der Ersetzung originaler Objekte führte zur Frage nach der Aura des Objek-

---

12 te Heesen, Theorien des Museums, S. 71.
13 Ebd., S. 103.

tes, die von Walter Benjamin in seinem berühmten Aufsatz „Das Kunstwerk im Zeitalter seiner technischen Reproduzierbarkeit" 1935 aufgeworfen und seitdem immer wieder diskutiert wurde. Fotografien konnten aber auch selbst Objekte sein oder als Gestaltungselement fungieren, indem sie zum Beispiel als Hintergrundbilder in Ausstellungen angebracht wurden.

Die NS-Zeit markierte in Deutschland auch in den Ausstellungen einen Bruch mit der bisherigen Entwicklung, sollten die staatlich geförderten Museen doch auch in den Dienst des Regimes gestellt werden.[14] Sie sollten vor allem der Propaganda dienen und dazu beitragen, das „Deutsche" zu bewahren und zu bewundern. Mit dem Krieg waren die Museen einerseits mit Schutzmaßnahmen für die eigenen Objekte beschäftigt. Andererseits wurden verstärkt vor allem Kunstobjekte enteignet und verkauft oder gingen in den privaten Besitz von NS-Größen über.[15] Nach 1945 waren auch die Museen von den Zerstörungen des Krieges gezeichnet. Neben den Verlusten der Objekte, wirkten sich vor allem die zerstörten Sammlungskataloge problematisch auf die Museumsarbeit aus. Die westlichen Besatzungsmächte versuchten die deutschen Museen zunächst vor allem zu entpolitisieren, ohne neue Ausstellungskonzepte zu entwickeln. Auch die Museen in der sowjetischen Besatzungszone wurden zunächst von nationalsozialistischen Ausstellungsinhalten befreit. Relativ schnell wurden sie jedoch erneut politisch in Dienst genommen und sollten als „Volksbildungsstätten" das marxistische Geschichtsbild verbreiten.[16] In den 1950er/60er Jahren gerieten die Museen in der Bundesrepublik, aber auch in anderen Ländern Westeuropas und in den USA in eine Krise, die vor allem in rückläufigen Besuchszahlen deutlich wurde. Sie galten als elitär und allein auf ein bereits gut vorbereitetes und gebildetes Publikum ausgerichtet. Ein Großteil der Bevölkerung schien von den Ausstellungen nicht angesprochen zu werden.

In der Konsequenz wurde in den 1970er Jahren eine neue Konzeption entwickelt, die darauf zielte, die Museen in Begegnungsstätten für alle Bevölkerungsschichten zu verwandeln. Die Museen sollten zur „Demokratisierung von Geschichte" beitragen, gesellschaftliche Entwicklungen thematisieren und für die ganze Bevölkerung zugänglich sein. Neue Museen wie die sogenannten Nachbarschafts-Museen in den USA, die „neuen Heimatmuseen" in Deutschland oder das *Ècomusée* in Frankreich wurden gegründet. Sie fokussierten die Regionalgeschichte und thematisierten das Leben der Menschen vor Ort. Das *Ècomusée* bezog darüber hinaus verstärkt die Beteiligung der Bevölkerung in die eigene Arbeit ein.[17] Allgemein sollten die Hür-

---

14 Vgl. Baensch, Tanja/Kratz-Kessemeier, Kristina/Wimmer, Dorothee (Hg.): Museen im Nationalsozialismus. Akteure – Orte – Politik, Köln 2016.
15 Vgl. Walz, Markus: Museen in der Zeit des Nationalsozialismus, in: Ders., Handbuch Museum, S. 57–61.
16 Scheunemann, Jan: „Gegenwartsbezogenheit und Parteinahme für den Sozialismus". Geschichtspolitik und regionale Museumsarbeit in der SBZ/DDR 1945–1971, Berlin 2009, S. 364f.; Vgl. auch Ders.: Museen in der DDR, in: Walz, Handbuch Museum, S. 61–65.
17 Vgl. Korff, Gottfried: Die „Ecomusées" in Frankreich – eine neue Art, die Alltagsgeschichte einzuholen (1982), in: Ders., Museumsdinge deponieren – exponieren, 2007, S. 75–84.

den eines Museumbesuches auch dadurch verringert werden, dass zum Beispiel Cafés und Shops in den Häusern eingerichtet wurden.

Eine ganz eigene Form der Ausstellung wurde mit dem „*Musée Sentimental*" Ende der 1970er Jahre von dem Künstler Daniel Spoerri und der Historikerin Marie-Louise von Plessen entwickelt. Darin wurde eine Region durch einzelne „Objekte aus Geschichte und Gegenwart, aus der subjektiven Erinnerung wie dem offiziellen Gedenken, aus dem Alltag wie der Hochkunst repräsentiert".[18] Dadurch sollte es den Besucher*innen möglich sein, persönliche, eventuell sogar emotionale, Bezüge zu den Objekten und den mit ihnen verbundenen Geschichten aufzubauen. Das Besondere dieser Ausstellungsform lag vor allem darin, Objekte der Kunst mit denen des Alltages zusammen zu präsentieren und damit beide Bereiche in einen bis dahin untypischen Zusammenhang zu stellen. Dadurch wurde unter anderem der **Prozess des Musealisierens** verdeutlicht, der darin besteht, Objekte aus ihrem Kontext zu nehmen, sie damit ihrer ursprünglichen Funktion zu berauben und in einen neuen Verbund zu stellen, wodurch sie wiederum eine neue Bedeutung erlangen.

In der Bundesrepublik Deutschland wurde die Neuausrichtung der bestehenden Museen in den 1970er Jahren unter dem Motto „**Lernort contra Musentempel**"[19] diskutiert. Die Museen sollten nicht mehr allein auf die Präsentation (kunst-)historisch wertvoller Objekte ausgerichtet werden, sondern als Lernorte für ein nicht vorgebildetes Publikum fungieren. Damit trat die museumspädagogische Vermittlung und mit ihr die Kontextualisierung der Objekte in den Blick der Museumsarbeit. Zudem sollten verstärkt Alltagsobjekte gesammelt und ausgestellt werden. Geschichte sollte durch die (textliche) Erläuterung von Objekten, die in bestimmten thematischen Zusammenhängen präsentiert wurden, verständlich werden. Das erste Haus, das seine Ausstellung explizit als einen solchen Lernort konzipierte, war das Historische Museum Frankfurt. Es präsentierte und erklärte seine Objekte durch vielfältige Ausstellungstexte und Grafiken im sozialgeschichtlichen Kontext.

Den ersten durchschlagenden Erfolg in der Einbeziehung neuer Besucher*innengruppen erzielte jedoch die sogenannte Stauferausstellung in Stuttgart 1977. Unter anderem dank eines umfassenden Marketingkonzeptes konnten in nur zweieinhalb Monaten rund 670.000 Besuche gezählt werden.[20] Weitere große Landesausstellungen folgten, darunter die wohl erfolgreichste, die mit ihrer für Deutschland vollkommen neuen Präsentationsform einen Paradigmenwechsel einläutete: „Preußen – Versuch einer Bilanz" wurde 1981 in West-Berlin gezeigt. Unterschiedlichste Artefakte wurden hier in Verbindung zueinander gesetzt, ohne zwischen Kunst und Alltagsgegenständen zu unterscheiden. Durch die **Inszenierung** der Objekte sollten Zusammenhänge verdeutlicht und damit neue Perspektiven auf die Geschichte

---

18 te Heesen, Theorien des Museums, S. 150.
19 Spickernagel, Ellen/Walbe, Brigitte (Hg.): Das Museum – Lernort contra Musentempel, Gießen 1976.
20 Thaa, Lotte/Borcke, Tobias: 1977. Die Zeit der Staufer, in: Schulze/te Heesen/Dold, Museumskrise und Ausstellungserfolg, 2015, S. 80–95, hier S. 80; Vgl. auch Große Burlage, Martin: Große historische Ausstellungen in der Bundesrepublik Deutschland 1960–2000, Münster 2005.

ermöglicht werden.²¹ Ganz im Sinne der Alltagsgeschichte wurde dabei nicht nur die Geschichte des preußischen Herrschaftsgeschlechtes, sondern auch das alltägliche Leben der von ihm beherrschten Menschen präsentiert.

Die ab den 1980er Jahren folgenden Ausstellungen umfassten häufig einen Mix verschiedener Präsentationsformen und Themenschwerpunkte. So fanden sich Anklänge an die Idee der Kunst- und Wunderkammer, in der Objekte entdeckt werden können. Außerdem wurden Einblicke in die Sammlungen ermöglicht und das Museum als Wissensspeicher und zugleich Lernort präsentiert. Kunst- und Alltagsobjekte wurden gemeinsam präsentiert und inszeniert. Darüber hinaus setzten die Ausstellungsmacher*innen immer mehr auf Interaktivität in sogenannten Hands-On-Bereichen und Mitmachstationen. Die passive Haltung des Betrachtens sollte durch aktive Auseinandersetzung abgelöst werden – allerdings zunächst begrenzt auf eigene dafür ausgelegte Bereiche, während die historischen Originalobjekte der direkten Interaktion entzogen blieben.

Die Idee, die Museen stärker für alle Bevölkerungsgruppen zu öffnen, führte in der Konsequenz schließlich zu der in den letzten Jahren verstärkt geforderten Form des **partizipativen Museums**. Hier sollen die Besucher*innen nicht nur Zuschauende sein, sondern selbst aktiv werden. Die mögliche Partizipation reicht vom Kommentieren über das Beisteuern von Objekten bis hin zur Ausstellungsgestaltung durch Besucher*innen.²² Zentraler Gedanke ist, dass das Museum den Besucher*innen „auf Augenhöhe" begegnet. Museen sollten dabei auch zu Begegnungsorten werden: Begegnungen zwischen Museumsmitarbeiter*innen, Leihgeber*innen und Besucher*innen.²³ Partizipative Methoden bieten sich vor allem bei Themen mit Gegenwarts- und Alltagsbezug an. In diesen Bereichen können die Besucher*innen als Expert*innen gelten und entsprechend agieren.²⁴ Partizipation im Museum verlangt von den Museumsmitarbeiter*innen allerdings verstärkt kommunikative und moderierende Fähigkeiten. Gerade die Kurator*innen und Sammlungsleiter*innen müssen sich auf neue Arbeitsfelder einlassen und Entscheidungsmacht abgeben. Sie sind jedoch schon lange nicht mehr die alleinigen Fachexpert*innen, die über die Museumsschätze wachen und diese ausstellen. Vielmehr arbeiten Museen seit den 1970er Jahren vermehrt mit freiberuflichen Ausstellungsmacher*innen und Agenturen zusammen, die in ihrem Auftrag Themenausstellungen erarbeiten.

Die Krise der Museen galt bereits in den 1980er Jahren als überwunden. Vielmehr wurde nun in Westdeutschland ein „**Museumsboom**" konstatiert, der sich an steigenden Besuchszahlen, aber auch an Neugründungen festmachen lässt. So wird

---

21 Thiemeyer, Thomas: Inszenierung, in: Gfrereis/Thiemeyer/Tschofen, Museen verstehen, 2015, S. 45–62.
22 Simon, Nina: The participatory museum, Santa Cruz 2010, siehe auch die online-Version, URL: http://www.participatorymuseum.org (Aufruf 13.11.2017).
23 Vgl. Clifford, James: Museums as Contact Zones, in: Ders.: Routes, Cambridge/Mass. 1997, S. 188–219.
24 Gesser, Susanne, u. a.: Das partizipative Museum, in: Dies., Das partizipative Museum, 2012, S. 10–15, hier S. 10 f.

seit den 1990er Jahren von durchschnittlich ca. 100 Millionen Besuchen jährlich in deutschen Museen ausgegangen. Aber auch die Anzahl der Museen ist von ca. 400 im Jahr 1990 auf mittlerweile ca. 6.700 gestiegen.[25] Von der deutlichen Zunahme der Museumsbesuche profitierten allerdings vor allem die großen Häuser. So können rund 50 Prozent der Museen nur ca. 5.000 Besuche im Jahr aufweisen, während ca. vier Prozent mehr als 100.000 Besuche zählen.[26]

Die Vielfältigkeit der deutschen Museumslandschaft sei hier nur durch eine kurze Aufzählung verdeutlicht. Der bereits 1917 gegründete Deutsche Museumsbund, der sich als Interessenvertretung der Museen und ihrer Mitarbeiter*innen versteht, bietet eine entsprechende Übersicht. Innerhalb des Museumsbundes gibt es verschiedene Fachgruppen, die wiederum **Museumstypen** repräsentieren. Dazu zählen die für Public Historians wichtigen Geschichtsmuseen, aber auch die kulturhistorischen und Kunstmuseen, naturwissenschaftliche, technikhistorische, archäologische und schließlich Freilichtmuseen. Die Geschichtsmuseen können wiederum in sogenannte Universalmuseen einerseits, Spezialmuseen anderseits unterschieden werden.[27] Zu den ersteren zählen National-, Landes-, Regional-, Stadt- und Heimatmuseen, die mit heterogenen Sammlungsbeständen arbeiten. Die Spezialmuseen konzentrieren sich hingegen auf ein „relativ eng umrissenes Wissensgebiet, Thema oder Objekt". Dazu zählen beispielsweise Technik-, Industrie- oder Militärmuseen. Diese lassen sich noch einmal ausdifferenzieren in zum Beispiel Luftfahrtmuseen, Bergbaumuseen oder Panzermuseen. Weitere Gruppen bilden die Kommunikationsmuseen, die aus den früheren Postmuseen hervorgegangen sind, oder die Filmmuseen, deren Bestände über Filme hinaus vor allem Requisiten, aber auch Filmtechnik umfassen.

Zudem gibt es im Museumsbund Arbeitskreise für die Bereiche Verwaltung, Ausstellung, Volontariat, Presse- und Öffentlichkeitsarbeit, Konservierung/Restaurierung sowie Bildung und Vermittlung, was wiederum einen guten Überblick über die Tätigkeiten in Museen gibt. In der Aufzählung fehlt allein die Museumspädagogik, die 1991 mit dem Bundesverband der Museumspädagogik eine eigene Interessenvertretung gründete. Unterhalb der nationalen Ebene verfügt fast jedes Bundesland über einen Museumsverband bzw. ein Museumsamt. Diese arbeiten mit dem Museumsbund zusammen, sind diesem aber nicht unterstellt. Sie dienen vor allem der Beratung und dem Austausch der Museen untereinander sowie als Kontakt zu den jeweiligen Landesregierungen.

Der Museumsbund, aber auch die Museumsverbände organisieren regelmäßig Fachtagungen und Fortbildungen. Weitere Fortbildungs- und Forschungsein-

---

25 Staatliche Museen zu Berlin – preußischer Kulturbesitz. Institut für Museumsforschung (Hg.): Statistische Gesamterhebung an den Museen der Bundesrepublik Deutschland für das Jahr 2015, Berlin 2016, URL: http://www.smb.museum/fileadmin/website/Institute/Institut_fuer_Museumsforschung/Publikationen/Materialien/mat70.pdf (Aufruf 13.11.2017).
26 Schlussbericht der Enquete-Kommission „Kultur in Deutschland", Bundestags-Drucksache 16/7000, 11.12.2007, S. 119, URL: http://dip21.bundestag.de/dip21/btd/16/070/1607000.pdf (Aufruf 13.11.2017).
27 Baur, Joachim: Spezialmuseen, in: Graf/Rodekamp, Museen zwischen Qualität und Relevanz, 2012, S. 357–365, hier S. 358.

richtungen im deutschsprachigen Raum sind das Institut für Museumsforschung in Berlin, die Museumsakademie Joanneum in Graz, die Museumsakademie Musealog in Emden sowie die Hochschule für Technik und Wirtschaft in Berlin, die Hochschule für Technik, Wirtschaft und Kultur in Leipzig und die Carl von Ossietzky Universität Oldenburg, die spezielle Museumsstudiengänge anbieten. Auch die Rheinische Friedrich-Wilhelms-Universität Bonn entwickelt einen Masterstudiengang Museumsstudien, der parallel zum Beruf studiert werden kann. Zudem bieten verschiedene geschichtswissenschaftliche oder kulturwissenschaftliche Studiengänge Module zum Thema Museum an, wie zum Beispiel die Empirischen Kulturwissenschaften an der Universität Tübingen mit ihrer „Profillinie Museum und Sammlungen".

Museen sind heute zentrale Orte der Geschichtspräsentation im öffentlichen Raum, die sich in den letzten hundert Jahren stark verändert haben. Aus dem elitären Museumstempel wurde zunächst ein didaktisch aufbereiteter Lernort und schließlich ein gestalteter „Wissensort".[28] Museen haben sich, so Rosmarie Beier-de Haan, den Herausforderungen der „Zweiten Moderne" zu stellen,[29] die sich sowohl in der Globalisierung und damit in der weltweiten politischen und wirtschaftlichen Verflechtung als auch in der Zunahme individueller Zugänge zur Erinnerung zeigt. Museen können in diesem Zusammenhang als Orte verstanden werden, die Deutungsangebote machen und nicht beanspruchen, unumstößliche Wahrheiten darzustellen.

Der Historiker und Kulturwissenschaftler Joachim Baur erkennt fünf Themenfelder, die die aktuelle Ausstellungswelt und damit auch die Public History beschäftigen. Dazu zählt unter dem Stichwort **„Inklusion"** der Wunsch, die Ausstellungen für ein möglichst breites Zielpublikum mit unterschiedlichen Ansprüchen zu entwickeln. Unter dem Schlagwort **„Partizipation"** zielen sie auf die Einbindung der potentiellen Besucher*innen in die Museumsarbeit. Mit dem Begriff der **Entgrenzung** kann zudem die geografische, thematische, sinnliche und künstlerische Ausweitung kulturhistorischer Ausstellungen verstanden werden. Darüber hinaus lässt sich auch in öffentlich geförderten Museen eine zunehmende **Projektorientierung** feststellen, die mit dem Druck der Drittmittelfinanzierung zu erklären ist. Geldgeber*innen müssen gefunden werden, welche jedoch häufig auch Einfluss auf die Ausstellungen nehmen, die damit immer öfter an Erfolgskriterien wie den Besuchszahlen gemessen werden. Das wiederum bringt eine **Eventisierung** der Ausstellungsarbeit mit sich, die von den Inhalten ablenken kann.[30] Eine weitere wichtige Aufgabe, stellt die **Provenienzforschung** dar, die sich damit auseinandersetzt, woher die Objekte stammen, wie sie ins Museum gekommen sind und wessen Eigentum sie im Laufe der Zeit waren. Außerdem ist die **Digitalisierung** auch für die Museen eine Herausforderung, der sie sich stellen müssen. Diese Themen bieten Diskussionsstoff sowohl für die Tätigkeit in Museen als auch für deren Analyse.

---

28 te Heesen, Anke: Objekte der Wissenschaft. Eine wissenschaftshistorische Perspektive auf das Museum, in: Baur, Museumsanalyse, 2010, S. 213–230, hier S. 214.
29 Beier, Rosmarie (Hg.): Geschichtskultur in der Zweiten Moderne, Frankfurt/M. 2000.
30 Vgl. Baur, Ausstellen, S. 140/141.

Literatur

Beier-de Haan, Rosmarie: Erinnerte Geschichte – Inszenierte Geschichte. Ausstellungen und Museen in der Zweiten Moderne, Frankfurt/M. 2005.
Beier, Rosmarie (Hg.): Geschichtskultur in der Zweiten Moderne, Frankfurt/M. 2000.
Graf, Bernhard/Rodekamp, Volker (Hg.): Museen zwischen Qualität und Relevanz. Denkschrift zur Lage der Museen, Berlin 2016, URL: http://www.smb.museum/fileadmin/website/Institute/Institut_fuer_Museumsforschung/Publikationen/Berliner_Schriften/IFM_Berliner_Schriften-Bd_30.pdf
Hartung, Olaf: Kleine deutsche Museumsgeschichte. Von der Aufklärung bis zum frühen 20. Jahrhundert, Köln u. a. 2010.
Korff, Gottfried: Museumsdinge deponieren – exponieren, hrsg. von Martina Eberspächer, Gudrun Malene König, Berhanrd Tschofen, 2. erg. Auflage Köln u. a. 2007.
Pomian, Krzysztof: Der Ursprung des Museums. Vom Sammeln. Berlin, 1988.
te Heesen, Anke: Theorien des Museums zur Einführung, Hamburg 2012.
Walz, Markus (Hg.): Handbuch Museum. Geschichte – Aufgaben- Perspektiven, Stuttgart 2016.

Web-Links

International Council of Museums (ICOM), URL: http://icom.museum
NEMO – das Network of European Museums Organisations, URL: http://www.ne-mo.org
Europäisches Museumsforum, URL: http://www.europeanmuseumforum.info
Deutscher Museumsbund, URL: http://www.museumsbund.de
Institut für Museumsforschung, URL: http://www.smb.museum/museen-und-einrichtungen/institut-fuer-museumsforschung/home.html
Übersicht zu Museumsblogs, URL: *Museummedia:* http://museummedia.nl/links/100-best-curator-and-museum-blogs
Zündorf, Irmgard/Zeppenfeld, Stefan: Museen und Gedenkstätten, in: Busse, Laura/Enderle, Wilfried/Hohls, Rüdiger (Hg.), Clio-Guide. Ein Handbuch zu digitalen Ressourcen für die Geschichtswissenschaften 2016, URL: https://guides.clio-online.de/sites/default/files/clio/guides/2016/Zuendorf-Zeppenfeld_Museen-und-Gedenkstaetten_2016.pdf

Regionale Zusammenschlüsse der Museen
Bremen und Niedersachsen, URL: http://www.mvnb.de
Schleswig-Holstein und Hamburg, URL: http://www.museumsverband-shhh.de
Brandenburg, URL: http://www.museen-brandenburg.de
Hessen, URL: http://www.museumsverband-hessen.de
Mecklenburg-Vorpommern, URL: http://www.museumsverband-mv.de
Rheinland-Pfalz, URL: http://www.museumsverband-rlp.de
Saarland, URL: http://www.museumsverband-saarland.de
Sachsen-Anhalt, URL: http://www.mv-sachsen-anhalt.de
Sachsen, URL: http://www.museumsbund-sachsen.de
Sächsische Landesstelle für Museumswesen, URL: http://www.museumswesen.smwk.sachsen.de

Thüringen, URL: http://www.museumsverband-thueringen.de
Baden-Württemberg, URL: http://www.museumsverband-bw.de
Landesstelle für Museumsbetreuung, URL: http://www.landesstelle.de
Netmuseum, URL: http://www.netmuseum.de
Bayern (Arbeitsgemeinschaft der Museen), URL: http://museeninbayern.npage.de
Landesstelle für die nichtstaatlichen Museen, URL: http://www.museen-in-bayern.de/home.html
Landesverband der Museen zu Berlin, URL: http://www.lmb.museum/de
Arbeitskreis der Berliner Regionalmuseen (12 Bezirksmuseen vertreten), URL: http://www.lmb.museum/de/fach-und-arbeitsgruppen/ak-berliner-regionalmuseen
Staatlichen Museen zu Berlin, URL: http://www.smb.museum/home.html
Stiftung Preußischer Kulturbesitz mit mehr als 15 Museen und diversen Sammlungen, URL: https://www.preussischer-kulturbesitz.de
Verband Rheinischer Museen, URL: http://www.museumsverband-rheinland.de
Vereinigung Westfälischer Museen, URL: http://www.museen-westfalen.de
Landschaftsverband Rheinland, URL: http://www.lvr.de/de/nav_main/kultur/museen/museen_1.jsp
Landschaftsverband Westfalen Lippe, URL: http://www.lwl.org/LWL/Kultur/Kulturabteilung/Landesmuseen
Westfälisches Museumsamt, URL: http://www.lwl.org/LWL/Kultur/Museumsamt

5.1.2 Entwicklung der Gedenkstätten in Deutschland nach 1945

Die Geschichte der Gedenkstätten in Deutschland ist fest verwoben mit der Aufarbeitung der NS-Vergangenheit nach 1945. Nach dem Ende des Zweiten Weltkrieges sollte auf Beschluss der Alliierten in allen Besatzungszonen eine „Entnazifizierung" durchgeführt werden. Gemeint war damit die Befreiung der Politik, Wirtschaft und Verwaltung, aber auch Kultur und Gesellschaft von nationalsozialistischen Einflüssen. Dies führte sowohl zur Auflösung von NS-Organisationen, Entlassungen belasteter Personen und der strafrechtlichen Verfolgungen einzelner NS-Größen als auch zu Straßenumbenennungen oder der Zerstörung sämtlicher NS-Zeichen im öffentlichen Raum. Die Formen und die Intensität, mit der die Entnazifizierung und die Verfolgung der NS-Verbrechen betrieben wurden, waren bereits in den Besatzungszonen und besonders in West und Ost sehr unterschiedlich. Dies verstärkte sich mit der Bildung der beiden deutschen Staaten, es entstanden „zwei unterschiedliche Gedenkkulturen"[31].

Die DDR-Führung betrachtete sich selbst nicht in der Nachfolge des NS-Staates und sah daher auch keine Veranlassung, Wiedergutmachung für NS-Verbrechen zu leisten. Die ehemaligen Konzentrationslager Buchenwald und Sachsenhausen wurden nach 1945 von der sowjetischen Besatzungsmacht als „Speziallager" weitergenutzt, sodass dort vorerst kein Gedenken möglich war. Nach der Schließung die-

---

31 Endlich, Stefanie: Orte des Erinnerns – Mahnmale und Gedenkstätten, in: Reichel/Schmid/Steinbach, Der Nationalsozialismus – Die zweite Geschichte, 2009, S. 350–377, hier. S. 350. Der Artikel gibt insgesamt einen guten Überblick über die Entwicklung der einzelnen Gedenkstätten in Ost- und Westdeutschland von 1945 bis in die Gegenwart.

ser Lager wurden jedoch 1958 in Buchenwald, 1959 in Ravensbrück und 1961 in Sachsenhausen sogenannte „Nationale Mahn- und Gedenkstätten" eingerichtet. Diese dienten vor allem der Erinnerung an den antifaschistischen Widerstand und der daraus abgeleiteten Legitimation des SED-Staates.

In der Bundesrepublik waren die 1950er Jahre auf politischer und auch kultureller Ebene von einer öffentlichen Tabuisierung der NS-Verbrechen geprägt. Im Vordergrund stand eine Opfererzählung deutschen Leidens durch Krieg, Flucht und Vertreibung. Erst ab den späten 1950er Jahren wurden die NS-Verbrechen im Zusammenhang mit öffentlichkeitswirksamen Prozessen (Ulmer Einsatzgruppen-Prozess 1958, Eichmann-Prozess 1960/61, Frankfurter Auschwitz-Prozess 1963–1965) intensiv diskutiert. Eine zunehmende öffentliche Sensibilisierung vor allem für den Holocaust, die Zwangsarbeit oder die Verbrechen der Wehrmacht lässt sich jedoch erst seit den 1980er Jahren konstatieren.[32]

Die Gedenkstätten sind ein Ergebnis dieser politischen und gesellschaftlichen Auseinandersetzung mit den NS-Verbrechen. Nach 1945 wurden zunächst auf Betreiben überlebender Inhaftierter Gedenktafeln, -steine oder -skulpturen auf dem Gelände ehemaliger Konzentrationslager aufgestellt. Diese erinnerten an die Opfer, indem sie einzelne Gruppen oder Personen benannten, ohne weitere Informationen zu enthalten. Die erste Gedenkstätte mit Gedenkort und Informationsausstellung wurde in der Bundesrepublik auf Betreiben früherer Inhaftierter 1965 in Dachau eingerichtet. 1966 folgte eine weitere in Bergen-Belsen. 1968 wurde zudem im Bendlerblock in Berlin, in dessen Innenhof 1944 Akteure des Attentates vom 20. Juli hingerichtet worden waren, die „Gedenk- und Bildungsstätte Stauffenbergstraße" zur Erinnerung an den Widerstand gegen den Nationalsozialismus eröffnet. Ziel dieser frühen Gedenkstätten war es, „Orte der Dokumentation zu Beweiszwecken (in Deutschland für Deutsche) zu sein und persönliche Gedenkstätte für die Überlebenden und Nachkommen".[33]

Sie erinnerten vor allem an jüdische Opfer und nicht jüdische Deutsche, die aus politischen Gründen verfolgt worden waren – sofern es sich nicht um Kommunist*innen handelte. Die noch vorhandenen baulichen Überreste wurden häufig zerstört und durch symbolische Bauten ersetzt. Beispielsweise wurden die noch bestehenden Baracken in Dachau abgetragen und ihre Grundrisse neu gemauert.

Die Ausstellungen bestanden vor allem aus **Bild-Text-Tafeln,** die von dem NS-Personal angefertigte Fotos aus den Lagern (häufig vergrößert) und Fotos der Alliierten nach der Befreiung sowie Faksimiles von Dokumenten enthielten, die die Verbrechen bezeugen sollten.[34] Dreidimensionale Objekte fehlten weitgehend.

---

32 Thamer, Hans-Ulrich: Die westdeutsche Erinnerung an die NS-Diktatur in der Nachkriegszeit, in: März/Veen, Woran erinnern?, 2006, S. 51–70, hier S. 55 ff.
33 Reemtsma, Jan-Philipp: Wozu Gedenkstätten, in: Aus Politik und Zeitgeschichte, 25–26 (2010), S. 3–9, hier S. 4.
34 Zur Präsentation von Fotos in Gedenkstätten siehe: Brink, Cornelia: Ikonen der Vernichtung: öffentlicher Gebrauch von Fotografien aus nationalsozialistischen Konzentrationslagern nach 1945, Berlin 1998, S. 179–230; Heyl, Matthias: Bildverbot und Bilderfluten, in: Bannasch/Hammer, Verbot der

Abb. 7: Außengelände der Gedenkstätte Dachau, 2017

Inhaltlich lag der Fokus auf der Gegenüberstellung von „Nazis", die als „entmenscht" erschienen, und Opfern, deren Hilflosigkeit herausgestellt wurde.³⁵

In den 1980er Jahren entstanden im Zuge der sogenannten Gedenkstättenbewegung die meisten der heute noch bestehenden Gedenkstätten und Dokumentationszentren. Ihr Aufbau beruhte weiterhin auf der Initiative ehemaliger NS-Verfolgter, aber auch auf dem Engagement lokaler Geschichtswerkstätten und bürgerschaftlicher Initiativen, die bis dahin verdeckte Spuren der Vergangenheit vor Ort ausfindig machten und freilegten.³⁶ Wichtige Impulse für die Gedenkstättenarbeit kamen zudem aus der Forschung, so aus dem Projekt „Bayern in der NS-Zeit" des Institutes für Zeitgeschichte. Aber auch die Populärkultur trug zur verstärkten öffentlichen Auseinandersetzung mit der NS-Geschichte bei. Herausragende Bedeutung kam der 1979 ausgestrahlten Fernsehserie „Holocaust" zu, die von der Öffentlichkeit breit rezipiert wurde. Aber auch der „Schülerwettbewerb

---

Bilder – Gebot der Erinnerung, 2004, S. 117–129, hier besonders S. 126 ff.; Vgl. auch Knoch, Habbo: Die Tat als Bild. Fotografien des Holocaust in der deutschen Erinnerungskultur, Hamburg 2001.
35 Knigge, Volkhard: Gedenkstätten und Museen, in: Ders./Frei, Verbrechen erinnern, 2002, S. 378–389, hier S. 383.
36 Knoch, Spurensuche, S. 210 ff.

Deutsche Geschichte", der Anfang der 1980er Jahre dem Thema „Alltag im Nationalsozialismus" gewidmet war, förderte die gesellschaftliche Auseinandersetzung mit der NS-Vergangenheit.

Die öffentliche Diskussion der NS-Geschichte führte auch zur Kritik an den bestehenden Ausstellungen in den Gedenkstätten. Ihnen wurde vorgeworfen, nicht nur der Information über die NS-Verbrechen zu dienen, sondern als „Läuterungsräume, politische Stellungnahmen und Erziehungsinstanzen" eingesetzt zu werden. Nach Volkhard Knigge stand dabei die „Betroffenheit" im Zentrum, die jedoch die Auseinandersetzung mit der Vergangenheit blockiere.[37] Die Kritiker*innen forderten, die Ausstellungen zu überarbeiten, mehr Hintergrundinformationen zu liefern und Zusammenhänge zu verdeutlichen. Außerdem sollten auch andere Opfergruppen einbezogen werden. Dazu zählten Opfer der „Euthanasie", verfolgte Sinti und Roma sowie Homosexuelle, sowjetische Kriegsgefangene oder Kommunist*innen. Auch der unreflektierte Umgang mit der visuellen und schriftlichen Hinterlassenschaft des NS-Regimes wurde kritisiert.

In den 1980er Jahren setzte sich in den Gedenkstätten, ähnlich wie in den Museen, das Konzept des „aktiven Lernortes" durch und das bildungspolitische Angebot wurde ausgebaut. Parallel dazu setzte die Professionalisierung der Gedenkstättenarbeit ein. So wurde bei dem *Verein Aktion Sühnezeichen Friedensdienste* ein Gedenkstättenreferat gegründet und seit 1983 fanden regelmäßig Gedenkstättenseminare zur Fortbildung der Mitarbeiter*innen statt, unter anderem gefördert von der Bundeszentrale für politische Bildung.[38] Das Gedenkstättenreferat veröffentlichte außerdem seit 1983 regelmäßig den Gedenkstättenrundbrief, der über Entwicklungen in NS-Gedenkstätten informiert. Seit 1985 erscheinen zudem die Dachauer Hefte, die ebenfalls praktische Fragen der Gedenkstättenarbeit wie NS-Forschungsthemen behandeln.

Noch erhielten die bundesdeutschen Gedenkstätten jedoch keine regelmäßige staatliche Förderung und mussten vor allem mit ehrenamtlichen Mitarbeiter*innen sowie Spenden- und Projektgeldern auskommen. Dies änderte sich erst in den 1990er Jahren, in deren Verlauf eine Vielzahl von Gedenkstätten institutionalisiert und damit auch weiter professionalisiert wurde. Diese Entwicklung ist eng mit der deutschen Vereinigung und den daraus entstandenen Herausforderungen für die Geschichtskultur verbunden. In diesem Zusammenhang stand die Bundesregierung 1990 zunächst vor der Frage, wie sie mit den ehemaligen Mahn- und Gedenkstätten der DDR umgehen sollte. Die Einrichtungen waren bis dahin zentral von der ostdeutschen Staatsführung finanziert worden. Eine Übernahme durch die Bundesregierung schien jedoch nicht möglich, waren Gedenkstätten doch Teil der Kulturaufgaben und lagen damit im Verantwortungsbereich der Bundesländer.

---

37 Knigge, Gedenkstätten, S. 384.
38 Siebeck, Cornelia: 50 Jahre „arbeitende" NS-Gedenkstätten in der Bundesrepublik. Vom gegenkulturellen Projekt zur staatlichen Gedenkstättenkonzeption – und wie weiter?, in: Gryglewski u. a., Gedenkstättenpädagogik, 2015, S. 19–43, hier S. 32.

Eine Überführung in den alleinigen Verantwortungsbereich der neuen Bundesländer schien schon deshalb nicht sinnvoll, weil die finanzielle Belastung zu hoch war. Eine neue finanzielle und organisatorische Lösung musste gefunden werden. Sachsenhausen und Buchenwald hatten zudem eine „doppelte Vergangenheit", da die ehemaligen Konzentrationslager nach 1945 als sowjetische Speziallager genutzt worden waren. In den Speziallagern waren sowohl nationalsozialistische Verbrecher*innen inhaftiert gewesen als auch Personen, die als Gegner des kommunistischen Regimes und der sowjetischen Besatzungsmacht galten. Um ein Konzept für den Umgang mit der Geschichte des SED-Staates und seinen Hinterlassenschaften zu entwickeln, berief der Bundestag 1992 eine „Enquete-Kommission zur Aufarbeitung von Geschichte und Folgen der SED-Diktatur in Deutschland" aus Vertreter*innen der Abgeordneten aller Fraktionen und externen Sachverständigen ein. Diese Kommission setze sich vor allem damit auseinander, wie die DDR selbst als historisches Phänomen zu bewerten sei. 1995, in der folgenden Legislaturperiode, wurde die „Enquete-Kommission zur Überwindung der Folgen der SED-Diktatur im Prozess der deutschen Einheit" eingesetzt. In ihrem Abschlussbericht von 1998 erklärte sie die Bundesregierung verantwortlich für die Erinnerung an beide deutsche Diktaturen und ihre Opfer. Dies führte unter anderem zur Einrichtung der Institution eines **Bundesbeauftragten für Kultur und Medien (BKM)**. Damit gab es erstmals auf Bundesebene einen Zuständigkeitsbereich für Kulturpolitik, die bis dahin allein Angelegenheit der Bundesländer gewesen war. Der oder die Bundesbeauftragte ist seitdem unter anderem für die Gedenkstätten und Museen von nationaler Relevanz verantwortlich. Zudem wurde 1998 die Stiftung zur Aufarbeitung der SED-Diktatur (später Bundesstiftung) gegründet. Sie fördert unter anderem Ausstellungen, Publikationen und Konferenzen sowie die Forschung zur Geschichte der SBZ/DDR.

Bereits 1999 veröffentlichte der BKM eine erste **Gedenkstättenkonzeption des Bundes**.[39] Darin wurden die Kriterien für die bundespolitische Förderung der Gedenkstätten, die sich mit dem Nationalsozialismus oder der SBZ/DDR auseinandersetzten, festgelegt. Knapp zehn Jahre später veröffentlichte der BKM eine Fortschreibung der Gedenkstättenkonzeption unter dem Titel „Verantwortung wahrnehmen, Aufarbeitung verstärken, Gedenken vertiefen".[40] Das Papier ist nach wie vor die Richtschnur der Bundesförderung. Maßgebliche Kriterien dafür sind

---

39 Zur Entwicklung der Gedenkstättenkonzeption siehe Garbe, Detlef: Die Gedenkstättenkonzeption des Bundes: Förderinstrument im geschichtspolitischen Spannungsfeld, in: Gedenkstätten-Rundbrief, 6 (2016), S. 3–17.
40 Fortschreibung der Gedenkstättenkonzeption des Bundes. Verantwortung wahrnehmen, Aufarbeitung verstehen, Gedenken vertiefen, Deutscher Bundestag, Drucksache 166/9875, 19.6.2008, URL: https://www.bundesregierung.de/Content/DE/StatischeSeiten/Breg/BKM/2016-10-25-gedenkstaettenkonzeption.html (Aufruf 13.11.2017).

„[…] der nationale oder internationale Stellenwert des Ortes, die Authentizität des Ortes, die Exemplarität für einen Aspekt der Verfolgungsgeschichte der NS-Terrorherrschaft oder der SED-Diktatur, die Qualität des Projektkonzepts, die Kooperation von Einrichtungen."[41]

Die thematischen Schwerpunkte umfassen die NS-Terrorherrschaft sowie die Repressions- und Herrschaftsgeschichte der DDR. Neu hinzu kam die DDR-Alltagsgeschichte, die damit auch als förderungswürdiger Bereich der Erinnerungskultur gilt. Allerdings sei „das alltägliche Leben notwendigerweise im Kontext der Diktatur darzustellen".[42] Dies bedeutet, dass in der Präsentation des ostdeutschen Alltages die umfassende staatliche Kontrolle der Menschen in der DDR, der massive Anpassungsdruck der Regierung sowie die gesellschaftliche „Mitmachbereitschaft" deutlich werden sollen.

Mit der Gedenkstättenkonzeption des Bundes wurde festgelegt, dass neben der NS-Diktatur auch der Geschichte des SED-Staates institutionell zu erinnern sei. In der Folge kam es immer wieder zu Auseinandersetzungen über das Verhältnis von NS- und SBZ/DDR-Aufarbeitung. Dieses Spannungsverhältnis kommt bis heute in Konfrontationen sowohl innerhalb einzelner Gedenkstätten als auch in der Öffentlichkeit, zum Beispiel in der Diskussion um die Verteilung der Fördergelder, zum Ausdruck.

Die öffentliche Wahrnehmung eines Ungleichgewichtes in der Aufarbeitung lässt sich auch dadurch erklären, dass es mit der Bundesstiftung zur Aufarbeitung der SED-Diktatur für das Gedenken an die kommunistische Vergangenheit ein relativ gut ausgestattetes Instrument zur Projektförderung gibt. Eine ähnliche Einrichtung für die NS-Geschichte stellt die Stiftung Erinnerung, Verantwortung und Zukunft (EVZ) dar, deren Förderspektrum allerdings stärker begrenzt ist. Sie wurde im Jahr 2000 mit dem Auftrag gegründet, Entschädigungszahlungen an ehemalige NS-Zwangsarbeiter*innen zu leisten. 2007 wurden die Auszahlungen für abgeschlossen erklärt. Seitdem fördert die Stiftung Projekte,

„die der Völkerverständigung, den Interessen von Überlebenden des nationalsozialistischen Regimes, dem Jugendaustausch, der sozialen Gerechtigkeit, der Erinnerung an die Bedrohung durch totalitäre Systeme und Gewaltherrschaft und der internationalen Zusammenarbeit auf humanitärem Gebiet dienen. Im Gedenken an und zu Ehren derjenigen Opfer nationalsozialistischen Unrechts, die nicht überlebt haben, soll er auch Projekte im Interesse ihrer Erben fördern."[43]

Nach 1990 wurden aber nicht nur die finanziellen Förderstrukturen neu konzipiert. Die ehemaligen Mahn- und Gedenkstätten der DDR mussten auch inhaltlich über-

---
41 Ebd. S. 3.
42 Ebd. S. 9.
43 Gesetz zur Errichtung einer Stiftung „Erinnerung, Verantwortung und Zukunft" vom 2.8.2000, URL: http://www.stiftung-evz.de/stiftung/gesetz-der-stiftung-evz.html (Aufruf 13.11.2017).

arbeitet werden. Die Neukonzeptionen provozierten Konflikte einerseits zwischen Historiker*innen und Opfervertreter*innen, andererseits zwischen verschiedenen Opfergruppen. Vor allem die Gedenkstätten „mit doppelter Vergangenheit" sollten am selben Ort über zwei gänzlich unterschiedliche Machtsysteme informieren und verschiedener Opfergruppen gedenken. Um keine **„Opferkonkurrenzen"** entstehen zu lassen und die verschiedenen Diktaturerfahrungen nicht gegeneinander aufzurechnen, formulierte der Historiker Bernd Faulenbach die folgende Formel:

„Jede Erinnerung an die Diktaturvergangenheit in Deutschland hat davon auszugehen, dass weder die nationalsozialistischen Verbrechen relativiert werden dürfen noch das von der SED-Diktatur verübte Unrecht bagatellisiert werden darf."[44]

Auf dieser Basis wird nach wie vor versucht, die Präsentation der unterschiedlichen Geschichten in den Gedenkstätten voneinander getrennt zu thematisieren. Auch die Vertreter*innen der Opfergruppen werden in unterschiedlichen Beratungsgremien zur Mitarbeit eingeladen.

Nach 1990 wurden aber auch neue Gedenkstätten zur Erinnerung an die kommunistische Vergangenheit eingerichtet. Das geschah in früheren Gefängnissen wie in der ehemaligen zentralen Untersuchungshaftanstalt der Staatssicherheit in Berlin-Hohenschönhausen, an den früheren Stasi-Sitzen in der Berliner Normannenstraße, in der Runden Ecke in Leipzig oder an den deutsch-deutschen Grenzorten in Marienborn und an der Bernauer Straße in Berlin. Die Initiative dafür kam zunächst von ehemaligen Opfergruppen und Bürgerinitiativen. Einige dieser neuen Einrichtungen wurden im Zusammenhang mit der Gedenkstättenkonzeption des Bundes in den späten 1990er Jahren institutionalisiert. Die ehemaligen Opfer und andere engagierte Bürger*innen sollten in die Beratungen der weiteren Gedenkstättenarbeit einbezogen werden, was jedoch ebenfalls nicht immer konfliktfrei verlief.[45] Mit den bereitgestellten öffentlichen Geldern wurden Historiker*innen und Gedenkstättenpädagog*innen eingestellt sowie wissenschaftliche Beiräte eingerichtet. Diese neuen Akteur*innen bestimmten die Gedenkstättenarbeit in starkem Maße und minderten damit die Einflussmöglichkeiten der Opfergruppen. Diese wiederum sahen die Gedenkstätten als „ihre" Orte und forderten, dort ihre emotionalen und persönlichen Geschichten auf der Grundlage von Erinnerungen zu erzählen. Die neuen Gedenkstättenmitarbeiter*innen hingegen sahen und sehen sich eher einer wissenschaftlich fundierten Geschichtsdarstellung verpflichtet. Die Erinnerungen der Zeitzeug*innen sind dafür eine wichtige, aber nicht die einzige Quelle. Zudem wandten sich viele Gedenkstätten gegen eine Fokussierung auf die Perspektive der Zeitzeugen*innen. Die Ausstellungen sollten vielmehr multiperspektiv sein und den Konstruktionscharakter der präsentierten Geschichte verdeutlichen. Zudem

---

44 Fortschreibung der Gedenkstättenkonzeption des Bundes, 2008, S. 2.
45 Vgl. Rudnick, Carola S.: Die andere Hälfte der Erinnerung. Die DDR in der deutschen Geschichtspolitik nach 1989, Bielefeld 2011.

sollten sie im Sinne des **Beutelsbacher Konsenses** nicht emotional überwältigen, sondern zu Kontroversen anregen.

> Der Beutelsbacher Konsens wurde in den 1970er Jahren formuliert und umfasst drei didaktische Leitgedanken für die historisch-politische Bildungsarbeit, die von den Gedenkstätten übernommen wurden: Die Bildungsarbeit soll erstens weder überwältigen noch indoktrinieren. Sie soll zweitens kontroverse Positionen beachten und drittens die Schüler*innen dazu befähigen, eine politische Situation und ihre eigenen Interessenlagen zu analysieren.[46]

Auf der Grundlage umfangreicher Forschungen sowohl an den Universitäten als auch in den Gedenkstätten selbst wurden deren Dauerausstellungen seit den 1990er Jahren grundlegend überarbeitet.[47] Die Gedenkstätten wurden sowohl thematisch als auch medial ausgebaut. Neben Dokumenten, Fotos und Filmaufnahmen wurden verstärkt Zeitzeugen*innenaussagen in Form von Video- oder Audioaufnahmen und schriftlichen Zitaten sowie dreidimensionale Objekte gezeigt, um die unmittelbare Nähe zur Vergangenheit zu verdeutlichen. Diese Art der Geschichtsdarstellung schien auch deshalb notwendig, weil die historischen Orte umfassend umgestaltet und überbaut worden waren, sodass ihre ursprüngliche Form kaum noch zu erkennen war und sie für die Besucher*innen nicht mehr als authentisch galten. Zudem stiegen die wissenschaftlichen Anforderungen an den Erhalt der Orte, ihrer Sammlungen und Dokumentationen. Die noch vorhandenen Überreste sollten, in Abstimmung mit der Denkmalpflege, in ihren verschiedenen historischen Schichten sichtbar gemacht werden. Für die konkrete Umsetzung gibt es bislang keine einheitlichen Gestaltungsstandards. Es galt und gilt allerdings der Grundsatz, dass in den Gedenkstätten bauliche Reste erhalten, restauriert und erklärt, aber nicht rekonstruiert werden sollen. Der Historiker Habbo Knoch hat dies auf die Formulierung zugespitzt, dass „nur über den Weg der Dekonstruktion und Kontextualisierung [...] ein Zugang zur Vergangenheit möglich" sei.[48] Er leitet daraus folgende **Gedenkstätten-Aufgaben** ab:
- Konservierung und Pflege,
- Erforschung und Dokumentation,
- Erläuterung und Kontextualisierung,
- didaktische Vermittlungsarbeit,
- mobile und partizipatorische Ausstellungen.[49]

---

46 Siehe auch: Beutelsbacher Konsens, Website der Bundeszentrale für politische Bildung, 7.4.2011, URL: http://www.bpb.de/die-bpb/51310/beutelsbacher-konsens (Aufruf 13.11.2017).
47 Vgl. Knoch, Habbo: Spurensuche: NS-Gedenkstätten als Orte der Zeitgeschichte, in: Bösch/Goschler, Public History, 2009, S. 190–218.
48 Knoch, Habbo: „Ferienlager" und „gefoltertes Leben". Periphere Räume in ehemaligen Konzentrationslagern, in: Hammermann/Riedel, Sanierung, Rekonstruktion, Neugestaltung, 2014, S. 32–49, hier S. 32.
49 Ebd., S. 41.

Die Gedenkstätten gründeten in den 1990er und 2000er Jahren Arbeitsgemeinschaften und wurden teilweise zu Landesstiftungen zusammengeschlossen, um den Austausch untereinander zu verbessern. Auf internationaler Ebene wurde 2001 *IC MEMO* als Plattform für die Gedenkstätten gegründet, das wiederum Mitglied im Weltmuseumsverband ICOM ist.

IC MEMO und die *International Holocaust Remembrance Association (IHRA)* verabschiedeten 2012 die **Internationale Gedenkstätten-Charta.** Darin werden unter anderem folgende Grundsätze und Aufgaben der Gedenkstättenarbeit festgehalten:
- der Erhalt der pluralistischen Erinnerungskultur mit dem gemeinsamen Bezug auf die Allgemeine Menschenrechtserklärung,
- die Unabhängigkeit von politischen Direktiven,
- die feste Verankerung in der Zivilgesellschaft,
- die Verpflichtung zur humanitären und staatsbürgerlichen Bildung,
- die offene Diskussion mit den Überlebenden, Wissenschaftler*innen, Pädagog*innen und engagierten gesellschaftlichen Gruppen,
- die Wissenschaftliche Arbeit,
- das Gedenken an die Opfer,
- die Information über die Täter*innen.

Ähnlich wie beim Beutelsbacher Konsens wird in der Charta zudem gefordert, „dass Besucher weder überfordert noch indoktriniert werden, dass die subjektive Sicht der Individuen respektiert wird und dass kontroverse Themen auch kontrovers behandelt werden".[50]

Literatur

Eschebach, Insa: Öffentliches Gedenken. Deutsche Erinnerungskulturen seit der Weimarer Republik, Frankfurt/M. 2005.
Faulenbach, Bernd/Jelich, Franz-Josef (Hg.): „Asymmetrisch verflochtene Parallelgeschichte?". Die Geschichte der Bundesrepublik und der DDR in Ausstellungen, Museen und Gedenkstätten, Essen 2005.
Hammermann, Gabriele/Riedel, Dirk (Hg.): Sanierung – Rekonstruktion – Neugestaltung. Zum Umgang mit historischen Bauten in Gedenkstätten, Göttingen 2014.
Knoch, Habbo: Gedenkstätten, in: Version: 1.0, in: Docupedia-Zeitgeschichte (im Erscheinen).
KZ-Gedenkstätte Neuengamme (Hg.): Gedenkstätten und Geschichtspolitik, Bremen 2015.
Lutz, Thomas: Zwischen Vermittlungsanspruch und emotionaler Wahrnehmung. Die Gestaltung neuer Dauerausstellungen in Gedenkstätten für NS-Opfer in Deutschland und deren Bildungsanspruch, Dissertationsschrift 2009, URL: https://depositonce.tu-berlin.de/bitstream/11303/2625/1/Dokument_40.pdf

---

50 Die Ausführungen zur Charta entsprechen der deutschen Übersetzung von Harald Schmid, veröffentlicht im Newsletter Gedenkstätten und Erinnerungsorte in Schleswig-Holstein Nr. 4, November 2013, URL: http://progedenkstaetten-sh.de/wp-content/uploads/Carta-dtsch.pdf (Aufruf 13.11.2017).

Übersichten über Gedenkstätten
Kaminsky, Anne (Hg.): Orte des Erinnerns. Gedenkzeichen, Gedenkstätten und Museen zur Diktatur in SBZ und DDR, Berlin 2007.
Puvogel, Ulrike: Gedenkstätten für die Opfer des Nationalsozialismus. Eine Dokumentation, Bonn 2. überarb. Auflage 1995. URL: http://www.bpb.de/shop/buecher/einzelpublikationen/33973/gedenkstaetten-fuer-die-opfer-des-nationalsozialismus-band-i (Aufruf 13.11.2017).

Web-Links

Bundesstiftung zur Aufarbeitung der SED-Diktatur, URL: https://www.bundesstiftung-aufarbeitung.de
Gedenkstätten Forum der Stiftung Topografie des Terrors, URL: http://www.gedenkstaettenforum.de
Gedenkstättenrundbrief, URL: http://www.gedenkstaettenforum.de/nc/gedenkstaetten-rundbrief
Gedenkstättenkonzeption des Bundes, URL: https://www.bundesregierung.de/Content/DE/StatischeSeiten/Breg/BKM/2016-10-25-gedenkstaettenkonzeption.html
Gedenkstättenportal zu Orten der Erinnerung in Europa, URL: http://memorialmuseums.net/
International Commitee of Memorial Museums in remembrance of Victims of Public Crimes *(IC MEMO)*, URL: http://network.icom.museum/icmemo
International Holocaust Remembrance Association (IHRA), URL: https://www.holocaustremembrance.com
Internationale Gedenkstättenübersicht, URL: http://www.gedenkstaetten-uebersicht.de
Lernen aus der Geschichte, Plattform zum Austausch über die historisch-politische Bildungsarbeit in Gedenkstätten, URL: http://lernen-aus-der-geschichte.de
Stiftung Erinnerung, Verantwortung und Zukunft (EVZ), URL: http://www.stiftung-evz.de
Website zu Orten der Repression in SBZ und DDR, URL: http://www.orte-der-repression.de/projekt.php
Website der Gedenkstätten zur Geschichte des Nationalsozialismus (Bundeszentrale für politische Bildung), URL: http://www.bpb.de/geschichte/nationalsozialismus/erinnerungsorte
Website zu Orten der Erinnerung in Berlin und Brandenburg, URL: http://www.orte-der-erinnerung.de

Regionale und thematische Zusammenschlüsse der Gedenkstätten
Arbeitskreis der NS-Gedenkstätten in NRW e. V., URL: http://www.bnr.de/initiativen/arbeitskreis-der-ns-gedenkstaetten-in-nrw-ev
Landesarbeitsgemeinschaft der Gedenkstätten und Gedenkstätteninitiativen in Baden-Württemberg, URL: http://www.gedenkstaetten-bw.de
Landesarbeitsgemeinschaft der Gedenkstätten und Erinnerungsinitiativen zur NS-Zeit in Hessen, URL: http://www.hlz.hessen.de/index.php?id=ref_iii_anh_lag
Stiftung Brandenburgische Gedenkstätten, URL: http://www.stiftung-bg.de
Stiftung Gedenkstätten Sachsen-Anhalt, URL: http://www.stgs.sachsen-anhalt.de/startseite-stiftung-gedenkstaetten-sachsen-anhalt
Stiftung sächsische Gedenkstätten, URL: https://www.stsg.de

Stiftung niedersächsische Gedenkstätten, URL: http://www.stiftung-ng.de
Stiftung Bayerische Gedenkstätten, URL: http://www.stiftung-bayerische-gedenkstaetten.de
Politikergedenkstiftungen, URL: http://www.politikergedenkstiftungen.de
Website Gedenkort-T4, URL: http://www.gedenkort-t4.eu
Dokumentations- und Kulturzentrum Deutscher Sinti und Roma, URL: http://www.sinti-und-roma.de

5.2 Forschungsansätze zum Museum

Museumsforschung setzt sich mit dem Wesen von Museen auseinander, versucht diese grundsätzlich zu charakterisieren und zu analysieren. Dafür haben sich unterschiedliche Bezeichnungen herausgebildet, was sich auch in den Titeln der Studiengänge, die sich explizit mit Museumsarbeit beschäftigen, widerspiegelt. Beispielsweise gibt es in Deutschland einen Studiengang „Museologie" (HTWK Leipzig), der sich der Sammlungsdokumentation und -verwaltung widmet. Andere Studiengänge mit ähnlichem Inhalt führen die Titel „Museumskunde" (HTW Berlin), „Museumswissenschaft" (Universität Würzburg) oder einfach „Museum und Ausstellung" (Universität Oldenburg). Die beiden letzteren beschäftigen sich vor allem mit dem Museum als Institution und fokussieren dabei sowohl Fragen des Sammelns als auch solche des Präsentierens und Vermittelns. Gedenkstätten werden in den Studiengängen bislang weniger oder lediglich als eine Sonderform des Museums behandelt. Im Rahmen von Public History-Studiengängen werden im Kontext öffentlicher Geschichtsdarstellung und -vermittlung nicht nur praktische Fragen der Ausstellungs- und Sammlungstätigkeit in Museen und Gedenkstätten diskutiert. Es werden auch wissenschaftliche Ansätze und Theorien der Forschung über das Museum und die Museumsarbeit beleuchtet, die im Folgenden kurz vorgestellt werden.

5.2.1 Museumswissenschaften

Die Begriffe **Museologie** oder auch **Museumskunde** stammen aus dem 19. Jahrhundert und umfassen die Auseinandersetzung mit der Geschichte des Museums sowie den Sammlungskonzepten, den Objektkategorien, der Gestaltung und Konservierung. Dabei konzentrierte sich die Museologie lange Zeit auf die praktische Museumsarbeit. In einer neueren Einführung in die Museologie wird diese aber darüber hinaus auch als „Gesamtheit der Geschichte, Theorie und Methodik des Musealwesens bezeichnet".[51] Dieses Verständnis der Museologie hat sich jedoch an den Universitäten in Deutschland noch nicht durchgesetzt. Museumstheoretische und -historische Fragen wurden und werden vielmehr im Rahmen der Kulturwissenschaften, Volkskunde bzw. Europäischen Ethnologie behandelt. Die wichtigsten frü-

---

51 Flügel, Kathrin: Einführung in die Museologie, Darmstadt 2005, S. 16; Vgl. auch Waidacher, Friedrich: Museologie – knapp gefasst, Köln u. a. 2005.

hen Beiträge kamen dabei von Gottfried Korff, dem langjährigen Professor für Empirische Kulturwissenschaften in Tübingen, der sich mit den Dingen im Museum, dem Mensch-Ding-Verhältnis sowie den Herausforderungen des Sammelns und Ausstellens beschäftigt hat.[52] Seine Nachfolgerin Anke te Heesen und deren Nachfolger Thomas Thiemeyer führen die Forschungen zur Museumsgeschichte und -theorie fort.

In der internationalen Beschäftigung mit Museen wurde Ende der 1980er Jahre kritisiert, dass Museologie sich vor allem auf die konkrete Arbeit im Museum beziehe und zu wenig nach dem Sinn und Zweck derselben fragen würde. In Abgrenzung dazu wurde die *New Museology* bzw. **Neue Museologie** begründet, die Museen in ihrem gesellschaftlichen Umfeld betrachtete, ihre Ziele hinterfragte und ihnen neue Aufgaben zuwies. Museen wurden als Orte der Präsentation und Generierung von Wissen diskutiert, die sich stärker ihrer Rolle als Produzenten von Geschichtsbildern bewusst sein sollten. Daher wurde auch ihre gesellschaftspolitische Verantwortung thematisiert und gefordert, dass sie zum Beispiel die gesellschaftliche Vielfalt deutlicher abbilden müssten.[53] Daraufhin wurden zum Beispiel die Sammlungen, aber auch die Ausstellungen und die pädagogischen Angebote neu gesichtet und auf die darin repräsentierte Gender-[54] oder Migrationsgeschichte[55] hin befragt. Dabei wurde deutlich, dass sowohl mit der Auswahl von Objekten für die Sammlung und ihrer Kategorisierung als auch mit der Art und Weise ihrer Präsentation mitunter nachhaltiger Einfluss auf Geschichtsbilder genommen werden kann und dass mit denselben Objekten auch ganz andere Geschichten erzählt werden können.

In der *New Museology* avancierte die **Partizipation** der Bürger*innen zu einem zentralen Orientierungspunkt der Museumsarbeit. Sie sollten sowohl an der Sammlung von Objekten als auch an der Entwicklung von Ausstellungen beteiligt werden.[56] Bis dahin bestehende Konzepte des „Museumsexpertentums" wurden hinterfragt und „die Rolle des Museums als Institution *der* Gesellschaft und *für* die Gesellschaft neu verhandelt."[57] Dieses Rollenverständnis lässt sich folgendermaßen auf den Punkt bringen:

---

52 Eine Sammlung seiner Vorträge und Aufsätze findet sich in: Korff, Gottfried: Museumsdinge deponieren – exponieren, hrsg. von Martina Eberspächer, Gudrun Malene König, Bernhard Tschofen, 2. erg. Auflage Köln u. a. 2007.
53 Macdonald, Sharon: Museen erforschen. Für eine Museumswissenschaft in der Erweiterung, in: Baur, Museumsanalyse, 2010, S. 49–69, hier S. 50 ff.
54 Vgl. Muttenthaler, Roswitha/Wonisch, Regina: Rollenbilder im Museum. Was erzählen Museen über Frauen und Männer, Schwalbach/Ts. 2010.
55 Vgl. Bluche, Lorraine u. a. (Hg.): NeuZugänge. Museen, Sammlungen und Migration. Eine Laborausstellung, Bielefeld 2013.
56 Vgl. Simon, Nina: The participatory museum, Santa Cruz 2010; Gesser, Susanne u. a. (Hg): Das partizipative Museum. Zwischen Teilhabe und User Generated Content. Neue Anforderungen an kulturhistorische Ausstellungen, Bielefeld 2012.
57 Elpers, Sophie/Palm, Anna (Hg.): Die Musealisierung der Gegenwart. Von Grenzen und Chancen des Sammelns in Kulturhistorischen Museen, Bielefeld 2014, S. 15.

„Das Museum tritt nicht als allwissend auf, sondern versteht sich selbst als ‚lernende Institution', die die jeweiligen Bedeutungen eines Themas gemeinsam mit den Benutzern aushandelt."[58]

Ein weiteres zentrales Element der *New Museology* betraf die **Inklusion**, die den Zugang, die Mitwirkung und die Repräsentation aller Menschen fordert.[59] Ausstellungen sollen für bildungsferne Gruppen, für Kinder, für „Menschen mit Migrationshintergrund", für Flüchtlinge oder für Menschen mit Behinderungen gleichermaßen zugänglich und interessant sein. Die Forderung nach Zugänglichkeit bezieht sich sowohl auf barrierefreie Informationen auf den Websites des Museums als auch auf die Situation vor Ort. Neben der Wegbereitung zum und im Museum für Rollstuhlfahrer*innen, taktilen Bodenleitsystemen oder der Möglichkeit, einzelne Objekte anzufassen, sollen die Ausstellungstexte nicht nur in mehreren Sprachen, sondern auch in leichter und in einfacher Sprache sowie als Audios und in Gebärdensprache angeboten werden.[60] Darüber hinaus gilt es aber auch, den Bezug der Menschen zur präsentierten Geschichte herauszustellen und damit auch in der Ausstellung bereits auf die Heterogenität und Interpretationsoffenheit der dargestellten Geschichte zu verweisen, um Anknüpfungsmöglichkeiten für alle zu schaffen.[61] Dies kann bereits bei der Sammlung von Objekten beginnen, indem möglichst auch die Menschen oder sozialen Gruppen eingebunden werden, deren Geschichte erzählt werden soll.[62] Insgesamt gilt, dass Inklusion die Aufgabe aller Mitarbeiter*innen im Museum sein und bereits in der Planungsphase einer neuen Ausstellung mitbedacht werden sollte. Der Deutsche Museumsbund hat in diesem Sinne eine Handreichung veröffentlicht, die die Diskussionen rund um das Thema Migration in Museen zusammenfasst und praktische Arbeitsvorschläge enthält.[63] Der Bundesverband der Museumspädagogik wiederum hat einen Leitfaden zu Barrierefreiheit und Inklusion publiziert, der sich ebenfalls an Museumsmitarbeiter*innen richtet.[64]

Aufbauend auf die *New Museology,* plädiert inzwischen Sharon Macdonald wiederum für eine **Museumswissenschaft** in der Erweiterung. Diese solle wieder stär-

---

58 Gesser, Das partizipative Museum, S. 11.
59 Meijer van Mensch, Stadtmuseum und „Social Inclusion", S. 83.
60 Vogel, Brigitte: Inklusion –Integration – Migration. Das Museum als Raum für gesellschaftspolitische Herausforderungen?, in: Geschichte in Wissenschaft und Unterricht, 68 (2017), H 1/2, S. 39–51, hier S. 44.
61 Gryglewski, Elke: Gedenkstättenarbeit in der heterogenen Gesellschaft, in: Dies. u. a., Gedenkstättenpädagogik, 2015, S. 166–178, hier S. 174 f.
62 Vgl. Bluche u. a., NeuZugänge.
63 Deutscher Museumsbund e. V. (Hg.): Museen, Migration und kulturelle Vielfalt. Handreichungen für die Museumsarbeit, Berlin 2015, URL: http://www.kultur-oeffnet-welten.de/media/images_content/qs/leitfaden_kulturellevielfalt.pdf (Aufruf 13.11.2017).
64 Deutscher Museumsbund e. V./Bundesverband Museumspädagogik e. V./Bundeskompetenzzentrum Barrierefreiheit e. V. (Hg.): Das inklusive Museum. Ein Leitfaden zu Barrierefreiheit und Inklusion, Berlin 2013, URL: http://www.pro-retina.de/dateien/ea_das_inklusive_museum.pdf (Aufruf 13.11.2017).

ker die Erkenntnisse akademischer Forschungen mit der praktischen Museumsarbeit verbinden und sowohl Theorie als auch Empirie fokussieren. Dies bedeute auch eine Rückbindung an die „Alte Museologie", die stärker die konkrete Sammlungs- und Ausstellungsarbeit im Blick hatte.[65] Danach umfasst Museumswissenschaft die Analyse von Objekten in ihrem jeweiligen Kontext und damit auch die Untersuchung von Ausstellungen. Zudem solle sich die Museumswissenschaft auch mit den Auswirkungen von Kommerzialisierung und Tendenzen zum Entertainment auf die Museumsarbeit auseinandersetzen. In diesem Zusammenhang sind Fragen des Marketings ebenso zu behandeln wie angemessene Bereitstellung von Flächen für Museumsshops und Cafés. Nicht zuletzt sollten die Auswirkungen diskutiert werden, die die Orientierung der Museen an den Besuchszahlen auf Inhalte und Präsentation haben können.

Diese Ausrichtung der Museumswissenschaft setzt sich stärker mit den Besucher*innen auseinander, die, ganz im Sinne der *New Museology*, in die Museumsarbeit einbezogen werden sollen. Viele Museen erheben daher verstärkt Besucher*innendaten wie Geschlecht, Alter, Herkunftsort. Fragen nach den Interessen der Besucher*innen und den Wirkungen der Ausstellungen sind jedoch wesentlich komplexer und werden im Rahmen der **Besucherforschung** behandelt.[66] Diese konzentriert sich seit den 1980er und 1990er Jahren auf narrative Interviews vor und nach dem Besuch von Ausstellungen, die meist in Zusammenarbeit mit Universitäten oder anderen Forschungseinrichtungen außerhalb der Museen erstellt und ausgewertet werden. Wichtige Forschungsimpulse kamen zunächst aus den Sozialwissenschaften und dabei vor allem von dem Soziologen Heiner Treinen. Er verwies darauf, dass Museen keine Lernorte wie Schulen seien und damit dort keine Lehr-Lern-Prozesse untersucht werden könnten. Vielmehr seien sie mit den Massenmedien vergleichbar, die von den Besucher*innen sowohl zur Informationsaufnahme als auch zur Unterhaltung konsumiert werden. Die Forschung müsse daher die Interessen und das Vorwissen der Besucher*innen erfragen, um auf dieser Basis die Wirkung der Ausstellungen untersuchen zu können. Unterstützung bei der Besucherforschung leisten vor allem das Institut für Museumsforschung in Berlin oder das Zentrum für Evaluation und Besucherforschung in Karlsruhe.[67]

Ein Schwerpunkt der verschiedenen Museumsforschungsansätze liegt auf der Auseinandersetzung mit den Objekten. Dies sind vor allem materielle Dinge, aber auch virtuelle Objekte oder auch Gerüche und Geräusche. Mit ihrem Übergang in ein Museum durchlaufen sie den Prozess der Musealisierung. Sie werden aus ihrem ursprünglichen Kontext genommen, in die Sammlung überführt und schließlich möglicherweise ausgestellt. Mit der Zurschaustellung im Raum wandeln sie sich vom

---
65 Macdonald, Museen erforschen, S. 57 ff.
66 Vgl. Noschka-Roos, Annette (Hg.): Besucherforschung in Museen – Instrumentarium zur Verbesserung der Ausstellungskommunikation, München 2003.
67 Siehe Website des Instituts für Museumsforschung, URL: http://www.smb.museum/museen-und-einrichtungen/institut-fuer-museumsforschung/aufgaben/besucherforschung.html (Aufruf 13.11.2017); Website des Zentrums für Evaluation und Besucherforschung Karlsruhe, URL: http://www.landesmuseum.de/website/Deutsch/Service/ZEB/Das_ZEB.htm (Aufruf 13.11.2017).

Objekt zum **Exponat,** das durch seine Präsentation eine neue Bedeutung bekommt.[68] In diesem Prozess verlieren sie ihre bisherige Funktion und bekommen eine andere zugewiesen – sie werden zu Kulturobjekten, auch die früheren Gebrauchsgegenstände. Gedächtnistheoretisch formuliert wechseln die Objekte ihren Ort vom kommunikativen ins kulturelle Gedächtnis.[69]

Dieser Prozess besteht aus mehreren Schritten. Zunächst wählen die Museen bzw. deren Mitarbeiter*innen bestimmte Objekte aus. Allgemeingültige Richtlinien für die Auswahlentscheidungen gibt es dabei nicht.[70] Grundsätzlich kann entweder nach dem Besonderen oder nach dem Typischen gesucht werden, die letzte Entscheidung liegt bei den jeweiligen Sammlungsleiter*innen.[71] Die Auswahlmöglichkeit beschränkt sich auf Objekte, die in der Vergangenheit hergestellt und anschließend absichtlich oder unabsichtlich erhalten wurden, also nicht zufällig zerstört worden oder verloren gegangen sind. Diese Feststellung ist keineswegs trivial, denn neben den verschiedenen Sammlungskonzepten, die von den einzelnen Häusern verfolgt werden, sind der Zufall und die subjektive Auswahl somit die Grundlagen für die Zusammensetzung der Sammlungsbestände. Dies sollte bei ihrer Analyse immer bedacht werden.

Nachdem der Auswahlprozess abgeschlossen ist, werden die Objekte registriert, inventarisiert und kategorisiert, um in die Sammlung aufgenommen zu werden.[72] Dabei sollten so viele Informationen wie möglich über sie in Erfahrung gebracht und festgehalten werden. Dazu gehört auch die **Provenienzforschung,** die sich damit auseinandersetzt, woher das Objekt stammt, wessen Eigentum und in wessen Besitz es im Laufe der Zeit war. Auf diese Weise entsteht eine Objektgeschichte, die dem Objekt Bedeutungen zuweist und eine Neubewertung impliziert.[73] Nach Krzysztof Pomian können museale Objekte daher auch als „Semiophore" bezeichnet werden. Diese „bestehen aus einem Träger und aus Zeichen, die darauf angebracht sind. Sie haben eine materielle und eine semiotische Seite", die wiederum entschlüsselt werden kann.[74]

Nach der Aufnahme in die Sammlung führt der mögliche nächste Weg die Objekte in eine Ausstellung. Dabei durchlaufen sie einen weiteren Wandlungs-

---

68 Vgl. te Heesen, Anke: Exponat, in: Gfrereis/Thiemeyer/Tschofen, Museen verstehen, 2015, S. 33–44.
69 Thomas Thiemeyer: Geschichtswissenschaft: Das Museum als Quelle, in: Baur, Museumsanalyse, 2010, S. 73–94, hier S. 76.
70 Der Museumsbund hat jedoch auch zu diesem Thema einen Leitfaden veröffentlicht: Deutscher Museumsbund (Hg.): Nachhaltiges Sammeln. Ein Leitfaden zum Sammeln und Abgeben von Museumsgut, Berlin/Leipzig 2011, URL: http://www.museumsbund.de/wp-content/uploads/2017/03/leitfaden-nachhaltiges-sammeln.pdf (Aufruf 13.11.2017).
71 Vgl. Asmuss, Burkhard: „Chronistenpflicht" und „Sammlerglück". Die Sammlung „Zeitgeschichtliche Dokumente" am Deutschen Historischen Museum, in: Zeithistorische Forschungen, 4 (2007), 1–2, S. 177–188.
72 Zu den konkreten Angaben, die bei der Registrierung und Inventarisierung aufgenommen werden, siehe: Flügel, Einführung, S. 73.
73 Vgl. Fehr, Michael: Müllhalde oder Museum. Endstation in der Industriegesellschaft, in: Ders./Grohé, Geschichten, Bild, Museum, 1989, S. 182–196.
74 Pomian, Der Ursprung des Museums, S. 95.

prozess, denn sie erhalten eine neue Funktion als Vermittlungsträger von Geschichte. Sie werden in einem ausgewählten Kontext präsentiert, mit anderen Objekten in einen Zusammenhang gestellt und durch Objekttexte erläutert.[75] In dieser Form sollen sie Geschichte erzählen bzw. als „dinghafte Zeitzeugen", die „dabei" waren, die präsentierte Geschichte authentifizieren.[76] Sie können somit als Vermittler zwischen Vergangenheit und Gegenwart betrachtet werden, die jedoch einerseits vielfältige Geschichten in sich bergen und andererseits nicht sprechen können. Michael Parmentier betont daher, dass allein mit Objekten nichts erzählt werden kann. Er verweist darauf, dass stets Sprache notwendig ist, um die in ihnen verborgenen Bedeutungen und die mit ihnen verbundenen Geschichten zu vermitteln.[77] Genau diese Verbindung von Worten und Dingen wird in Ausstellungen geleistet. Dabei können dieselben Objekte für ganz unterschiedliche Präsentationen genutzt werden, was sie für Museen nicht zuletzt interessant macht.

Museale Objekte können auf unterschiedliche Weise in Kategorien eingeteilt werden. Gemäß Johann Gustav Droysens klassischer Definition historischer Quellen lassen sie sich beispielsweise in **Traditionen, Überreste** und **Denkmale** untergliedern. Als Tradition gelten zum Beispiel Memoiren, Annalen, Geschichtsdarstellungen, Chroniken oder Kunstwerke, die zum Zweck der Überlieferung einer bestimmten Geschichte hergestellt wurden. Alle unabsichtlich überlieferten Zeugnisse wie amtliche Dokumente, Briefe, Tagebücher aber auch Alltagsgegenstände sind hingegen Überreste. Dazwischen liegt die Kategorie des Denkmals, wozu etwa Postkarten, Plakate, aber auch Grabsteine gehören – es handelt sich um Erinnerungsträger, die jedoch mit Blick auf die Zeitgenoss*innen und weniger für folgende Generationen angefertigt wurden.[78]

Die **Museumssammlungen** unterscheiden die Objekte allerdings eher nach den Materialien, da sie entsprechend unterschiedlich gelagert werden müssen. Dies betrifft Luftfeuchtigkeit, Temperatur oder Beleuchtung.[79] Zum anderen wird aber auch nach Themen sortiert. Beispielsweise gliedert sich die Sammlung des Deutschen Historischen Museums (DHM) in Berlin, das im Gegensatz zu Spezialmuseen übergreifend sammelt, in Alltagskultur, Militaria, Kunst und Grafiken, Dokumente sowie Foto und Film. Während die meisten Titel auf eine klar umrissene Objektgruppe verweisen, umfasst die Alltagskultur hier alle möglichen Dinge vom Abzeichen über Spielzeug und Haushaltsgeräte bis zur Kleidung.

Eine aktuell besonders diskutierte Herausforderung stellt die **Sammlung der Gegenwart** dar. Angesichts der unendlichen Masse an Objekten und der kaum

---

75 Vgl. Michael Parmentier: Mit Dingen erzählen. Möglichkeiten und Grenzen der Narration im Museum, in: Natter/Fehr/Habsburg-Lothringen, Die Praxis der Ausstellung, 2012, S. 147–164.
76 Korff, Gottfried: Zur Eigenart der Museumsdinge (1992), in: Ders., Museumsdinge, 2007, S. 140–145, hier S. 141.
77 Parmentier, Mit Dingen erzählen, S. 161.
78 Vgl. auch Thiemeyer, Geschichtswissenschaft, S. 76 ff.
79 Zum Raumklima in Sammlungen siehe Flügel, Einführung S. 85 ff.; Zu den Sicherungsmaßnahmen für spezielle Objektgruppen wie Holz, Gemälde, Textilien, Glas, Metalle siehe: ebd. S. 90 ff.

begonnen historischen Forschung fällt die Auswahl in diesem Fall besonders schwer. Was soll aufbewahrt werden, um unsere Gegenwart zukünftig auszustellen? Ein Lösungsvorschlag liegt darin, die Entscheidung nicht einzelnen Sammlungsleiter*innen zu überlassen, sondern möglichst viele Menschen, die nicht im Museum arbeiten als „(Alltags-)Experten" in den Sammlungsprozess einzubeziehen.[80] Ganz im Sinne der oben erwähnten Partizipation sollen sie ihre eigenen Objekte ins Museum bringen, die entsprechenden Geschichten dazu erzählen und im besten Fall sogar an der Präsentation beteiligt werden. Dies kann jedoch auch zu Schieflagen führen, wenn nur bestimmte Gruppen ihre Objekte abliefern. Die Aufgabe der Museen liegt in diesem Fall darin, möglichst viele verschiedene Personen und Gruppierungen an der Sammlung zu beteiligen.[81]

Je näher die ausgestellte Zeit an die Gegenwart heranrückt, desto mehr ergeben sich aber auch noch andere Herausforderungen. So bietet es sich an, auch Aussagen von **Zeitzeug*innen in Museen** zu sammeln und in den Ausstellungen zu präsentieren. Sie bringen persönliche Geschichten und Emotionen ein. Damit können sie für Besucher*innen eine weitere Brücke zur Vergangenheit darstellen. Diese Erzählungen können zudem authentifizierend für die ausgestellten Objekte und die damit verbundene Geschichte wirken,[82] da ihnen von den Besucher*innen besondere Glaubwürdigkeit beigemessen wird. Insa Eschebach spricht daher auch von einer Beglaubigungsfunktion der Zeitzeug*innenbeiträge.[83] In Gedenkstätten-Ausstellungen haben Zeitzeug*innen zudem die Funktion, den vormals vielleicht schon vergessenen Opfern eine Stimme zu geben.

Der Umgang mit Zeitzeug*innen stellt allerdings auch eine besondere Herausforderung für die Museums- und Gedenkstättenmitarbeiter*innen dar. Häufig ist die direkte Begegnung der Besucher*innen mit den Zeitzeug*innen von „Ehrfurcht, Scheu, Identifikation und im Extrem Überwältigung" geprägt.[84] Dies kann dazu führen, dass die so präsentierte Geschichte nicht hinterfragt oder diskutiert wird. Um dies zu verhindern bietet es sich an, die Gespräche zwischen Zeitzeug*innen und Besucher*innen zu moderieren und anschließend auszuwerten.[85] (Vgl. Kapitel 3.4 zur Oral History)

Berichte von Zeitzeug*innen werden häufig in Video- oder Audiostationen in die Ausstellungen eingebunden. Die präsentierten Ausschnitte umfassen meist nur

---

80 Gesser, Das partizipative Museum, S. 11.
81 Vgl. Elpers, Sophie/Palm, Anna (Hg.): Die Musealisierung der Gegenwart. Von Grenzen und Chancen des Sammelns in Kulturhistorischen Museen, Bielefeld 2014.
82 De Jong, Steffi: Bewegte Objekte. Einleitende Gedanken zur Musealisierung des Zeitzeugen, in: Schmidt/Krämer/Voges, Politik der Zeugenschaft, 2011, S. 243–264, hier S. 260 f.
83 Eschebach, Insa: Zur Visualisierung von Erinnerungen in der Gedenkstättenpraxis. In: Grieger/Gutzmann/Schlinkert, Die Zukunft der Erinnerung, 2008, S. 37–46, hier S. 44.
84 Wierling, Dorothee: Zeitgeschichte ohne Zeitzeugen. Vom kommunikativen zum kulturellen Gedächtnis – drei Geschichten und zwölf Thesen, in: BIOS (2008), S. 28–36, hier S. 35 f.
85 Vgl. Passens, Katrin: Dialogische Kommunikationssituationen ermöglichen. Zur Rolle der Moderation in Zeitzeugengesprächen zur DDR-Geschichte, in: Ernst, Geschichte im Dialog?, 2014, S. 238–247.

wenige Minuten und entsprechen damit der üblichen Länge von Film- oder Tonaufnahmen in Ausstellungen. Diesen kurzen Sequenzen liegen oftmals lange Interviews zugrunde, die entweder von den Mitarbeiter*innen der Museen oder Gedenkstätten selbst oder von anderen Institutionen geführt wurden. Seit den 1980er Jahren sammeln vor allem Gedenkstätten systematisch entsprechende Interviews. Dort gehören sie inzwischen zum zentralen Bestandteil der Sammlung, während sie in Museen bislang nur vereinzelt gesammelt und ausgestellt werden. Mit der verstärkten Präsentation von Zeitgeschichte in Museen und der Erkenntnis, dass Geschichte über individuelle Schicksale emotional vermittelt werden kann, gewinnen Berichte von Zeitzeug*innen jedoch auch in Museen an Gewicht.[86]

Literatur

Bluche, Lorraine u. a. (Hg.): NeuZugänge. Museen, Sammlungen und Migration. Eine Laborausstellung, Bielefeld 2013.
Elpers, Sophie/Palm, Anna (Hg.): Die Musealisierung der Gegenwart. Von Grenzen und Chancen des Sammelns in Kulturhistorischen Museen, Bielefeld 2014.
Flügel, Katharina: Einführung in die Museologie, Darmstadt 2005.
Korff, Gottfried: Museumsdinge deponieren – exponieren, hrsg. Von Eberspächer, Martina u. a., Köln 2. erg. Auflage 2007.
Natter, Tobias/Fehr, Michael/Habsburg-Lothringen, Bettina (Hg.): Die Praxis der Ausstellung. Über museale Konzepte auf Zeit und auf Dauer, Bielefeld 2012.
Vieregg, Hildegard: Museumswissenschaften, Paderborn 2006.

5.2.2 Museums- und Ausstellungsanalyse

Die Museumsanalyse ist eine weitere Form der Annäherung an das Museum, die sich weniger mit dessen Funktionsweise auseinandersetzt als mit einzelnen „Museen als untersuchenswerte kulturelle Phänomene". Ziel ist es, Erkenntnisse über „gesellschaftliche, politische und kulturelle Verhältnisse" zu erlangen.[87] Denn Museen mit ihren Sammlungen und Ausstellungen sagen, ähnlich wie Filme, Radiobeiträge, Comics oder andere Geschichtsdarstellungen, mindestens so viel über die Zeit aus, in der sie entstanden, wie über die Epochen, die sie repräsentieren. Museen werden daher auch als „Resonanzräume der Erinnerungskultur" bezeichnet. Als solche sind sie

---

86 Vgl. Beier-de Haan, Rosemarie: Geschichte, Erinnerung, Repräsentation. Zur Funktion von Zeitzeugen in zeithistorischen Ausstellungen im Kontext einer neuen Geschichtskultur, in: Kalinke, Zeitzeugenberichte, 2011/2012, URL: http://www.bkge.de/52803.html (Aufruf 13.11.2017).
87 Baur, Joachim: Museumsanalyse: Zur Einführung, in: Ders., Museumsanalyse, 2010, S. 7–14, hier S. 8.

„Gradmesser für die Signifikanz bestimmter historischer Ereignisse und geben Auskunft über den aktuellen Zustand der Gesellschaft, über ihre Vorstellungen, Wahrheiten, Tabus, ihre Agenda, ihr Erinnern und Vergessen."[88]

Zudem lässt sich der Konstruktionscharakter von Geschichte in Museen besonders gut nachvollziehen. Dabei können das Ziel, die Vorgehensweise und die Handlungsspielräume der Sammlungsleiter*innen und Ausstellungsmacher*innen identifiziert sowie die produzierten Geschichtsbilder analysiert werden. Die Untersuchungen können somit folgende Bereiche umfassen: die Struktur der Institution, die innere Aufgabengliederung des Hauses und die Verteilung der Mitarbeiter*innen auf die verschiedenen Museumsbereiche, aber auch die Auswahl der Objekte und deren Kategorisierung in der Sammlung, ihre Anordnung in der Ausstellung, die Raumgestaltung und die Texte sowohl in der Ausstellung als auch im Katalog oder in den pädagogischen Begleitmaterialien, und schließlich die Öffentlichkeitsarbeit und das Marketing des Hauses.

Aufgrund der Erkenntnis, dass das Museum jeweils eine eigene Quelle darstellt, die zwar in verschiedene Traditionen und Typologien eingeordnet werden kann, aber darüber hinaus jeweils eigene Erkenntnisse in sich birgt, die nicht einfach auf andere Häuser übertragbar sind, werden bislang vor allem einzelne Museen oder Gruppen untersucht.[89] Der Fokus kann auf einer klassischen Institutionengeschichte liegen, die die Entwicklung des Museums insgesamt in den Blick nimmt. Ein anderer Ansatz analysiert die Sammlungsgeschichte eines Hauses im Hinblick darauf, welche Objekte wann, warum und wie angeschafft wurden. Das „wie" bezieht sich dabei auf Schenkungen oder Ankäufe, auf das passive oder aktive Sammeln und die dahinter stehenden Entscheidungsprozesse.

Ein dritter Untersuchungszugang, der hier etwas ausführlicher beleuchtet werden soll, fokussiert die Ausstellungen, mittels derer die Museen der Öffentlichkeit Geschichte präsentieren. Für die **Ausstellungsanalyse** muss zunächst unterschieden werden, ob die Präsentation noch besucht werden kann oder bereits abgebaut wurde. Im letzteren Fall hängt die Analyse ganz von der Dokumentationslage ab. Im besten Fall wurden sowohl alle Räume und Objekte fotografiert als auch alle Ausstellungstexte und Grafiken archiviert. Hilfreich sind zudem Konzeptpapiere, Protokolle und sonstiger Schriftverkehr rund um die Ausstellung. Die Analyse konzentriert sich in diesem Fall auf Bilder und Texte. Was fehlt, ist der eigene räumliche Eindruck,

---

88 Pieper, Kathrin: Resonanzräume. Das Museum im Forschungsfeld Erinnerungskultur, in: Baur, Museumsanalyse, 2010, S. 187–212, hier S. 203.

89 Zum Beispiel liegen umfassende Museumsanalysen zu Militärmuseen, Jüdischen Museen oder Migrationsmuseen vor, vgl.: Thiemeyer, Thomas: Fortsetzung des Krieges mit anderen Mitteln. Die beiden Weltkriege im Museum, Paderborn 2010; Pieper, Katrin: Die Musealisierung des Holocaust. Das Jüdische Museum Berlin und das Holocaust Memorial Museum in Washington D.C., Köln u. a. 2006; Baur, Joachim: Die Musealisierung der Migration. Einwanderungsmuseen und die Inszenierung der multikulturellen Nation, Bielefeld 2009.

die Atmosphäre und damit die Wirkung der Ausstellung, deren Untersuchung eine besondere Herausforderung darstellt.

Für die Analyse noch vorhandener Ausstellungen bieten sich verschiedene Ansätze an. Dazu zählen historische Quellenkritik, ethnografische Feldforschung, dichte Beschreibung und Semiotik, Diskursanalyse, Erzähltheorien oder auch eine Kombination aus diesen Ansätzen. Diese Aufzählung zeigt bereits, dass es einen alleingültigen Analyseweg nicht gibt, sondern je nach Erkenntnisinteresse die passenden Ansätze ausgewählt werden müssen. Einen sehr guten Einblick in verschiedene Zugänge zur Museumsanalyse gibt der gleichnamige Sammelband von Joachim Baur.[90]

Ausstellungen können hinsichtlich ihrer Themenschwerpunkte, ihres Aufbaus, der Gestaltung, ihrer Objekte sowie der Texte und zusätzlicher Angebote wie Medienstationen und Grafiken und schließlich Begleitmaterialien in Form von Katalogen oder pädagogischen Angeboten untersucht werden. Wie bei jeder anderen wissenschaftlichen Analyse ist es wichtig, am Anfang das eigene Erkenntnisinteresse zu formulieren. So kann zum einen nach dem Ziel der Ausstellungsmacher*innen gefragt werden. Dafür sollten sämtliche Unterlagen vom Ideenpapier über die ersten Konzepte bis hin zum fertigen Drehbuch sowie möglichst noch Sitzungsprotokolle und Interviews mit den Beteiligten in die Analyse einbezogen werden. Zum anderen kann nach möglichen Wirkungen der Ausstellung und den in ihr transportierten Geschichtsnarrativen gefragt werden, die nicht unbedingt mit den Zielen der Ausstellungsmacher*innen übereinstimmen müssen, weil sie wesentlich von den Besucher*innen abhängen. Je nach Alter, Geschlecht, Interessen, Vorwissen, Tagesform, Gruppendynamik usw. können Besucher*innen die Ausstellung ganz unterschiedlich auffassen, sodass sich eine generelle Aussage über die Wirkung schwer treffen lässt. Die in den Ausstellungen präsentierten Narrative lassen sich hingegen eindeutiger herausarbeiten.

Für Historiker*innen bietet es sich an, Ausstellungen mit Hilfe der geschichtswissenschaftlichen Quellenkritik zu untersuchen, die Thomas Thiemeyer wie folgt auf Museen übertragen hat:[91] Die erste Frage bezieht sich auf die Autor*innen der Quelle, also der Ausstellung. Das können einzelne Kurator*innen oder aber ein ganzes Team von Kurator*innen, Gestalter*innen, Berater*innen, Museumspädagog*innen sein: Wer sind diese Personen, welches sind ihre Ziele und ihre Zielgruppen? Ein weiterer Fragekomplex kann sich auf den Entstehungszeitraum und damit verbunden auf den finanziellen und politischen Kontext der Entstehungssituation beziehen. Der Ausstellung selbst nähert sich Thiemeyer zunächst möglichst unvoreingenommen, indem er diese besucht, ohne vorher die Macher*innen gesprochen oder schriftliche Quellen eingesehen zu haben. Diese sollten erst in einem späteren Schritt, zusammen mit Rezensionen oder Ergebnissen von Besucher*innenbefragungen, in die Untersuchung einbezogen werden. Beim Besuch der Ausstellung

---
90 Vgl. Baur, Museumsanalyse.
91 Vgl. Thiemeyer, Geschichtswissenschaft, S. 73–94.

fragt Thiemeyer nach zentralen Begriffen, zentralen Objekten und der zentralen Gestaltung. Das heißt, dass er sich sowohl die Ausstellungstexte ansieht, als auch die präsentierten Objekte und die Art der Präsentation, um die thematischen Schwerpunkte der Ausstellung herauszuarbeiten. Zudem beleuchtet er die ästhetische Form, die sachlich-dokumentarisch oder eher verspielt sein kann, und schließlich den Aufbau der Präsentation: Ist sie chronologisch, thematisch, geografisch, biografisch oder in Objektgruppen gegliedert? Die Struktur gibt bereits Auskunft über den Fokus der Ausstellung, der entweder auf der historischen Entwicklung, verschiedenen geografischen Räumen oder Persönlichkeiten, technischen Informationen oder eben bestimmten Themen liegen kann.

Jana Scholz gliedert Ausstellungstrukturen in vier verschiedene Typen: Chronologie, Klassifikation, Inszenierung und Komposition.[92] Die **Chronologie** findet sich besonders häufig in historischen Ausstellungen, da sie die Entwicklung eines linearen Narratives unterstützt. Gerade bei einem Schwerpunkt auf Politik- und Ereignisgeschichte bietet sich diese Erzählstruktur an. Die **Klassifikation** wird meistens in Ausstellungen gewählt, die zum Beispiel die Unterschiede verschiedener Objekte einer Gattung verdeutlichen wollen. Materialität, Technik oder Funktionsweise der Objekte stehen dabei im Mittelpunkt. Die **Inszenierung** eignet sich, um Objekte thematisch in Szene zu setzen. Ihr mögliches ursprüngliches Umfeld außerhalb des Museums wird nachgestellt und teilweise sogar rekonstruiert. Die **Komposition** schließlich bietet sich an, um Objekte miteinander auszustellen, die auf den ersten Blick nicht zusammen gehören.[93] Es gibt allerdings auch Ausstellungen, die keine historischen Objekte ausstellen, sondern Geschichte in Form von gebauten Szenen darstellen. Diese Form der Präsentation wird als **Szenografie** bezeichnet und findet sich vorwiegend in neu gegründeten privaten Museen. Häufig können diese Einrichtungen kaum auf historische Objekte zurückgreifen und versuchen, Geschichte relativ eindeutig in einer Art von Bühnenbild zu vermitteln.[94] Auch wenn diese Formen idealtypisch verschiedenen Ausstellungen zugewiesen werden können, finden sich in der Praxis vor allem Mischformen. Dennoch lassen die vorherrschenden Elemente Aussagen über die Absichten der Ausstellungsmacher*innen zu.

Die Struktur kann auch Auskunft über die Fragestellung der Ausstellung geben, die gewöhnlich eingangs thematisiert und eventuell am Ende wieder aufgegriffen wird. Zudem lohnt sich der Blick auf das Wegeleitsystem durch die Ausstellung: Gibt es für die Besucher*innen nur einen oder mehrere parallele Wege, sind diese strikt vorgegeben oder eher offen für Abweichungen? Damit verbindet sich die Frage nach der Multiperspektivität und dem geschlossenen oder offenen Geschichtsbild, das in der Ausstellung vermittelt wird.

---

92 Vgl. Scholze, Jana: Medium Ausstellung. Lektüren musealer Gestaltung in Oxford, Leipzig, Amsterdam und Berlin, Bielefeld 2004; Vgl. auch Parmentier, Mit Dingen erzählen, S. 150 ff.
93 Scholze, Medium Ausstellung, S. 27 f.
94 Thiemeyer, Inszenierung, S. 56 ff.

Die Ausstellungsanalyse kann aber auch gezielt nach den Objekten und ihrer Bedeutung in der Ausstellung fragen. Jana Scholze versucht beispielsweise, mit kultursemiotischer Methodik die Zeichen in der Ausstellung zu lesen.[95] Sie nähert sich ihnen „in deskriptiven Analysen", mit deren Hilfe „die durch die Objekte und ihre Arrangements vermittelten Botschaften freigelegt und gelesen" werden sollen.[96] Analytisch baut sie auf der Methode der „dichten Beschreibung" von Clifford Geertz auf, die sich nicht allein auf das Sammeln von Informationen beschränkt, sondern die komplexen, übereinanderliegenden und in sich verschränkten Bedeutungsebenen herauszuarbeiten versucht.[97] Dabei konzentriert Scholze sich auf die Objekte, die Ausstellungsarrangements und den Ausstellungskontext. Sie betrachtet sowohl die vormuseale Funktion der Objekte als auch die kulturellen Zusammenhänge, individuelle Lebensgeschichten sowie Normen- und Wertesysteme, die mit den Objekten verbunden werden. Diese verändern sich im Laufe der Zeit, sodass die entsprechenden Forschungen auch aktualisiert werden müssen. Auch dieser Ansatz kommt jedoch zu dem Schluss, dass Ausstellungen vielfältige, von den Kurator*innen beabsichtigte und von den Besucher*innen interpretierbare Botschaften enthalten.

Abschließend kann festgehalten werden, dass es vielfältige Ansätze zur Museumsanalyse gibt, die entsprechend des Forschungsinteresses ausgewählt werden und eventuell miteinander verbunden werden können. Museumsforschungen sind ebenso wie die Museen selbst nach wie vor in der Entwicklung und beides bietet somit ein interessantes Arbeitsfeld für Public Historians.

Literatur

Baur, Joachim (Hg.): Museumsanalyse. Methoden und Konturen eines neuen Forschungsfeldes, Bielefeld 2010.
Gfrereis, Heike/Thiemeyer, Thomas/Tschofen, Bernhard (Hg.): Museen verstehen. Begriffe der Theorie und Praxis, Göttingen 2015.
Macdonald, Sharon (Hg.): A Companion to Museum Studies, Oxford 2006.
Scholze, Jana: Medium Ausstellung. Lektüren musealer Gestaltung in Oxford, Leipzig, Amsterdam u. a. 2004.

---

95 Scholze, Jana: Kultursemiotik: Zeichenlesen in Ausstellungen, in: Baur, Museumsanalyse, S. 137.
96 Ebd.
97 Vgl. Geertz, Clifford: Dichte Beschreibung. Beiträge zum Verstehen kultureller Systeme, Frankfurt/M. 1983.

5.3 Ausstellungen machen und vermitteln

Ausstellungen werden selten von einer Person allein erstellt, sondern sind gewöhnlich Teamarbeit. Dabei ist es sinnvoll, neben den Kurator*innen die Museums- oder Gedenkstättenpädagog*innen sowie die Öffentlichkeitsarbeit, Gestalter*innen, Grafiker*innen und Restaurator*innen an der Konzeption zu beteiligen.[98] Deren Zusammenarbeit ist essentiell, wobei die Gewichtung der jeweiligen Beiträge immer wieder neu ausgehandelt und vielfach unterschiedlich gehandhabt wird. Bei der Konzeption von Ausstellungen sollte immer bedacht werden, dass dies eine „experimentelle Tätigkeit" ist, denn die Objekte erzählen nicht nur das, was das Ausstellungsteam beabsichtigt, sondern können von den Besucher*innen ganz unterschiedlich interpretiert werden.[99]

„Ausstellungen machen bedeutet, über eine reiche Seherfahrung zu verfügen, ein geschultes Auge und Kenntnisse von Sammlungen zu besitzen, Forschung zu betreiben und die immer wieder neue Bereitschaft, sich zwischen Kennerschaft und Dilettantismus in ein Thema einzuarbeiten."[100]

Der Ausgangspunkt für eine Ausstellung kann entweder der Wunsch sein, bestimmte Objekte zu zeigen (Exponatorientierung), oder die Absicht, eine Geschichte im Raum zu präsentieren (Themenorientierung). In beiden Fällen muss in einem ersten **Konzeptpapier** das Thema entwickelt und dessen Präsentation in einer Ausstellung begründet werden.[101] Dies erfolgt zunächst auf der Basis vorhandener Forschungsliteratur. Wie in jedem anderen Bereich der Public History muss auch im Museum geklärt werden, warum ein bestimmtes Thema und der gewählte Zugang interessant sind, wer die Zielgruppe sein soll und welches die Kernthemen sind, die präsentiert und vermittelt werden sollen. Auf dieser Basis können eventuell zusätzliche Geldgeber*innen und unterstützende Institutionen für die Umsetzung gewonnen werden. Dazu muss die Konzeption einen Arbeits- und Finanzplan enthalten. Der **Finanzplan** muss folgende **Kostenpunkte** beinhalten: Personal, Objekte (Ankauf, Leihgebühren, Transport, Rechte, Restauration, Versicherungen), Ausstellungsbauten, Medien, Begleitpublikation, Begleitveranstaltungen, Öffentlichkeitsarbeit.

---

98 In der Literatur wird das Ausstellungsmachen auch als ein „Magisches Dreieck" beschrieben, dessen Eckpunkte vor allem durch die Ausstellungsmacher*innen, die Pädagog*innen sowie die Gestalter*innen und Grafiker*innen besetzt werden, vgl. Kirchhoff, Heike/Schmidt, Martin (Hg.): Das magische Dreieck. Die Museumsausstellung als Zusammenspiel von Kuratoren, Museumspädagogen und Gestaltern, Bielefeld 2007.
99 Parmentier, Mit Dingen erzählen, S. 150.
100 te Heesen, Einführung, S. 191.
101 Zur Ausstellungskonzeption siehe auch: Janeke, Kristiane, „Nicht gelehrter sollen die Besucher eine Ausstellung verlassen, sondern gewitzter". Historiker zwischen Theorie und Praxis, in: Zeithistorische Forschungen, 4 (2007), 1–2, S. 189–199, hier S. 190.

Neben den konzeptionellen Grundfragen nach Thema, Fragestellung und Ziel der Ausstellung müssen pragmatische **Rahmendaten** geklärt werden. Diese betreffen die Art der Ausstellung, der Ausstellungsräume, der zu präsentierenden Objekte und der erläuternden Texte. So stellt sich die Frage, ob historische Objekte gezeigt werden oder es sich um eine sogenannte Tafelausstellung handeln soll. Damit werden Text-Bild-Präsentationen bezeichnet, die auf Tafeln, Stellwänden, Stoffbahnen oder anderen Trägermaterialien angebracht sind. Diese Ausstellungen haben den Vorteil, dass sie relativ schnell an unterschiedlichsten Orten aufgebaut werden können und keine größeren Schutzmaßnahmen benötigen, da sie bei Beschädigung oder Zerstörung erneut produziert werden können. Wenn jedoch historische Originalobjekte gezeigt werden sollen, wie es bei klassischen Ausstellungen der Fall ist, spielt die Frage der Sicherheit eine wesentliche Rolle. Die Objekte müssen nicht nur vor Diebstahl oder Vandalismus geschützt werden, sondern auch vor Zerstörung durch menschliche Berührungen, durch Licht, Temperatur oder Luftfeuchtigkeit. Nicht umsonst wird immer wieder darauf verwiesen, dass allein die Sammlung der sicherste Ort für die Objekte ist und jede öffentliche Präsentation zu ihrem Verfall beiträgt. Daher werden zum Beispiel in Dauerausstellungen lichtempfindliche Objekte wie Textilien, Drucke oder Grafiken entweder in besonderen Vitrinen ausgestellt oder regelmäßig ausgetauscht. Tageslicht ist besonders gefährlich für viele Objekte, weshalb es in Ausstellungsräumen entweder gar keine Fenster gibt oder diese verhängt sind. Deshalb ist es wichtig zu klären, wo die Ausstellung präsentiert werden soll: in einem Museum, das alle Anforderungen an einen Ausstellungsbau erfüllt, oder in anderen Räumlichkeiten, die eigentlich einem anderen Zweck dienen und zeitweilig umgewidmet werden. Im letzteren Fall müssen die Vitrinen die fehlenden Schutzfunktionen des Raumes ersetzen, indem sie zum Beispiel weniger lichtdurchlässig sind.

Neben diesen Sicherheitsfragen ist bei der Wahl des Ausstellungsortes zu bedenken, dass jeder Ort selbst eine Aussage in sich birgt und die Wirkung der Ausstellung beeinflusst. Das Ideal eines „White Cube",[102] eines neutralen, schmuck- und fensterlosen Raumes, der allein als Folie dient, ohne selbst eine Botschaft zu vermitteln, ist in der Praxis nicht erreichbar. Selbst die vermeintliche Neutralität eines solchen Raumes ist nur eine Illusion, denn auch die weißen Wände vermitteln eine Aussage, eine Atmosphäre, die wiederum Einfluss auf die Wahrnehmung der gezeigten Geschichte hat.

Mit der Entscheidung für einen Ausstellungsort wird zugleich über den Umfang der Ausstellung entschieden. Zudem werden durch die Räumlichkeiten bereits Vorgaben für die spätere Struktur und Gestaltung gemacht: Handelt es sich um einen quadratischen Raum, der verschiedene Laufrichtungen ermöglicht, oder um einen länglichen Schlauch, der nur einen einzigen Weg erlaubt, um einen oder mehrere Räume, die quasi schon Themenabschnitte vorgeben und gibt es einen oder mehrere Ein- und Ausgänge?

---

102 te Heesen, Einführung, S. 182.

Ausstellungen können aber auch virtueller Art sein, wie zum Beispiel Online-Ausstellungen, und damit gar keinen physischen Ort haben.[103] Ähnlich wie bei Tafelausstellungen werden historische Objekte in diesem Fall nur mittelbar über Abbildungen präsentiert und können somit nicht zerstört werden. Damit geht jedoch auch die vielgerühmte ‚Aura des Objektes' verloren. Museen nutzen virtuelle Ausstellungen, um über ihren Standort hinaus Einblicke in die eigene Sammlung zu geben und nicht zuletzt, um für ihre realen Objektpräsentationen zu werben.

Im Folgenden wird ein idealtypischer Ablauf für eine Ausstellungskonzeption mit Objekten nachgezeichnet. Der wichtigste Arbeitsschritt betrifft die **Auswahl der Objekte**. Dazu zählen vor allem die dreidimensionalen (3D)-Exponate, aber auch die sogenannte „Flachware", also zum Beispiel Bilder, Plakate oder Zeitungen. Dies sind zwar dreidimensionale Gegenstände, die aber oft so ausgestellt werden, dass sie nur von einer Seite betrachtet und daher nur zweidimensional wahrgenommen werden können. Fotos werden häufig nicht im Original gezeigt, sondern als Reproduktion. Da dann ihre Größe verändert werden kann, lassen sie sich wesentlich flexibler einsetzen. Zu den historischen Objekten zählen auch Filme und Tonaufnahmen, die sich jedoch nur mit einem Hilfsmedium präsentieren lassen. Vor allem Filme werden meist nicht im Original, sondern in Kopien auf modernen Geräten und nur in kurzen Ausschnitten von einigen Minuten präsentiert. Neben historischen Film- und Tonaufnahmen können auch Audio- oder Videoausschnitte von Zeitzeug*inneninterviews gezeigt werden.[104] Vor allem Gedenkstätten bieten zudem an, die Interviews in voller Länge außerhalb der Ausstellung zum Beispiel auf CD oder DVD oder auf der Website anzusehen bzw. anzuhören. In dieser Form bieten sie sich auch für die Vor- oder Nachbereitung des Ausstellungsbesuches an.[105]

Neben den Objekten sind die **Erläuterungstexte** in Ausstellungen zu beachten. Diese sollten trotz komplexer Inhalte möglichst einfach formuliert und gestaltet werden. Zudem sollte möglichst sparsam mit ihnen umgegangen werden, denn die Besucher*innen kommen wegen der Objekte ins Museum, nicht wegen der Texte. Die Ausstellungstexte werden häufig in Form von A-, B- und C-Texten bzw. Raum-, Themen- und Objekttexten konzipiert.[106] Sie können sowohl auf Tafeln in der Ausstellung angebracht, in einer Begleitpublikation nachlesbar oder über einen Audioguide hörbar sein. Während die Raum- und Thementexte vor allem einen einführenden Charakter haben, sollten die Objekttexte möglichst konkret werden und nicht „den Kontakt, und zwar den Sichtkontakt zu den Dingen" ver-

---

103 Siehe zum Beispiel das Lebendige Museum Online (LeMO) des Deutschen Historischen Museums und der Stiftung Haus der Geschichte der Bundesrepublik Deutschland: http://www.dhm.de/Lemo (Aufruf 13.11.2017).
104 Vgl. De Jong, Bewegte Objekte, S. 243–264.
105 Vgl. Eschebach, Insa: Zur Visualisierung von Erinnerungen in der Gedenkstättenpraxis, in: Grieger/Gutzmann/Schlinkert, Die Zukunft der Erinnerung, 2008, S. 37–46.
106 Zu den Texthierarchien und der Textgestaltung in Museen siehe: Dawid, Evelyn/Schlesinger, Robert (Hg.): Texte in Museen und Ausstellungen, Bielefeld 2002.

lieren.[107] Sie sollten aber auch nicht einfach beschreiben, was ohnehin zu sehen ist, sondern über die Besonderheiten des Objektes im Bezug zum Ausstellungsthema informieren. In den Texten zu Zeitzeug*inneninterviews sollten die Namen der Sprecher*innen und ihre im Zusammenhang der Ausstellung relevante Funktion genannt werden.[108] Weitere biografische Angaben erleichtern den Besucher*innen die Einordnung des Interviews.

Wenn entschieden ist, was für wen und mit welchen Mitteln gezeigt werden soll, müssen die zu präsentierenden Bilder, Filme und Objekte recherchiert und auch die Rechte für deren Nutzung geklärt werden. So müssen etwa die Veröffentlichungsrechte für die Fotos in der Sammlung eines Museums keineswegs bei diesem liegen.

Wenn die Themen und Objekte feststehen, kann eine **Grobkonzeption** erstellt werden, die die Gliederung und damit den Aufbau der Ausstellung beschreibt. Sie enthält eine Liste der Themen und Unterthemen sowie eine **Exponatliste** mit den Titeln der 3D-Objekte, Fotos, Videos und Audios. Bei Interviews sollte zusätzlich vermerkt werden, ob und in welcher Form diese bereits vorliegen oder ob sie noch zu führen sind. Auch Grafiken, Modelle oder Repliken werden in die Liste aufgenommen. Daran anschließend lässt sich eine **Desiderateliste** der noch zu beschaffenden Objekte aufstellen.

Auf den ersten Recherchen und der Grobkonzeption aufbauend, kann die Planung der Gestaltung des Raumes und der Vitrinen, der Einsatz von Vermittlungsmedien und des Lichtes sowie der Textgrafik beginnen. Im nächsten Schritt kann das Feinkonzept erstellt werden, zum Beispiel in Form einer Synopse. Diese kann etwa in der ersten Spalte die Themen auflisten, in der zweiten die jeweils mit ihnen verbundenen Aussagen, in der dritten die Objekte, die diese Themen und Aussagen transportieren, und in der vierten eine Übersicht über die vorgesehenen Texte. Entweder werden die weiteren Informationen über die Objekte in diese Übersicht eingeführt oder es wird eine weitere Liste mit der Beschreibung und den genauen Daten zum Umfang der Objekte, den Leihgeber*innen und den Rechten angelegt.

Anhand des Feinkonzeptes kann eine sogenannte **Wandabwicklung** erstellt werden. Darin sind alle Objekte, Fotos, Medienstationen, Grafiken und Texte im Größenverhältnis aufgeführt, um einen Eindruck davon zu bekommen, wie der jeweilige Raum ausgefüllt sein wird. Anhand dieser Übersicht können noch einmal Objekte, Medien und Texte gestrichen oder ausgetauscht werden. Eventuell entwerfen die Gestalter zudem noch ein 3D-Modell, um einen Eindruck von der künftigen Ausstellung zu bekommen.

---

107 Pomian, Mit Dingen erzählen, S. 161 f.
108 Vgl. Beier-de Haan, Rosmarie: Geschichte, Erinnerung, Repräsentation. Zur Funktion von Zeitzeugen in zeithistorischen Ausstellungen im Kontext einer neuen Geschichtskultur, in: Kalinke, Zeitzeugenberichte, 2011/2012, S. 1–15, URL: http://www.bkge.de/52803.html (Aufruf 13.11.2017).

Abb. 8: Foto des Modells zur Ausstellung „Alltag Einheit" im DHM, 2015

Parallel dazu werden die bereits erwähnten Themen-, Raum- und Objekttexte verfasst. Zusätzlich werden für jedes Objekt Beschriftungen erstellt, die die Objektbezeichnung enthalten und zudem das Material, den Umfang, das Herstellungsdatum und die Leihgeber*innen aufführen können. Außerdem werden nun Grafiken wie zum Beispiel Statistiken, Karten oder Diagramme erstellt. Nicht im Museum vorhandene Objekte werden ausgeliehen. Wenn schließlich alle eingebundenen Objekte, Medien und Texte sowie das Gestaltungskonzept feststehen, wird alles im **Drehbuch** zusammengefasst, das die Grundlage für den Aufbau der Ausstellung bildet.

Parallel zur Erarbeitung der Ausstellung selbst müssen Entscheidungen über ein Begleitprogramm gefällt und umgesetzt werden, das z. B. in Form von speziellen Führungen, Vorträgen, Diskussionen stattfinden kann. Begleitpublikationen in Form eines Kataloges, einer Broschüre, einer Website oder einfach nur eines Flyers sind zu erstellen. Und schließlich muss ein musemspädagogisches Programm ausgearbeitet werden, das neben den Führungen auch vertiefende pädagogische Materialien und spezielle Vermittlungsformate enthalten kann.

Eine klassische **Führung** gleicht einem Vortrag. Sie enthält eine Begrüßung mit einer Einführung ins Thema, einen Hauptteil mit Beispielen und ein abschließendes Resümee. Besucher*innen können sich allein durch Fragen einbringen. In der Erweiterung wird jedoch versucht, die Führungen im Dialog mit den Besucher*innen zu gestalten.[109]

Je größer die Einrichtung, umso stärker werden die Angebote nach unterschiedlichen Besucher*innengruppen ausdifferenziert. So wird zum einen nach Altersgruppen von Vorschulkindern bis zu Senior*innen unterschieden, zum anderen werden spezielle Angebote für bestimmte Gruppen wie zum Beispiel Flüchtlinge, Menschen mit körperlichen Behinderungen oder Lern- und Leseschwächen entwickelt. Die Angebote können entweder direkt in die Ausstellung implementiert werden, zum Beispiel in Form von zusätzlichen Texten in einfacher oder leichter Sprache, oder als spezielle Führungen oder Workshops konzipiert sein. Zur Tätigkeit in der Museums- und Gedenkstättenpädagogik siehe auch Kapitel 6.5.

Literatur

Alder, Barbara/de Brok, Barbara: Die perfekte Ausstellung. Ein Praxisleitfaden zum Projektmanagement von Ausstellungen, Bielefeld 2012.
Aumann, Philipp/Duerr, Frank: Ausstellungen machen, München 2013.
Dawid, Evelyn/Schlesinger, Robert (Hg.): Texte in Museen und Ausstellungen, Bielefeld 2002.
Graf, Bernhard/Rodekamp, Volker (Hg.): Museen zwischen Qualität und Relevanz. Denkschrift zur Lage der Museen, Berlin 2012.
Haug, Verena: Am „authentischen Ort". Paradoxien der Gedenkstättenpädagogik, Berlin 2015.
Kuhn, Bärbel u. a. (Hg.): Geschichte erfahren im Museum, St. Ingbert 2014.
Natter, Tobias/Fehr, Michael/Habsburg-Lothringen, Bettina (Hg.): Die Praxis der Ausstellung. Über museale Konzepte auf Zeit und auf Dauer, Bielefeld 2012.

---

109 Vgl. Schrübbers, Christiane: Moderieren im Museum, in: Dies., Moderieren im Museum, 2013, S. 39–46.

6. Public History in der Lehre

Public History in der Lehre beruht auf zwei Säulen: fachwissenschaftlichen Seminaren und praktischen Übungen. Die Dozent*innen sind daher teils an den Universitäten tätige Wissenschaftler*innen, teils außerhalb der Forschungseinrichtungen wirkende Historiker*innen. Auf diese Weise soll gewährleistet werden, dass Theorie und Praxis jeweils von Expert*innen gelehrt und zum Beispiel geschichtswissenschaftliche Quellen nicht nur auf ihre Bedeutung für die Forschung analysiert werden, sondern auch auf ihre mögliche Funktion in der öffentlichen Geschichtspräsentation. Dabei sollen vor allem Kenntnisse und Fertigkeiten für die Analyse unterschiedlicher Geschichtsdarstellungen in der Öffentlichkeit vermittelt werden. Die Lehrangebote mit Praxisbezug dienen darüber hinaus dazu, sowohl Einblicke in Berufsfelder für Absolvent*innen der Geschichtswissenschaft zu gewähren als auch praktische Fähigkeiten für den Einstieg in das Berufsleben zu vermitteln.

Die Reflexion über Geschichtsdarstellungen stellt den Kern der Public History-Studienangebote dar. Dies kann in speziellen Public History-Studiengängen umgesetzt werden oder im Rahmen allgemeiner Bachelor- oder Masterprogramme der Geschichtswissenschaft.[1] Im Folgenden wird ein kurzer Einblick in mögliche Lehrinhalte und Ziele eines eigenständigen Public History-Studienganges geboten. Die Schwerpunkte können jedoch auch als Module im allgemeinen Geschichtsstudium angeboten werden. Zudem werden mögliche Masterarbeitsthemen und Praxisprojekte vorgestellt. In einem eigenen Unterkapitel werden sodann Standards der Public History diskutiert und abschließend Berufsfelder mit den jeweiligen Tätigkeiten und Ausbildungswegen skizziert.

6.1 Die Verknüpfung von Theorie und Praxis im Studium

Die fachwissenschaftlichen und didaktischen Seminare des Public History-Studiums fokussieren vielfach Themen der Geschichtskultur, setzen sich aber auch mit Theo-

---

1 Vgl. Cauvin, Thomas: Why We Should all Become Public Historians?, in: Public History Weekly, 4 (2016) 42, URL: https://public-history-weekly.degruyter.com/4-2016-42/why-we-should-all-become-public-historians/ (Aufruf 13.11.2017).

rien und Methoden der **Geschichtswissenschaft** auseinander.[2] Die Grundlagenarbeit zeichnet sich, wie in anderen geschichtswissenschaftlichen Seminaren auch, vor allem durch Textlektüre und -diskussion aus. Um Geschichte für die Öffentlichkeit präsentieren zu können, müssen zunächst der jeweils neueste Forschungsstand und die entsprechenden Methoden nachvollzogen werden. Zudem ist es für Public Historians wichtig, auch selbst in der Lage zu sein, geschichtswissenschaftliche Forschung durchzuführen.

In den Seminaren geht es sowohl um historische Forschungsergebnisse und Forschungsmethoden als auch um Fragen der Interpretation, der Kontextualisierung und der theoretischen Reflexion. Inhaltlich können jegliche geschichtswissenschaftliche Themen behandelt werden. Besonders häufig sind jedoch geschichtskulturelle und geschichtspolitische Inhalte Gegenstand der Seminare. Insbesondere solche Debatten, die über die Zunft der Historiker*innen hinaus Beachtung finden, werden näher beleuchtet. Entsprechende öffentliche Diskussionen zeichnen vor allem die Zeitgeschichte aus, die als Geschichte der „Mitlebenden" (Hans Rothfels) definiert und auch als „Streitgeschichte"[3] betitelt wird. Sie ist nicht zuletzt von heftigen und höchst emotional geführten öffentlichen Diskussionen um Geschichtspräsentationen gekennzeichnet. Herausragende Beispiele sind die Debatten um die „Wehrmachtsausstellungen",[4] aber auch um Film- und Fernsehproduktionen wie „Unsere Mütter, unsere Väter" (Deutschland 2013) oder um das „Denkmal für die ermordeten Juden Europas"[5].

Zudem werden in Public History-Seminaren Themen und Methoden der **Geschichtsdidaktik** behandelt, die bereits im zweiten Kapitel erläutert wurden. Ziel ist es, Vermittlungs- und Aneignungsprozesse im Umgang mit Geschichte zu problematisieren. Dabei werden Kriterien zur Analyse von Geschichtsdarstellungen hinsichtlich ihres Potentials für das Historische Lernen entwickelt. Dazu zählen die **Narrativität,** mit deren Hilfe Vergangenes mit der Gegenwart in sprachlicher Form verbunden wird, und die **Historische Imagination,** die die Vergegenwärtigung von Geschichte in der eigenen Lebenswelt ermöglicht. Präsentationen können darauf untersucht werden, inwieweit sie die alltäglichen Perspektiven von Frauen oder Männern aus der jeweiligen historischen Gesellschaft einbinden (**Personifizierung**) oder eher die Geschichte anhand berühmter Personen, die vermeintlich die Entwicklung

---

2 Vgl. Jordan, Stefan: Theorien und Methoden der Geschichtswissenschaft. Orientierung Geschichte, Paderborn 2009 (inzwischen in der dritten Auflage erschienen).
3 Vgl. Sabrow, Martin/Jessen, Ralf/Große Kracht, Klaus (Hg.): Zeitgeschichte als Streitgeschichte. Große Kontroversen seit 1945, München 2002.
4 Vgl. Thamer, Hans-Ulrich: Vom Tabubruch zur Historisierung? Die Auseinandersetzung um die „Wehrmachtsausstellung", in: Sabrow/Jessen/Große Kracht, Zeitgeschichte als Streitgeschichte, 2002, S. 171–186.
5 Vgl. Kirsch, Jan-Holger (Hg.): Das Holocaust-Mahnmal und die Geschichte seiner Entstehung. Pressestimmen, digitale Reprints, Rezensionen, Bibliographie, in: Zeitgeschichte-online, Juni 2005, URL: http://www.zeitgeschichte-online.de/thema/das-holocaust-mahnmal-und-die-geschichte-seiner-entstehung (Aufruf 13.11.2017); Kirsch, Jan-Holger: Nationaler Mythos oder historische Trauer. Der Streit um ein zentrales „Holocaust Mahnmal" für die Berliner Republik, Köln u. a. 2003.

gelenkt haben, darstellen (**Personalisierung**).⁶ Gleichzeitig werden die Geschichtsdarstellungen darauf befragt, inwiefern in ihnen verschiedene Perspektiven auf die Vergangenheit deutlich werden (**Multiperspektivität**), die sich auch widersprechen und zur Kontroverse anregen können (**Kontroversität**). Zudem wird analysiert, ob und wie sie den **Konstruktionscharakter** von Geschichte als Ergebnis subjektiver Interpretation thematisieren oder eine Abbildung objektiver historischer Realität suggerieren. Die Geschichtsdidaktik blickt außerdem auf das Hervorrufen von **Emotionen** und fragt nach deren Auswirkungen auf das Historische Lernen.⁷ Ein weiterer wichtiger Aspekt von Geschichtsdarstellungen, der in den Seminaren diskutiert wird, ist **Authentizität**, die vor allem als subjektive Zuschreibung und weniger als objektiver Zustand verstanden wird.⁸ Wie wird Authentizität dennoch thematisiert und welche Rolle nehmen dabei Zeitzeug*innen oder historische Objekte ein?

Damit sind einige Begriffe und Themen angesprochen, die in den Seminaren der Public History vertieft untersucht werden.

> Zusammengefasst wird also danach gefragt, inwieweit verschiedene öffentliche Geschichtsdarstellungen geschichtswissenschaftlichen Standards entsprechen, multiperspektiv und kontrovers gestaltet sind, Narrative vermitteln, Imagination ermöglichen, Emotionen ansprechen, authentisch erscheinen und welche Geschichtsbilder dadurch verstärkt oder neu konstruiert werden. Zugleich wird aber auch diskutiert, wie Geschichtspräsentationen sowohl seriöse Einsichten in Geschichte vermitteln als auch unterhalten können, welche Rolle dabei finanzielle Kriterien und Gewinnabsichten spielen und welchen Einfluss die Ausrichtung an den der Öffentlichkeit zugeschriebenen Interessen auf die eigene Arbeit haben kann.

Es gibt also durchaus fließende Übergänge zwischen Theorie und Praxis. Ähnlich wie beim amerikanischen Vorbild werden in deutschen Public History-Studiengängen aber auch konkrete **Berufsfelder** für Public Historians vorgestellt. Dabei geht es einerseits um die Tätigkeiten, die diese Berufe umfassen, und andererseits um die Fähigkeiten, die mitgebracht werden sollten, um sie auszufüllen (siehe dazu Kapitel 6.5). Dazu gehört nicht zuletzt das **Projektmanagement**, das notwendigerweise in alle Berufszweige der Public History hineinreicht (siehe dazu Kapitel 6.2.2).

Besondere Aufmerksamkeit kommt zudem der computergestützten Erforschung und Vermittlung von Geschichte zu, die auch als **Digital History** bezeichnet wird und in den letzten 20 Jahren eine enorme Ausbreitung erfahren hat. Digitalisierung ist aus keinem Berufsfeld der Public History mehr wegzudenken. Das Studienangebot umfasst die Analyse der Webpräsentationen verschiedener Einrichtungen, virtuel-

---

6 Vgl. Bergmann, Klaus: Personalisierung, Personifizierung, in: Bergmann u. a., Handbuch der Geschichtsdidaktik, 1997, S. 298–300.
7 Vgl. Brauer, Juliane/Lücke, Martin (Hg.): Emotionen, Geschichte und historisches Lernen. Geschichtsdidaktische und geschichtskulturelle Perspektiven, Göttingen 2013.
8 Vgl. Saupe, Achim: Authentizität, Version: 3.0, in: Docupedia-Zeitgeschichte, 25.08.2015, URL: http://docupedia.de/zg/saupe_authentizitaet_v3_de_2015 (Aufruf 13.11.2017).

ler Ausstellungen oder sonstiger Geschichtsplattformen ebenso wie die Erstellung eigener Websites oder thematischer Blogs. Aber auch Probleme der Langzeitarchivierung, der Digitalisierung von Archivgut oder Bild- und Textrechte im Internet werden behandelt. Thematische Schwerpunkte der Public History-Lehre liegen außerdem auf der **Material Culture, Oral History, Visual History** und **Sound History** (siehe Kapitel 3) sowie auf Fragen der **Geschichtsdarstellung** mit Hilfe von Objekten, Fotos, Audios, Videos oder Zeitzeugen in Ausstellungen, Filmen, Websites oder Zeitschriften (siehe Kapitel 4 und 5).

Literatur

Barricelli, Michele/Lücke, Martin (Hg.): Handbuch Praxis des Geschichtsunterrichts, 2 Bde., Schwalbach/Ts. 2012.
Cauvin, Thomas: Public History. A Textbook of Practice, New York 2016.
Hardtwig, Wolfgang/Schug, Alexander: History Sells! Angewandte Geschichte als Wissenschaft und Markt, Stuttgart 2009.
Horn, Sabine/Sauer, Michael (Hg.): Geschichte und Öffentlichkeit. Orte – Medien – Institutionen, Göttingen 2009.

6.2 Masterarbeiten zwischen Analyse und Praxisprojekt

In der Public History bieten sich besonders Analysen von Geschichtspräsentationen oder geschichtskulturellen und -politischen Entwicklungen als Gegenstand von Abschlussarbeiten an. Auch die Konzeption und Reflexion eigener Präsentationen können, wie die folgenden Beispiele zeigen sollen, für Abschlussarbeiten genutzt werden.

Aus dem Bereich der Museen und Gedenkstätten können Ausstellungen, aber auch pädagogische Programme wie Führungen, Audioguides oder Apps hinsichtlich der vermittelten Geschichtsbilder, der Ansätze interkulturellen Lernens oder der Partizipationsmöglichkeiten analysiert werden. Auch die Sozialen Medien sind Thema von Masterarbeiten und können zum Beispiel auf ihre Funktion in der Geschichtskultur und hinsichtlich ihrer Potentiale für die Geschichtsvermittlung untersucht werden: Welche Institutionen der Erinnerungskultur nutzen *Facebook* oder *Twitter,* wann und wie ist der Einsatz überhaupt sinnvoll?

Der Umgang mit – vorhandenen, nicht mehr existierenden oder neu initiierten – Denkmälern stellt ebenfalls ein zentrales Analysefeld der Public History dar.[9] Zu den Denkmälern gehören auch bauliche Hinterlassenschaften wie mittelalterliche Burgen oder nationalsozialistische Funktionsgebäude. Dabei kann das Denkmal

---

9 Zur Entwicklung der Denkmalpflege vgl. Lipp, Wilfried: Denkmalpflege und Geschichte, in: Borsdorf/Grütter, Orte der Erinnerung,1999, S. 131–167; Schmidt, Leo: Einführung in die Denkmalpflege, Stuttgart 2008.

selbst, aber auch der Diskurs über dieses im Fokus stehen. Die Renovierung, Restaurierung oder Rekonstruktion historischer Bauten wird häufig von öffentlichen Diskussionen begleitet, die mit historischen Ereignissen argumentieren. Ebenso ist die Umbenennung von Straßen, deren Namen auf historische Persönlichkeiten oder Ereignisse zurückgehen, ein Thema der Public History: Wie gehen Öffentlichkeit oder Politik mit historischen Überresten und Zeichen im öffentlichen Raum um, was zeigen diese tatsächlich, was wird mit ihnen verbunden und warum?

Auch Geschichte in Film und Fernsehen stellt ein umfassendes Analysefeld für Masterarbeiten dar. Geschichtsdokumentationen lassen sich in Bezug auf die vertretenen Aussagen, die eingebundenen Quellen und Zeitzeug*innen oder die gewählte Form untersuchen.[10] Spielfilme dienen zwar in erster Linie der Unterhaltung und nicht der Geschichtsvermittlung, produzieren jedoch auch Geschichtsbilder und können ebenfalls auf ihre Potentiale für das Historische Lernen hin untersucht werden. Ebenso bieten sich Untersuchungen zu Computerspielen mit historischen Inhalten an. Aber auch der Einsatz von Spielen wie Geocaching oder selbst Pokémon Go für die Geschichtskultur kann untersucht werden. So stehen viele Museen, aber auch Gedenkstätten vor der Frage, ob und wie entsprechend spielerische Zugänge für die eigenen Zwecke genutzt werden sollten.

Masterarbeiten müssen aber nicht immer vom Medium ausgehen, sondern können auch die behandelten Quellen fokussieren. So kann der Umgang mit Zeitzeug*innen in Dokumentarfilmen, Ausstellungen oder Websites untersucht werden oder aber die Präsentation derselben in sogenannten Zeitzeug*innenbörsen. Auch die Frage, wie NS-Objekte ausgestellt werden, um sie nicht als Fetische oder Reliquien erscheinen zu lassen, kann anhand verschiedener Beispiele untersucht werden.

Ein anderes Feld stellt die Aufarbeitung bestimmter Themen in der Erinnerungskultur dar: Wie werden Minderheiten oder Geschlechterrollen, wie wird die Kolonialgeschichte oder die NS-Geschichte, wie wird Gewalt dargestellt?

Ein ähnlich breites Forschungsfeld bietet die Geschichtspolitik. So werden zum Beispiel die Reden oder Programme der politischen Parteien hinsichtlich der dort vertretenen Geschichtsbilder oder auch der instrumentalisierten Geschichtsbezüge untersucht. Der Umgang mit Gedenktagen oder Jubiläen lässt sich ebenfalls hinsichtlich des Gebrauches von Geschichte hinterfragen: Wie werden die Erinnerungsfeiern begangen, wie werden sie inszeniert, wer beteiligt sich wie und warum (nicht) daran?

Die Instrumentalisierung von Geschichte in der Werbung bietet ein weiteres Forschungsfeld, zu dem auch die populären Darstellungen von Unternehmensgeschichten gehören: Wie wird in diesen Fällen mit dem Spannungsfeld zwischen geschichtswissenschaftlichen Anforderungen und kommerziellen Interessen umgegangen? Ein weiteres bislang noch wenig erforschtes Analysefeld im Rah-

---

10 Zur Analyse des Audiovisuellen Erzählens vgl. Fischer/Schuhbauer, Geschichte in Film und Fernsehen, S. 13 ff.

men der Erinnerungskultur stellt der Geschichtstourismus dar.[11] Dabei können sowohl historische Führungen und Touren als auch die Reiseführerliteratur, Souvenirs oder die Werbung der Reiseunternehmen analysiert werden. Wohin werden welche Formen von Reisen angeboten, welche historischen Überreste werden wie präsentiert und welche Narrative werden dabei vermittelt?

Neben der Analyse bereits vorhandener Geschichtsdarstellungen bietet die Entwicklung und Reflexion eigener Präsentationen mögliche Masterarbeitsthemen. Dabei können, analog zu den oben skizzierten Themenfeldern, jegliche Formen von Geschichtsdarstellungen wie Ausstellungen, Führungen, Geocachingprojekte, Hörbücher, audiovisuelle Angebote oder multimediale Stadtrundfahrten konzipiert werden. Die entsprechenden Masterarbeiten können sowohl erste Ideen zum jeweiligen Thema und Format enthalten als auch bereits komplett ausgearbeitete Konzepte mit Projektidee, Forschungsstand, Umsetzungs-, Zeit- und Finanzplan. Eine besondere Herausforderung bildet dabei die stets verlangte kritische Reflexion der eigenen praktischen Ideen und Tätigkeiten.

Die Bandbreite umfasst somit sowohl Analysen von Geschichtsdarstellungen in den verschiedenen Medien als auch geschichtspolitische Themen und schließlich die Konzeption eigener Geschichtspräsentationen und die kritische Auseinandersetzung damit. Um einen Eindruck von der inhaltlichen Bandbreite zu bekommen, seien im Folgenden einige Beispiele von Abschlussarbeiten des Studienganges an der Freien Universität Berlin aufgelistet:

Analysen von Geschichtsdarstellungen in Museen und Ausstellungen
Nationalsozialismus und Holocaust in der musealen Repräsentation in Großbritannien. Vergleichende Analyse zweier Ausstellungen des Imperial War Museum London
Interkulturelles Geschichtslernen in Ausstellungen. Eine Analyse der Wanderausstellung „Deutschland für Anfänger" der Bundeszentrale für politische Bildung und des Goethe-Instituts Berlin und Singapur
Historisches Lernen mit dem Audioguide zur Sonderausstellung „200 Jahre Krupp. Ein Mythos wird besichtigt" im Ruhr Museum. Analyse der historischen Narrativität von Audioguides im Ausstellungskontext
Menschliche Körper ausstellen: Zur Repräsentation von Authentizität, Alterität und Emotionalität in drei ausgewählten medizinhistorischen und anatomischen Ausstellungen
Kolonialvergangenheit und deutsche Erinnerungskultur am Beispiel der Afrika-Ausstellung des Übersee-Museums in Bremen
Historische Orte zwischen Inszenierung und wissenschaftlicher Aufarbeitung. Die Dauerausstellung in der Gedenkstätte Berlin-Hohenschönhausen
Erinnerungskultur im deutschen Sport. Das Berliner Olympiagelände und der Umgang mit seiner nationalsozialistischen Vergangenheit

---

11 Vgl. Gröbner, Valentin: Touristischer Geschichtsgebrauch: Über einige Merkmale neuer Vergangenheiten im 20. und 21. Jahrhundert, in: Historische Zeitschrift (2013), S. 408–428.

… in Film und Fernsehen
Die Darstellung des Ministeriums für Staatssicherheit (MfS) im historischen Spielfilm. Eine Analyse aus geschichtsdidaktischer Perspektive am Beispiel von ‚Das Leben der Anderen'
Solo im Sozialismus. Die Rolle von Kollektiv und Individuum in den DEFA-Filmen *Heißer Sommer* und *Solo Sunny*
„Beruht zu 96 % auf Tatsachen" – Zur Konstruktion von Geschichte in Fernsehserien am Beispiel der *Borgia*
„Der Zukunft die Vergangenheit verkaufen". Eine geschichtskulturelle Untersuchung historischer Werbespots der Automobilindustrie

… in online-Präsentationen, Geocaching-Projekten oder Apps
„Never forget"? Die Wahrnehmung von Tätern und Opfern des Nationalsozialismus im virtuellen Raum
Die Arbeit mit DDR-Zeitzeugen in Zeitzeugenbörsen. Eine vergleichende Untersuchung von Zielen, Vermittlungskonzepten und Ansätzen zur Arbeit mit DDR-Zeitzeugen in vier Zeitzeugenbörsen
Im Raum lernen wir die Zeit. Analyse eines Geocachingprojektes zur Geschichte des Tempelhofer Feldes im Nationalsozialismus
Geschichte unterwegs – Historisches Lernen mit mobilen Applikationen. Grenzerfahrungen – Der Berliner Mauer auf der Spur

Konzeption und Reflexion eigener Geschichtspräsentationen
Ein Führungskonzept für das Museumsdorf Düppel. Analyse und Reflexion eines handlungsorientierten Leitfadens
Mit Geocaching historisch lernen – Ein Konzept für die KZ-Gedenkstätte Moringen
Feldpostbriefe des Ersten Weltkrieges aus museumspädagogischer Perspektive. Ein Workshopkonzept
Berlin im Ersten Weltkrieg. Konzeption einer multimedialen Stadtrundfahrt unter Berücksichtigung geschichtsdidaktischer Qualitätskriterien
Großmütter und die intergenerationelle Tradierung von Lebenserinnerung – Multimediale Biografiearbeit mit der eigenen Großmutter. Konzept und Beispiel für ein audiovisuelles Erinnerungsalbum
Applikationen – ein neues Medium für Museen zur Geschichtsvermittlung? Konzeptuelle Überlegungen am Beispiel des Deutschen Historischen Museums in Berlin

Analysen im Bereich der Geschichtspolitik
Positive Erinnerung? Geschichtspolitik in den Debatten um das nationale Denkmal für Freiheit und Einheit
Die „Geschichtsverarbeitung" der PDS und der Partei Die Linke. Eine Analyse der DDR-Geschichtsbilder und der Vergangenheitsaufarbeitung der SED-Nachfolgeparteien
Holocausterinnerungen in der Ukraine. Grundmuster und regionale Besonderheiten. Lwiw und Charkiw im Vergleich
Die Institutionalisierung einer Tradition. Der 11. September als katalanischer Nationalfeiertag nach dem Ende der Franco-Diktatur, 1976–1980

Der 27. Januar als „Fundament der Zukunft"? Die Funktionen des „Tags des Gedenkens an die Opfer des Nationalsozialismus" in der Bundesrepublik Deutschland
Die Stiftung Flucht, Vertreibung, Versöhnung. Die Entstehung von Geschichtsbildern zwischen Forschung, Öffentlichkeit und Geschichtspolitik

6.2.1 Zur Analyse von Geschichtspräsentationen

Der spezifische Zugang von Public Historians bei der Analyse von Geschichtspräsentationen liegt darin, dass jenseits der Frage nach der Tragfähigkeit einer These oder Fragestellung, des Forschungsstandes, der Quellenkritik und der Methoden die öffentliche Wirkung der Darstellungen und die transportierten Geschichtsnarrative stärker in den Blick rücken. Besondere Herausforderungen solcher Analysen liegen darin, dass die zu untersuchenden Präsentationen häufig nur für einen bestimmten Zeitraum existieren, dass sie meist das Ergebnis des Zusammenspieles verschiedenster Quellenformate sind und dass die Untersuchung der Wirkungen bislang methodisch noch in den Anfängen steckt.

Die Annäherung an die Geschichtsdarstellungen in Abschlussarbeiten erfolgt daher in mehreren Schritten. Wie bei jeder wissenschaftlichen Analyse wird zunächst eine **Fragestellung** entwickelt: Woraufhin soll die Präsentation untersucht werden – etwa auf die Zielsetzung der Produzent*innen, auf die Wirkung in der Öffentlichkeit oder auf die präsentierten Geschichtsbilder? Wichtig ist, dass eine Fragestellung sich nicht allein auf das „Wie" bezieht, also auf eine Beschreibung des Gegenstandes hinausläuft, sondern auch auf das „Warum", also seine Relevanz und methodischen Implikationen. Damit verbunden sollten Arbeitshypothesen aufgestellt werden, die das besondere Erkenntnisinteresse deutlich machen.

Als nächster Schritt bietet sich die **Beschreibung** der Präsentation und ihres Kontextes an. Dazu zählt sowohl die genaue Erläuterung der erkennbaren Struktur bzw. des Aufbaues der Darstellung als auch die Aufzählung ihrer Elemente. Ausstellungen können zum Beispiel hinsichtlich der Objektauswahl sowie der Gestaltung, der Erläuterungstexte und der zusätzlichen Medienangebote in Form von Bildschirmdarstellungen, Hörstationen oder sonstiger Multimediainstallationen und des Gesamtaufbaues der einzelnen Elemente im Raum beschrieben werden. Bei Radiosendungen zeigt sich die Struktur in der Dramaturgie, der Zusammenfügung der einzelnen Elemente einer Sendung. Zu diesen Elementen zählen „O-Töne" (neu geführte Interviews ebenso wie Archivaufnahmen), die „Atmo" (Hintergrundgeräusche), Musik, Zitate und Sprecher*innentexte. Im Dokumentarfilm bestimmt ebenfalls die Dramaturgie den Aufbau der Bestandteile, die aus historischen Filmaufnahmen und Fotos sowie nachgedrehten Szenen oder neuen Aufnahmen bestehen, die wiederum mit zusätzlichen Tonelementen unterlegt werden. Bei Zeitschriften oder anderen Printprodukten kann sowohl der gesamte Heftaufbau als auch die Struktur einzelner Texte beschrieben werden. Zudem wird die Grafik, aber auch die Verbindung von Texten und Bildern betrachtet. Bei Websites können ebenfalls die einzelnen Texte wie auch der Einsatz von Bildern, Filmen, Tönen und der Aufbau einzelner Ansichten beschrieben werden. Darüber hinaus gilt es, die Navigation und die Struktur des gesamten Angebotes sowie die Einbindung von Hilfsmitteln oder Effekten in den Blick zu nehmen. Zur **Kontextualisierung** der Darstellung werden deren Rahmenbedingungen und Hintergründe erläutert: Wer sind die Autor*innen und die Auftraggeber*innen, welche Mittel standen zur Verfügung, woher kommen die Quellen, was wurde mit dem Produkt angestrebt?

Durch die Beschreibung der Präsentation und durch ihre Kontextualisierung können bereits der Schwerpunkt, die **Argumentationslinie** und die Zielsetzung deutlich werden. Soll die Darstellung eher informieren oder unterhalten? Wie seriös und sachlich erscheint die Seite? Wird die Autorenschaft der Texte, Bilder, Filme, aber auch der gesamten Darstellung offengelegt? Wie wird mit den Quellen umgegangen, wie detailliert ist die Beschriftung von Bildern, Filmausschnitten oder Objekten? Wird die Quelle ganz oder nur in Ausschnitten gezeigt, dient sie als Informationsquelle oder nur zur Bebilderung, ist sie der Erzählung untergeordnet oder der Mittelpunkt der Interpretation? Welche Rolle spielt die Gestaltung: Ist sie eher zurückhaltend oder dominierend, sachlich oder verspielt, abwechslungsreich oder einheitlich? Wie wird mit Emotionen kalkuliert: eher zurückhaltend oder überwältigend? Wird ein thematischer oder biografischer Zugang gewählt? Wird ein Gegenwartsbezug hergestellt und gibt es die Möglichkeit, sich mit der Darstellung zu identifizieren? In welchem Stil und welcher Komplexität sind die – gesprochenen oder geschriebenen – Texte verfasst? Darauf aufbauend kann ganz konkret nach den vertretenen **Thesen**, verwendeten Narrativen oder evozierten Geschichtsbildern gefragt und die jeweilige Darstellung entsprechend der eingangs entwickelten Fragestellung analysiert werden.

6.2.2 Praxisprojekte und Projektmanagement

Neben den Analysen werden im Public History-Studium eigene Praxisprojekte entwickelt, die sich ebenfalls als Teil einer Masterarbeit eignen können. Dafür werden Grundlagen des Projektmanagements vermittelt, das in eine Grob- und eine Feinplanung unterschieden wird. Zu Beginn der Grobplanung sollten die Rahmenbedingungen des Projektes geklärt werden: Gibt es konkrete Vorgaben, z. B. eine Ausschreibung oder einen dezidierten Auftrag, die zu beachten sind, oder wird vollkommen frei, ohne besondere Auflagen geplant?

Das Projekt startet sodann mit einer **Idee**. Diese bezieht sich auf das Thema, das gewünschte Ergebnis und die Besonderheiten des Projektes, die sowohl im Thema als auch in den Quellen oder im Format liegen können. Je konkreter die Idee formuliert wird, umso besser lässt sich das Projekt nach außen darstellen und schließlich bearbeiten: Was soll für wen, an welchem Ort, mit welchen Mitteln und in welcher Form präsentiert werden?

Geschichtsdarstellungen sind meistens Teamarbeit und daher werden auch die Praxisprojekte in dieser Form durchgeführt. Im **Team** sollten Regeln festgelegt werden, wer welche Aufgaben und Verantwortlichkeiten übernimmt, wie untereinander kommuniziert wird und wie nach außen. Sinnvoll ist es, eine Projektleitung zu bestimmen. Diese ist verantwortlich für das Projekt, ihr obliegt die Organisation des Teams, die Aufgabenverteilung, die Kommunikation nach innen und außen, die Festlegung der Zeit- und Finanzpläne sowie die Kontrolle ihrer Einhaltung. Diese Tätigkeiten können auch noch einmal an die Projektkoordination delegiert werden, die letzte Verantwortung liegt jedoch bei der Leitung. Diese ist vor allem für außenstehende Partner*innen oder Auftraggeber*innen wichtig, für die es einfacher ist mit einer Kontaktperson zu kommunizieren als mit dem gesamten Team. Um die Projektleitung zu erleichtern ist es zudem hilfreich, Teammitglieder zu bestimmen, die auf die Einhaltung des Zeit- und Kostenplanes achten und bei Teamsitzungen Protokoll führen. Darüber hinaus sollten die Tätigkeitsfelder aller Mitglieder genau festgelegt werden, um Zuständigkeiten zu klären und Überschneidungen zu vermeiden.

Wenn das Thema und das Team feststehen, können im Rahmen der **Recherche** die entsprechende Sekundärliteratur zusammengestellt und rezipiert sowie mögliche erste Quellen zum Thema benannt werden. Auf der Basis des so erarbeiteten Hintergrundwissens kann das Besondere des Themas herauspräpariert und können schließlich die **Leitfrage** und die **Hauptaussage** der Präsentation sowie die Zielgruppe festgelegt werden. Anschließend oder auch schon parallel gilt es zu klären, in welcher **Form** das Thema für die Öffentlichkeit aufbereitet wird: Welche Quellen sind vorhanden und bieten sich für die Präsentation mit welchem Medium besonders an? Sind nur Bilder greifbar, dann bietet sich eine Tafelausstellung oder eine Website an; gibt es dreidimensionale Objekte, wird eine Ausstellung gewählt; gibt es nur Töne (Originaltöne oder Interviews mit Zeitzeug*innen und Experten*innen), kann ein Radiofeature oder mit Videoelementen ein Filmbeitrag konzipiert werden. Gilt es einen historischen Ort zu präsentieren, bietet sich eine Führung an. In der Kombination von historischem Ort und Audioquellen kann ein Audiowalk entwickelt werden, die Kombination von historischem Ort und Bildern kann in einem Geocaching-Projekt umgesetzt werden. Bilder, Töne, Filme können zusammen sowohl in Filmen als auch auf Websites oder in Ausstellungen präsentiert werden.

Mit der Festlegung des Themas und des Umsetzungsformates können die **Projektdaten** festgehalten werden:

- Titel (kann auch ein noch zu verändernder Arbeitstitel sein, der aber bereits das Thema verdeutlicht)
- Auftraggeber*innen (konkrete oder potentielle Institution)
- Team (Leitung sowie Mitglieder und deren Aufgaben)
- Ziel (prägnant formuliertes Projektergebnis, evtl. bereits Teilziele)
- Zeit (Eckdaten: Start, Ende, evtl. Zwischenschritte)
- Budget (konkretes Budget des Auftrags oder geschätzte Kosten sowie mögliche Geldgeber*innen)
- Umfeld (potentielle Partner*innen oder Konkurrent*innen sowie eventuell Betroffene)
- Herausforderungen und Risiken

Diese Daten können als Verhandlungsgrundlage mit potentiellen Auftraggeber-*innen dienen. Mögliche Änderungs- und Zusatzwünsche sollten diskutiert werden. Wenn es einen Auftrag gibt, muss ein Vertrag abgeschlossen werden, der die ausgehandelten Projektdaten enthält. Dieser bietet die notwendige Rechts- und Finanzsicherheit, auf der die weiteren Planungen aufbauen.

Im nächsten Schritt wird auf Basis der Grobplanung bzw. des Vertrages die **Feinplanung** mit einem detaillierten Zeit-, Arbeits- und Kostenplan entwickelt. Hier werden zunächst alle Arbeitsaufgaben bestimmt und als Pakete beschrieben. Dazu zählen sowohl die Tätigkeiten der Teammitglieder wie zum Beispiel Recherchen, Texterstellung oder Interviews als auch die Aufgaben, die an Dritte vergeben werden (z. B. Website-Design und -programmierung, Ausstellungsbau, Filmproduktion). Wenn Dritte involviert sind, müssen auch für diese Zeit- und Finanzpläne erstellt werden.

Wenn alle Arbeitspakete mit den entsprechenden Eckdaten feststehen, kann der gesamte Zeit- und Finanzplan erstellt und die Fertigstellung von Zwischenergebnissen (auch Meilensteine genannt) sowie deren Präsentation können im Team bestimmt oder auch nach außen kommuniziert werden.

Eventuell können sich aufgrund der Feinplanung erneut Änderungen für das Gesamtprojekt ergeben, die noch einmal mit den Auftraggeber*innen abgesprochen und in den Vertrag übernommen werden müssen. Dies kann insbesondere dann der Fall sein, wenn einzelne Aufgaben an Dritte vergeben und von deren Seite andere Zeit- oder Finanzpläne eingebracht werden. Erst wenn die Feinplanung steht, sollte die konkrete Umsetzung beginnen. Auch wenn der Aufwand für die Projektplanung als sehr langwierig erscheinen mag, hat es sich dennoch bewährt, diese Zeit am Anfang eines Projektes zu investieren. Nur so können frühzeitig eventuelle Probleme im Zeit- und Arbeitsplan erkannt und behoben werden.

Literatur

Burghard, Manfred: Einführung in das Projektmanagement. Definition, Planung, Kontrolle, Abschluß, Erlangen 2007.
Föhl, Patrick S./Glogner-Pilz, Patrick: Kulturmanagement als Wissenschaft. Grundlagen – Entwicklungen – Perspektiven. Einführung für Studium und Praxis, Bielefeld 2017.

6.3 Der Karriereweg

Um im Bereich der Public History tätig zu werden, gibt es keinen einzig optimalen Karriereweg. Erfolgreiche Public Historians erklären vielmehr, dass neben einem fundierten Studium und viel Praxiserfahrung eigenes Engagement und auch etwas Glück für die eigene Karriere entscheidend waren. Wichtig ist es, den Arbeitsbereich zu finden, der den eigenen Interessen und Fähigkeiten entspricht. Dazu dienen sowohl das Studium als auch die Praktika. Im Folgenden werden einige Hinweise für das Studium und die Ausbildung gegeben, deren Befolgung zwar nicht zwangsläufig zu einem Arbeitsplatz führt, aber den Weg dorthin erleichtern kann.

6.3.1 Studium

Für die Arbeit im Bereich der Public History ist es in jedem Fall sinnvoll, einen geschichtswissenschaftlichen Bachelorabschluss und einen allgemeinen Geschichtsmaster oder eben einen Public History-Masterabschluss zu erwerben. Wie in jedem anderen Studienfach empfiehlt sich auch für die Public History zudem ein **Auslandsaufenthalt.** Dieser kann im Rahmen eines Studienaufenthaltes an einer ausländischen Universität durchgeführt werden, die vergleichbare Seminare anbietet, oder aber im Rahmen eines Praktikums etwa in einer Einrichtung der Erinnerungskultur des gewählten Landes. In beiden Bereichen können Einblicke in Theorie und Praxis der Public History in einem anderen Land erlangt werden, um den eigenen Horizont zu erweitern. Bei dem nachstehenden Überblick auf spezialisierte Studiengänge an deutschen Universitäten ist zu berücksichtigen, dass das Angebot seit einigen Jahren deutlich zugenommen hat und vermutlich weiter ausgebaut werden wird:

Spezielle Public History-Studienangebote im deutschsprachigen Raum
Bachelor an der Europa-Universität Flensburg: Bildungswissenschaften mit starkem Vermittlungs- und PH-Schwerpunkt, URL:
　　https://www.uni-flensburg.de/portal-studium-und-lehre/studiengaenge/bachelor/bildungswissenschaften/geschichte
Bachelor- (seit 2007) und Masterstudiengang (seit WS 2015/16) an der Justus-Liebig-Universität Gießen: Fachjournalistik Geschichte, URL:
　　http://www.uni-giessen.de/cms/fbz/fb04/institute/geschichte/fachjournalistik
Masterstudiengang an der Freien Universität Berlin: Public History, URL:
　　http://www.public-history.de
Masterstudiengang an der Universität zu Köln: Public History, URL:
　　http://histinst.phil-fak.uni-koeln.de/1072.html
Masterstudiengang an der Universität Hamburg: Geschichtswissenschaft mit Schwerpunktmöglichkeit am Arbeitsbereich Public History, URL:
　　https://www.geschichte.uni-hamburg.de/arbeitsbereiche/public-history.html
Masterstudiengang an der Universität Heidelberg: Geschichtswissenschaft mit Schwerpunktmöglichkeit am Lehrstuhl für Angewandte Geschichte/Public History, URL:
　　http://www.uni-heidelberg.de/fakultaeten/philosophie/zegk/histsem/forschung/public-history.html
Masterstudiengang an der Universität Bremen: Kunst- und Kulturvermittlung, URL:
　　http://www.kunst.uni-bremen.de/de/studium/ma-kunst-und-kulturvermittlung.html
Masterstudiengang an der Universität Augsburg: Fachdidaktische Vermittlungswissenschaften der Geschichte, URL:
　　http://www.philhist.uni-augsburg.de/de/lehrstuehle/geschichte/informationen

Masterstudiengang an der Universität Hildesheim: Kulturvermittlung, URL:
https://www.uni-hildesheim.de/studienangebot/masterstudiengaenge-der-universitaet-hildesheim/kulturvermittlung-master-of-arts-ma
Masterstudiengang an der Universität Bochum: Public History, URL:
http://www.ruhr-uni-bochum.de/histdidaktik/public_history.html

Internationales Studienangebot
Einen Überblick über Studiengänge in anderen Ländern bieten die Websites
http://ncph.org/program-guide
http://www.umass.edu/history/public-history-resources

6.3.2 Praktika

Grundsätzlich ist es wichtig, bereits während des Studiums Praktika zu absolvieren, um sich zu orientieren und die eigenen Interessen zu präzisieren, aber auch, um bereits erste Kontakte in die Arbeitswelt zu knüpfen. Erste Praktika werden häufig bereits während der Schulzeit und vor dem Studium absolviert. Sie umfassen zwischen drei Wochen für jüngere Praktikant*innen und mehreren Monaten für Studierende oder Absolvent*innen. Sie können als Vollzeitbeschäftigung oder in Teilzeit absolviert werden. Die Länge und Struktur des Praktikums ist dabei jeweils Verhandlungssache zwischen den Anbieter*innen und den Praktikant*innen. Eine längere Laufzeit bietet sich gegen Ende des Studiums an, um die dort gewonnen Einsichten auch probeweise anwenden zu können.

Praktika unterliegen der Mindestlohnregelung. Dies gilt jedoch nicht für sogenannte Pflichtpraktika, zu denen auch solche zählen, die Teil des Studiums sind. Viele Praktikumsgeber*innen fordern eine entsprechende Bescheinigung der Universität. Freiwillige Praktika, die der Orientierung und Berufswahl dienen, können allerdings ebenfalls bis zu drei Monate ohne Entlohnung vergeben werden.

Das Ziel eines Praktikums liegt für die Praktikant*innen darin, Einblicke in bestimmte Berufsfelder und die dortigen Tätigkeiten zu gewinnen. Auf dieser Basis sollte im Verlauf des Praktikums entschieden werden können, ob das jeweilige Berufsfeld für die eigene Zukunft von Interesse ist. Darüber hinaus werden erste Berufserfahrungen gesammelt und praktische Tätigkeiten erlernt. Zudem dient ein Praktikum dem Aufbau eines eigenen beruflichen Netzwerkes.

Für die Anbieter*innen sollte das Ziel vor allem darin liegen, Einblicke in den eigenen Arbeitsbereich zu gewähren, um potentiellen Nachwuchs für diesen zu interessieren und kennenzulernen. Dafür sollte den Praktikant*innen die Möglichkeit gegeben werden, in verschiedene Projekte oder Arbeitsfelder Einblick zu nehmen und unterschiedliche Tätigkeiten selbst auszuprobieren. In manchen Fällen, gerade gegen Ende des Studiums, kann das Praktikum aber auch dazu dienen, die Zusammenarbeit zwischen Praktikant*innen und der praktikumsgebenden Institution auszuprobieren. Nicht selten sind Absolvent*innen im Anschluss an ein Praktikum in die jeweilige Institution oder ein bestimmtes Projekt übernommen worden.

Bei Pflichtpraktika werden im Rahmen des Studienganges häufig **Praktikumsberichte** gefordert. Diese dienen dazu, die eigene Tätigkeit zu reflektieren. Deshalb sollten nicht nur die Praktikumsinstitution und die Arbeitsbereiche beschrieben, sondern das Angebot und die eigene Tätigkeit auch analysiert werden. Hilfreich für die eigene Bewertung ist zudem eine Rückschau auf positive und negative Aspekte, um schließlich ein Fazit zu ziehen, ob und warum dieses Berufsfeld für die eigene Karriereplanung passend sein könnte.

Die meisten Universitäten bieten konkrete Praktikums- und Berufsberatungen für die verschiedenen Studiengänge an. Die geschichtswissenschaftlichen Institute bieten sowohl individuelle Beratung als auch Seminare oder Vortragsreihen an, die Einblicke in die Berufswelt für Historiker*innen vermitteln. Sie verfügen zudem häufig über Listen mit ausgeschriebenen Praktikumsstellen in der Region. Viele potentielle Praktikumsgeber*innen bieten allerdings auch Praktika an, ohne diese eigens auszuschreiben – daher können auch Initiativbewerbungen sinnvoll sein. In den Bewerbungen sollten vor allem das persönliche Interesse erläutert und die bisher erworbenen Fähigkeiten benannt werden.

6.3.3 Promotion

Nach dem Studium stellt sich häufig die Frage, ob der Erwerb eines Doktorgrades für das eigene Berufsziel hilfreich oder vielleicht eher hinderlich ist. Diese Frage lässt sich nicht pauschal beantworten. In manchen Bereichen wie dem öffentlichen Dienst (zum Beispiel in Museen oder der Kulturverwaltung) wird eine Promotion häufig gewünscht oder teilweise sogar gefordert, in anderen Bereichen wie dem Geschichtsjournalismus erscheint sie eher unnötig. Trotzdem gibt es in beiden Bereichen sowohl promovierte als auch nicht-promovierte Mitarbeiter*innen. Dieses durchmischte Bild zieht sich durch alle Branchen. Daher empfiehlt sich eine Promotion in erster Linie für Personen, die an der Forschung interessiert sind und gern eine Dissertation verfassen möchten. In den Geschichtswissenschaften dauert dies etwa drei bis vier Jahre, bisweilen sogar länger. Doktorand*innen benötigen also durchaus einen langen Atem und müssen sich darauf einstellen, abseits gelegentlicher Diskussionen ihr Thema in dieser Zeit allein und selbständig zu bearbeiten. Für die Finanzierung der Promotionszeit bieten sich Stipendien oder wissenschaftliche Mitarbeiter*innenstellen in der Forschung an. Möglich ist aber auch die Finanzierung einer nebenberuflichen Promotion aus eigenen Mitteln. Das Thema kann entweder unabhängig oder als Teil eines größeren Forschungsprojektes entwickelt werden. Hinweise auf ausgeschriebene Promotionsstipendien oder -stellen finden sich unter anderem regelmäßig bei H-Soz-Kult, der wichtigsten Online-Plattform für Historiker*innen. Zudem bieten die Universitäten eigene Übersichten über Promotionsprogramme. Im Folgenden seien einige weitere Informationsplattformen und Förderinstitutionen genannt:

H-Soz-Kult, URL: http://www.hsozkult.de
Stipendienlotse, URL: https://www.stipendienlotse.de/datenbank.php
e-fellows.net, URL: http://www.e-fellows.net/Studium/Stipendien/Stipendien-nach-Studienphase/Promotionsstipendium
Deutscher Akademischer Austauschdienst (DAAD), URL: https://www.daad.de/ausland/studieren/stipendium/de/70-stipendien-finden-und-bewerben
Deutsche Forschungsgemeinschaft, URL: http://www.dfg.de
VolkswagenStiftung, URL: https://www.volkswagenstiftung.de
Gerda Henkel Stiftung, URL: https://www.gerda-henkel-stiftung.de
Konrad-Adenauer-Stiftung, URL: http://www.kas.de
Friedrich-Ebert-Stiftung, URL: https://www.fes.de
Friedrich-Naumann-Stiftung, URL: https://www.freiheit.org
Heinrich-Böll-Stiftung, URL: https://www.boell.de
Rosa-Luxemburg-Stiftung, URL: https://www.rosalux.de
Evangelisches Studienwerk Villigst, URL: https://www.evstudienwerk.de
Bundesstiftung Aufarbeitung, URL: https://www.bundesstiftung-aufarbeitung.de

6.3.4 Volontariat

In manchen Bereichen und Instituten wird – manchmal zusätzlich zur Promotion, manchmal stattdessen – ein abgeschlossenes Volontariat für den Eintritt in das Berufsleben gefordert. Der Begriff „Volontariat" ist nicht eindeutig definiert und wird von den Arbeitgeber*innen unterschiedlich ausgelegt. Üblicherweise wird das Volontariat in Vollzeit in ein bis zwei Jahren absolviert. Die Bezahlung ist im öffentlichen Bereich häufig jener des Referendariates angepasst und entspricht etwa einer halben wissenschaftlichen Mitarbeiter*innenstelle. Als Gegenleistung für die eher spärliche Bezahlung wird die Möglichkeit geboten, Praxiserfahrungen zu sammeln und unter Anleitung konkrete berufliche Fähigkeiten zu erlangen. Wie beim Praktikum sollten vor einer Bewerbung möglichst viele Informationen über die jeweiligen Volontariatsanbieter*innen eingeholt werden. Vor allem im Museumsbereich[12], im Verlagswesen und im Journalismus[13], aber auch im Printjournalismus, beim Radio[14] oder in Fernsehredaktionen hat das Volontariat eine längere Tradition. In diesen Bereichen gilt es häufig als Voraussetzung für den Berufseinstieg und ist daher relativ stark standardisiert.[15]

---

12 Siehe auch die Website des Arbeitskreises Volontariat im Museumsbund, der sich als Interessenvertreter der Volontäre in Museen, Gedenkstätten und vergleichbaren Kultureinrichtungen versteht: URL: http://www.museumsbund.de/fachgruppen-und-arbeitskreise/arbeitskreis-volontariat/ (Aufruf 13.11.2017).
13 Siehe auch die entsprechende Website des Deutschen Journalistenverbandes: URL: http://www.djv.de/startseite/info/themen-wissen/aus-und-weiterbildung/volontariat.html (Aufruf 13.11.2017).
14 Siehe auch: URL: http://www.djv.de/fileadmin/_migrated_uploads/media/Volontariat_in_oeffentlich-rechtlichen_Sendern.pdf (Aufruf 13.11.2017).
15 Bei den Museen gibt es zum Beispiel einen entsprechenden Leitfaden, vgl.: Deutscher Museumsbund (Hg.): Leitfaden für das wissenschaftliche Volontariat am Museum, URL: http://www.museumsbund.de/wp-content/uploads/2017/03/leitfaden-volontariat-2009.pdf (Aufruf 13.11.2017).

6.4 Zwischen Wissenschaft und Event: Fachliche und ethische Leitlinien der Public History

Public History umfasst jede Form von Geschichtsdarstellung für eine breite Öffentlichkeit. Dabei werden geschichtswissenschaftliche Erkenntnisse gekürzt, in andere Medien übersetzt und mit zusätzlichen Materialien versehen, um interessant, unterhaltsam und leichter verständlich zu werden. Damit stellt sich die Frage, wie weit die damit verbundenen Eingriffe in die Forschungsergebnisse reichen können, ohne dass der seriöse, wissenschaftlich erarbeitete Kern verloren geht. In der Public History wird daher intensiv diskutiert, inwieweit Geschichtspräsentationen gleichzeitig unterhalten und seriöse Inhalte vermitteln können. Zudem eignet sich nicht jedes historische Ereignis zur leichten Unterhaltung, vor allem nicht Krieg und Gewalt in der jüngsten Vergangenheit. Wie können solche historischen Phänomene trotzdem für eine breite Öffentlichkeit aufbereitet werden? Ein drittes Diskussionsfeld betrifft die potentielle Einflussnahme von Auftraggeber*innen auf Inhalte, Formen und Ergebnisse von Geschichtsdarstellungen.

Keine dieser Fragen ist bislang innerhalb der Public History umfassend und einstimmig beantwortet worden. Weder die Geschichtswissenschaft noch die Public History in Deutschland haben zum Beispiel einen entsprechenden Richtlinienkatalog verabschiedet.[16] Es gibt jedoch einige Empfehlungen und Vereinbarungen, die als Grundlage für die Arbeit von Public Historians dienen können.

Diese können sich an den in Kapitel 2.2.4. formulierten **Standards der Geschichtsdidaktik** in Bezug auf Narrativität, Imagination und Multiperspektivität orientieren sowie an der **Arbeitsweise der Geschichtswissenschaftler*innen**. Demzufolge sollten die Unabhängigkeit der Forscher*innen, ihr uneingeschränkter Zugang zu den Quellen und die Möglichkeit, die eigenen Ergebnisse vorbehaltlos zu veröffentlichen, gewährleistet sein. Der Umgang mit den Quellen sollte sorgfältig und unparteiisch sein sowie kontrollierbar und transparent. Sowohl die benutzen Quellen als auch die herangezogene Literatur sollte in Veröffentlichungen ausgewiesen, zudem die Autor*innenschaft klar benannt werden.[17] Wünschenswert ist außerdem, dass Geschichtsdarstellungen kontextualisiert sind, damit historische Zusammenhänge klar werden. Die Darstellungen sollten verdeutlichen, dass sie oft nur eine von mehreren denkbaren Perspektiven auf die Vergangenheit entfalten und aufgrund bestimmter Fragen konstruiert, also kein unmittelbares Abbild der Vergangenheit sind. Darauf aufbauend sollten sie zur Diskussion anregen.[18] Diese Anforderungen

---

16 In anderen Ländern wie den USA, Großbritannien oder auch der Schweiz finden sich jedoch entsprechende Kodizes für die Geschichtswissenschaft. Eine Übersicht findet sich in: Arendes, Cord/Siebold, Angela: Zwischen akademischer Berufung und privatwirtschaftlichem Beruf. Für eine Debatte um Ethik- und Verhaltenskodizes in der historischen Profession, in: Geschichte in Wissenschaft und Unterricht 66 (2015), 3/4, S. 152–166, hier 161 ff.
17 Vgl. vom Bruch, Rüdiger: Geschichtswissenschaft, in: Jordan, Lexikon Geschichtswissenschaft, 2002, S. 124–129.
18 Vgl. Bergmann, Klaus: Multiperspektivität. Geschichte selber denken, Schwalbach/Ts. 2000.

werden in populären Geschichtsdarstellungen häufig nicht in vollem Umfang erfüllt, da dies zu Lasten der Attraktivität gehen kann. Die gleichzeitige Verfolgung der Ziele Attraktivität und Seriosität steht immer in einem Spannungsverhältnis, das die Public History prägt und in jedem Einzelfall geklärt werden muss. Versuche, auf dieser Basis eine Art allgemeinverpflichtenden Kodex für alle Public Historians zu verabschieden, sind in Deutschland bislang gescheitert.

Der amerikanische *National Council on Public History* hat einen eigenen **Ethikkodex** veröffentlicht, der jedoch weniger auf wissenschaftliche denn auf ethische Grundfragen fokussiert:

„1. Public historians should serve as advocates for the preservation, care, and accessibility of historical records and resources of all kinds, including intangible cultural resources.

2. Public historians should carry out historical research and present historical evidence with integrity.

3. Public historians should strive to be culturally inclusive in the practice of history and in the presentation of history.

4. Public historians should be fully cognizant of the purpose or purposes for which their work is intended, recognizing that research-based decisions and actions may have long-term consequences.

5. Public historians should maintain a conscious regard for the interpersonal dynamics inherent in historical practice."[19]

Danach sollten Public Historians die materiellen und immateriellen Hinterlassenschaften schützen sowie Geschichte seriös und für jede Person zugänglich präsentieren. Dabei sollen sie ihre Arbeit reflektieren und sich ihrer Verantwortung für die Gesellschaft bewusst sein. Dieser Kodex erinnert ein wenig an die **Standards für Museen,** die der Deutsche Museumsverband 2006 veröffentlicht hat und in denen konkrete Schutz- und Vermittlungsaufgaben für öffentliche Museen formuliert sind. In der Präambel heißt es:

„Museen bewahren und vermitteln das Kultur- und Naturerbe der Menschheit. Sie informieren und bilden, bieten Erlebnisse und fördern Aufgeschlossenheit, Toleranz und den gesellschaftlichen Austausch. Museen arbeiten nicht gewinnorientiert. Sie sind der Beachtung und Verbreitung der Menschenrechte – insbesondere des Rechts auf Bildung und Erziehung – sowie der daraus abzuleitenden gesellschaftlichen Werte verpflichtet. Dabei beschränken sie sich nicht auf die historische Rückschau, sondern begreifen die Auseinandersetzung mit der Geschichte als Herausforderung für die Gegenwart und die Zukunft."[20]

---

19 NCPH code of ethics and professional conduct, 2007, URL: http://ncph.org/about/governance-committees/#Code%20of%20Ethics%20&%20Prof%20Conduct (Aufruf 13.11.2017).
20 Deutscher Museumsbund (Hg.): Standards für Museen, Kassel/Berlin 2006, S. 6, URL: http://www.icom-deutschland.de/client/media/8/standards_fuer_museen_2006.pdf (Aufruf 13.11.2017).

Über den Schutz der Kulturgüter hinaus wird den Museen und Gedenkstätten also auch die Vermittlung der Menschenrechte als zentrale Aufgabe zugewiesen. Für Gedenkstätten gibt darüber hinaus das **Gedenkstättenkonzept des Bundes Rahmenbedingungen** vor. Bereits im Titel wird die Zielsetzung der Gedenkstättenarbeit benannt: „Verantwortung wahrnehmen, Aufarbeitung verstärken, Gedenken vertiefen." Für die Bewertung der Qualität eines Projektkonzeptes werden die folgenden Punkte dort als Indikatoren aufgezählt:

„Auseinandersetzung mit der Quellenlage und dem Forschungsstand, Anteil eigenständiger geschichtswissenschaftlicher Forschung, Beachtung der neuesten Erkenntnisse von Museologie und Pädagogik, besondere Berücksichtigung der Besucherforschung, zielgruppenorientierte Besucherbetreuung, Schlüssigkeit des Medien- und Textkonzepts".[21]

Hier wird zwar formuliert, worauf in der Gedenkstättenarbeit zu achten ist, aber konkrete Handlungsanleitungen lassen sich daraus nicht ableiten. Wichtig für die konkrete Gedenkstättenarbeit ist weiterhin der sogenannte **Beutelsbacher Konsens**. In Beutelsbach einigten sich in den 1970er Jahren Didaktiker*innen auf Richtlinien für die Vermittlung von Geschichte an Schüler*innen. Dieser Konsens dient jedoch bis heute auch als Grundlage für die Erarbeitung von Geschichtsdarstellungen und Vermittlungskonzepten in Gedenkstätten und Museen. Danach sollen die Besucher*innen nicht emotional überwältigt oder im Sinne einer bestimmten Meinung indoktriniert werden, sondern vielmehr in die Lage versetzt werden, sich selbst ein Urteil zu bilden. Dazu sollen Kontroversen offen dargelegt und diskutiert werden.[22] Ab wann eine Präsentation überwältigt und wie kontrovers sie sein darf, ohne konfus zu werden, wurde jedoch nicht festgelegt. Der Beutelsbacher Konsens kann somit der Orientierung dienen, liefert jedoch ebenfalls keine praktischen Handlungsanweisungen. Vor allem zeitgeschichtliche Präsentationen, die sich mit der NS-Diktatur oder der DDR-Geschichte auseinandersetzen, schwanken häufig zwischen Betroffenheit und Aufklärung. Hier muss in jedem Einzelfall geklärt werden, wie das „Überwältigungsverbot" und das „Kontroversitätsgebot" einzuhalten sind.[23]

Public Historians müssen sich aber nicht nur mit geschichtswissenschaftlichen und didaktischen Leitlinien auseinandersetzen, sondern auch mit ethischen Fra-

---

21 Deutscher Bundestag: Fortschreibung der Gedenkstättenkonzeption des Bundes. Verantwortung wahrnehmen, Aufarbeitung verstärken, Gedenken vertiefen, Drucksache 16/9875, 19.6.2008, S. 19, URL: https://www.bstu.bund.de/SharedDocs/Downloads/DE/bundestag_fortschreibung-gedenkstaettenkonzept-bund.pdf (Aufruf 13.11.2017).
22 Vgl. Widmaier, Benedikt/Zorn, Peter: Brauchen wir den Beutelsbacher Konsens? Eine Debatte der politischen Bildung, Bonn 2016; Frech, Siegfried/Richter, Dagmar (Hg.): Der Beutelsbacher Konsens. Bedeutung, Wirkung, Kontroversen, Schwalbach/Ts. 2017.
23 Vgl. Pohl, Karl Heinrich: Wann ist ein Museum „historisch korrekt"? „Offenes Geschichtsbild", Kontroversität, Multiperspektivität und „Überwältigungsverbot" als Grundprinzipien musealer Geschichtspräsentation, in: Hartung, Museum und Geschichtskultur, 2006, S. 273–286.

gen. Diese werden vor allem im Zusammenhang mit der Geschichte von Krieg und Gewalt thematisiert: Wie kann mit Bildern, Fotos oder Filmen umgegangen werden, die Gewaltszenen zeigen bzw. Menschen, denen Gewalt angetan wurde?[24] Dabei geht es nicht nur um Grenzen der Darstellung, sondern auch um den sensiblen Umgang mit Menschen, die Traumatisches erlebt haben. Auch hier existieren weniger Anweisungen als vielmehr Richtlinien, die sich vor allem an der Achtung der Menschenwürde orientieren. Letztlich muss jeweils im Einzelfall sensibel entschieden werden, was wie ausgestellt werden kann. Dies betrifft auch die Präsentation von Waffen, die immer seltener isoliert als technische Geräte und immer häufiger im kulturellen und sozialen Kontext gezeigt werden.[25]

Der Art und Weise, wie Krieg und Gewalt in Museen, Gedenkstätten, Filmen oder Zeitschriften dargestellt werden, hängt aber auch von der behandelten Epoche und von dem Kulturkreis ab, in dem sie präsentiert wird. So gilt der Darstellung des Nationalsozialismus in Deutschland eine besondere, nationale wie internationale Aufmerksamkeit. Dies führt dazu, dass zum Beispiel in Museen die NS-Geschichte möglichst nüchtern präsentiert und möglichst genau dargestellt wird. Inszenierungen oder Reenactments fehlen in diesem Bereich weitgehend.

Ethische Fragen in der Public History beziehen sich aber auch auf den Umgang mit menschlichen Überresten in Museen und Gedenkstätten. Der Deutsche Museumsbund hat 2013 entsprechende Empfehlungen veröffentlicht.[26] Grundsätzlich gilt auch in diesem Fall in erster Linie der Respekt vor der Menschenwürde. Darüber hinaus sollten menschliche Überreste nur mit dem Einverständnis der Verstorbenen oder ihrer Angehörigen ausgestellt werden.

Die verschiedenen genannten Vereinbarungen und Empfehlungen können als Leitlinien zur Orientierung des eigenen Verhaltens dienen. Die konkreten Grenzen des Darstellbaren müssen jedoch immer wieder neu diskutiert und im Einzelfall entschieden werden. Allgemein gültige Regeln, die sich wie eine Schablone auf jeden Fall übertragen lassen, gibt es nicht. In jedem Fall sollten sich Public Historians darüber im Klaren sein, dass sie eine Verantwortung sowohl gegenüber der Gesellschaft haben, der sie ihre Ergebnisse zeigen, als auch gegenüber der Vergangenheit und den historischen Personen, die sie präsentieren.[27]

---

24 Vgl. Bannasch, Bettina/Hammer, Almuth (Hg.): Verbot der Bilder – Gebot der Erinnerung. Mediale Repräsentationen der Schoah, Frankfurt/M. 2004; siehe auch Geißler, Cornelia: Individuum und Masse – Zur Vermittlung des Holocaust in deutschen Gedenkstättenausstellungen, Bielefeld 2015 und dort speziell das Kapitel 6.2 Über die Angemessenheit der (Re-)Präsentation von Massenmord, S. 329–343.
25 Vgl. dazu die Dauerausstellung des Militärhistorischen Museums der Bundeswehr in Dresden.
26 Empfehlungen des Deutschen Museumsbundes zum Umgang mit menschlichen Überresten in Museen und Sammlungen, 2013 URL: http://www.museumsbund.de/wp-content/uploads/2017/04/2013-empfehlungen-zum-umgang-mit-menschl-ueberresten.pdf (Aufruf 13.11.2017).
27 Vgl. Kühberger, Christoph/Sedmak, Clemens: Die Verantwortung der Historikerinnen und Historiker – Systematische Reflexionen zu einem Teilbereich einer Ethik der Geschichtswissenschaft, in: Kühberger/Lübke/Terberger, Wahre Geschichte – Geschichte als Ware, 2007, S. 1–26.

Literatur

Themenheft „Angewandte Geschichte", Geschichte in Wissenschaft und Unterricht, 66, (2015) 3/4.
Frech, Siegfried/Richter, Dagmar (Hg.): Der Beutelsbacher Konsens. Bedeutung, Wirkung, Kontroversen, Schwalbach/Ts. 2017.
Kühberger, Christoph/Sedmak, Clemens: Ethik der Geschichtswissenschaft, Wien 2008.
Kühberger, Christoph/Lübke, Christian/Terberger, Thomas (Hg.): Wahre Geschichte – Geschichte als Ware. Die Verantwortung der historischen Forschung für Wissenschaft und Gesellschaft, Rahden/Westf. 2007.
Langewiesche, Dieter: Die Geschichtsschreibung und ihr Publikum. Zum Verhältnis von Geschichtswissenschaft und Geschichtsmarkt, in: Hein, Dieter/Hildebrand, Klaus/Schulz, Andreas (Hg.): Historie und Leben. Der Historiker als Wissenschaftler und Zeitgenosse, München 2006, S. 311–326.

6.5 Berufsfelder

Infolge des Geschichtsbooms expandierte der „Geschichtsmarkt", auf dem viele unterschiedliche Nachfrager*innen auf ein diversifiziertes Angebot treffen. Dennoch gibt es bis heute mehr Absolvent*innen der Public History als Arbeitsplätze. Museen, Gedenkstätten, Film- und Fernsehproduktionen, Zeitschriften oder Agenturen bieten Geschichtspräsentationen in unterschiedlichen Formaten an und stellen damit potentielle Arbeitsbereiche für Public Historians dar. Im Folgenden werden Tätigkeitsfelder in Medien, Museen und Gedenkstätten sowie Politik, Wirtschaft und Tourismus skizziert. Das Kapitel schließt mit einigen Hinweisen zum Thema Selbständigkeit.

6.5.1 Medien

Geschichte steht zwar bei vielen Medien nicht unmittelbar im Fokus, wird aber auch dort thematisiert. Hinzu kommen spezialisierte Verlage, Magazine oder Fernsehkanäle. Daher sind sowohl in öffentlich-rechtlichen Fernsehredaktionen als auch in privatwirtschaftlichen Filmproduktionsfirmen, aber auch in den Redaktionen beim öffentlich-rechtlichen Radio, bei Zeitschriften und Zeitungen auch Public Historians tätig oder arbeiten diesen auf freiberuflicher Basis zu. Allen diesen Tätigkeiten gemein ist, dass Geschichte medial über Bilder, Töne und Texte vermittelt wird. Nicht jedes Format steht jedoch für jede Geschichte zur Verfügung. Manche Geschichten eignen sich eher für die Präsentation im Printbereich und andere eher für die filmische Umsetzung. Der Historiker und Journalist Sven Felix Kellerhoff erläutert daher:

„Damit Zeitgeschichte in den Qualitätsmedien eine Chance hat, muss sie dreierlei sein: Sachgerecht, mediengerecht und publikumsgerecht."[28]

> Demzufolge sollten die Darstellungen historisch belegbar sein, sich mit knappen Erklärungen sowie Bildern umsetzen lassen und die Themen sollten emotionalisiert oder personalisiert präsentiert werden können. Außerdem verweist Kellerhoffs Formulierung darauf, dass es einen Anlass geben muss, um das jeweilige Thema zu einem bestimmten Zeitpunkt in den Medien zu behandeln.

Dies kann sowohl der Jahrestag eines bestimmten Ereignisses, es können aber auch neue Forschungsergebnisse oder ein aktueller Quellenfund sein. Wichtig ist, dass die Relevanz für die Öffentlichkeit klar erkennbar wird.

Printjournalismus

Bei Tageszeitungen und Nachrichtenredaktionen ist die Arbeit vor allem durch erheblichen Zeitdruck geprägt, denn wenngleich es auch Themen gibt, die langfristig recherchiert und bearbeitet werden (wie Jubiläums-, Rückblicks- oder Gedenktagsbeiträge), liegt ein Großteil der Arbeit in der kurzfristigen Reaktion auf bestimmte Nachrichten. Dies verlangt schnelle und effektive Recherchen sowie gezieltes Querlesen auf der einen und kurzfristige Texterstellung auf der anderen Seite. Die Texte müssen dabei für ein breites Publikum verständlich gehalten sein und gleichzeitig komplexe Sachverhalte seriös erklären – eine Anforderung, die sich in der Public History immer wieder findet. Dabei gilt, dass das vermeintlich niedrige Anspruchsniveau der Texte nicht gleichbedeutend mit einer schlechten Qualität ist. Ganz im Gegenteil stellt es eine hohe Kunst dar, komplizierte Gegebenheiten einfach zu erklären.

Nur überregionale Tageszeitungen leisten sich eigene Mitarbeiter*innen, die allein für Geschichtsthemen zuständig sind. Wesentlich häufiger sind die eigenen **Journalist*innen** für ein breites Themenspektrum zuständig und spezielle Geschichtsthemen werden von freiberuflichen Mitarbeiter*innen bearbeitet. Auch die Geschichtszeitschriften wie *Geo Epoche, Damals, P.M. History, G/Geschichte* sowie *Zeit Geschichte* und *Spiegel Geschichte* arbeiten bislang nur zum Teil mit ausgebildeten Historiker*innen. In den Geschichtszeitschriften werden langfristig Themen erarbeitet (siehe dazu auch Kapitel 4.2.3). Die Schwerpunkte liegen dabei auf Geschichten berühmter Persönlichkeiten und allgemein bekannter Ereignisse. Daher orientieren sich auch Geschichtsmagazine häufig an bekannten Jahresjubiläen. Aufgabe der Redaktion ist es, die Themen und Beiträge der Hefte festzulegen, die entsprechenden Autor*innen zu finden und zu betreuen und/oder eigene Beiträge zu verfassen, passende Überschriften zu formulieren sowie verwendbare Bilder zu recherchieren und die Bildrechte zu klären.

---

28 Kellerhoff, Sven Felix: Viel ist nicht genug. Über Historiker im professionellen Journalismus, in: Kleinehagenbrock/Petersen, Geschichte studiert – und dann?, 2011, S. 48–59, hier S. 50.

Literatur

Arnold, Klaus/Hömberg, Walter/Kinnebrock, Susanne (Hg.): Geschichtsjournalismus. Zwischen Information und Inszenierung, Münster 2010.
Bösch, Frank: Journalisten als Historiker: Die Medialisierung der Zeitgeschichte nach 1945, in: Oswalt, Vadim/Pandel, Hans-Jürgen (Hg.): Geschichtskultur. Die Anwesenheit von Vergangenheit in der Gegenwart, Schwalbach/Ts. 2009, S. 47–62.
Kellerhoff, Sven Felix: Geschichte muss nicht knallen – Zwischen Vermittlung und Vereinfachung: Plädoyer für eine Partnerschaft von Geschichtswissenschaft und Geschichtsjournalismus, in: Barricelli, Michele/Hornig, Julia (Hg.): Aufklärung, Bildung, „Histotainment"? Zeitgeschichte in Unterricht und Gesellschaft heute, Frankfurt/M. 2008, S. 147–158.
Hiller, Marlene P.: Der Spagat zwischen Öffentlichkeit und Wissenschaft. Oder: Geschichte schreiben für Liebhaber, in: Horn, Sabine/Sauer, Michael (Hg.): Geschichte und Öffentlichkeit, Göttingen 2009, S 161–168.
Popp, Susanne u. a. (Hg.): Populäre Geschichtsmagazine in internationaler Perspektive, Frankfurt/M. 2016

Radiojournalismus

Im öffentlich-rechtlichen Radio, das einen festgelegten Bildungsauftrag hat, finden sich gut recherchierte und ansprechend aufgearbeitete Geschichtssendungen – bei den privaten Radiosendern kaum. Das Radio ist im Vergleich zum Medium Zeitung flüchtiger, da die Nachricht im Prinzip nur einmal angehört, der Zeitungsartikel hingegen beliebig oft nachgelesen werden kann. Daher muss der jeweilige Audiobeitrag noch klarer und verständlicher aufgebaut sein als ein gedruckter Artikel. Ein großer Vorteil der Radiobeiträge liegt darin, dass der gesprochene Text andere Gestaltungsmöglichkeiten bietet als der geschriebene und ihm noch unterschiedliche Töne zur Untermalung oder Ergänzung des Textes beigefügt werden können.

Geschichte im Radio ist zum größten Teil Geschichte der letzten 150 Jahre, da es aus diesem Zeitraum zeitgenössische Originaltöne mit authentischen Stimmen und Zitaten gibt. Ein wichtiger Fundort für entsprechende Töne ist das Deutsche Rundfunkarchiv.[29] Themen, die länger zurückliegen, können nur über vorgelesene Zitate, Expert*inneninterviews und Geräusche, bei denen man davon ausgeht, dass sie schon immer so geklungen haben, vermittelt werden. Der Schwerpunkt liegt auf kulturgeschichtlichen Themen, bei denen ein Gegenwartsbezug hergestellt werden kann.

Auch im öffentlich-rechtlichen Radio werden viele Beiträge von **Freiberufler*innen** produziert. Nach der Themenfindung verfassen sie ein ca. einseitiges Exposé, das als Beitragsvorschlag beim Sender eingereicht wird. Dafür sollten sie bereits über ein solides Hintergrundwissen zum Thema verfügen. Das Exposé bezieht sich bereits ganz konkret auf einen Sendeplatz und damit auf ein bestimmtes Format und

---
29 Deutsches Rundfunkarchiv, URL: http://www.dra.de/ (Aufruf 13.11.2017).

einen entsprechenden Zeitumfang. Wichtig ist es, einen Aufhänger zu benennen bzw. das Besondere der Sendung herauszustellen. Dieses kann im Thema liegen, in möglichen Interviewpartnern oder auch in neu entdeckten Archivtönen. Wenn das Exposé angenommen wurde, können die geplanten Interviews mit Zeitzeug*innen oder Expert*innen geführt sowie die Archivtöne recherchiert und ausgewählt werden. Beides sollte anschließend transkribiert werden, um im nächsten Schritt aus den verschiedenen Elementen ein Manuskript zu erstellen, das sämtliche gesprochenen Worte sowie Hinweise auf Geräusche oder Musik, die eingebunden werden sollen, aufführt. Das Manuskript wiederum sollte eine Dramaturgie aufweisen: mit einem Einstieg zur Vorstellung des Themas, der Vertiefung desselben, der Erläuterung von Einzelaspekten, einer Zusammenfassung und einem Fazit, das wiederum Bezug auf den Einstieg nimmt. Dabei sollten sich die verschiedenen Tonelemente abwechseln und möglichst wenig Sprechererläuterungen notwendig sein. Die Produktion des Beitrages kann im Team, aber auch von einer Person allein umgesetzt werden. Zu den Hauptakteur*innen bei einem Radiobeitrag gehören die **Autor*innen,** die die Sendung konzipieren und das Manuskript verfassen, sowie die **Redakteur*innen,** die zumeist bei den Sendern angestellt sind und die Sendungen auswählen, die Manuskripte mit den Autor*innen besprechen und schließlich in Abstimmung mit der Redaktion den Sendeplatz bestimmen. Bei umfangreicheren Sendereihen gibt es eventuell auch noch Regisseur*innen, die die Dramaturgie der Reihe mit den Autor*innen besprechen.

Filmproduktion

Filmproduktionen sind Teamarbeit, weswegen eine sorgfältigere Verschriftlichung der Projektplanung noch wichtiger ist als bei Radiosendungen. Auch in diesem Fall beginnt alles mit einer Idee, die einem Sender vorgestellt werden muss. Und auch hier gilt, dass der Vorschlag einen Aufhänger, einen aktuellen Bezug benötigt, der sowohl in neuen Forschungsergebnissen oder Quellenfunden als auch in Jubiläen bestimmter Ereignisse liegen kann.[30] Auf dieser Basis wird zunächst ein Exposé erstellt, das ein bis zehn Seiten umfassen kann und das Thema, die Protagonist*innen sowie Zeit und Ort der Darstellung und auch bereits die Länge des geplanten Filmes, das Genre sowie die Zielgruppe benennt. Zudem sollte ein erster Eindruck vom Aufbau des Filmes gegeben werden. Wenn ein Sender Interesse hat, wird die Dramaturgie weiter ausgearbeitet. Dies bedeutet, dass die grobe Abfolge der einzelnen Filmelemente wie O-Töne, Archivmaterialien, Neudrehs von Orten, Interviews oder eingebundenen Grafiken bestimmt wird. Wenn dieser Ablauf feststeht, können die Kosten kalkuliert und schließlich das Drehbuch verfasst werden, das alle Informationen zum Ablauf der verschiedenen Einstellungen enthält. Auf dieser Grundlage werden die Archivmaterialien recherchiert und die

---

30 Die folgenden Ausführungen beruhen auf der Darstellung von Thomas Schuhbauer, in: Fischer/Schuhbauer, Geschichte in Film und Fernsehen, S. 114 ff.

Drehtermine vereinbart und durchgeführt. Nach Abschluss der Drehs werden das Filmmaterial sowie alle anderen Bilddokumente gesichtet und ein Schnittplan wird erstellt. So werden an diesem Punkt aus den teilweise stundenlangen Interviews mit Fachexpert*innen oder Zeitzeug*innen die Minuten ausgeschnitten, die schließlich in den Film aufgenommen werden. Erst jetzt entscheidet sich die konkrete Abfolge des Filmes, die auch noch einmal vom Drehbuch abweichen kann, wenn zum Beispiel die Interviews neue interessante Informationen enthalten oder bei den Recherchen noch weiteres Material gefunden wurde. Nachdem der Schnitt fertig ist, schreiben die Autor*innen den Sprecher*innentext, der zusammen mit der Musik und anderen Hintergrundtönen den entsprechenden Bildern zugewiesen wird. Für den Text gilt:

„Nie das beschreiben, was man ohnehin im Bild sieht, nie O-Töne inhaltlich vorwegnehmen, keine abgedroschenen Klischees und Floskeln benutzen („Die Idylle trügt"); Informationen liefern, die das Bild ergänzen statt von ihm wegführen; erzählen statt erklären, aktiv statt passiv formulieren, keine langen verschachtelten Sätze benutzen."[31]

Im Zusammenhang mit den verschiedenen Fertigungsschritten wurden bereits einige Berufe benannt, die an einer Filmproduktion beteiligt sind. Für Public Historians sind vor allem die Positionen der **Redakteur*innen, Autor*innen, Regisseur*innen, Produzent*innen** und **Rechercheur*innen** interessant – wobei die Autor*innen häufig auch die Regie und die Recherche übernehmen. Die verschiedenen Arbeitsfelder können sowohl in der Selbständigkeit als auch angestellt bei einem Sender oder bei einer Produktionsfirma ausgeführt werden. Häufig werden Filme von Produktionsfirmen mit festen und freien Mitarbeiter*innen in Absprache mit den Sendern erstellt.

Bei den Fernsehsendern sind ebenso wie beim Radio die Redakteur*innen für die Gestaltung des Programmes zuständig. Damit sind sie diejenigen, die aus den Filmvorschlägen auswählen, deren Bearbeitung mehr oder weniger intensiv betreuen und schließlich den Film abnehmen. Die Autor*innen sind dagegen häufig freiberuflich tätig und nicht fest bei einem Sender oder bei einer Produktionsfirma angestellt. Meistens entwickeln sie die Ideen, die sie den Redakteur*innen der Sender anbieten. Es kann aber auch sein, dass sie von den Redaktionen mit der Ausarbeitung einer Idee beauftragt werden. Sie schreiben das Drehbuch und die Regisseur*innen kümmern sich um die filmische Umsetzung desselben. Für all diese Berufe gibt es keine bestimmte Ausbildungsvoraussetzung, ein abgeschlossenes Studium sowie Volontariate bei einem Sender oder einer Produktionsfirma sind jedoch hilfreich.[32]

---

31 Fischer/Schuhbauer: Geschichte in Film und Fernsehen, S. 123 f.
32 Eine Liste von Produktionsfirmen in Deutschland bietet der Produzentenverband „Die Allianz Deutscher Produzenten – Film & Fernsehen", URL: http://www.produzentenallianz.de/die-produzentenallianz/ueber/verband/mitglieder.html (Aufruf 13.11.2017).

Literatur

Cippitelli, Claudia/Schwanebeck Axel (Hg.): Fernsehen macht Geschichte. Vergangenheit als TV-Ereignis, Baden-Baden 2009.

Fischer, Thomas/Schuhbauer, Thomas: Geschichte in Film und Fernsehen. Theorie – Praxis – Berufsfelder, Tübingen 2016.

Fischer, Thomas/Wirtz, Rainer (Hg.): Alles authentisch? Popularisierung der Geschichte im Fernsehen. Konstanz 2008.

Lemke, Thomas: Dokumentarisches Fernsehen in der Bundesrepublik Deutschland. Grundlagen der Produktion, der Technik und der quantitativen Entwicklung, Diss., Hamburg 2012.

Verlage

Public Historians kann es aber auch in Verlage ziehen, wo sie zum Beispiel als Lektor*innen den „langen Weg zum Buch"[33] begleiten. Sie können sowohl potentielle Autor*innen auf ein mögliches Thema ansprechen als auch von diesen Themen vorgeschlagen bekommen. Grundsätzlich ist es wichtig, dass sie im Kontakt mit „ihren" Autor*innen stehen. Zudem sollten sie im wissenschaftlichen Bereich Tagungen und Konferenzen besuchen, um neue Entwicklungen und interessante Themen für den eigenen Verlag aufgreifen zu können.

Die Bandbreite der Betreuung durch die **Lektor*innen** ist sehr unterschiedlich. Sie kann je nach Verlag eine intensive Begleitung der Buchentwicklung mit Einsicht in das Exposé, die Gliederungsentwürfe und einzelne Kapitel bis hin zur Überarbeitung des Gesamtmanuskriptes umfassen oder nur die Endabnahme des Manuskriptes. Den Lektor*innen obliegt es zu entscheiden, ob das Buch in das Verlagsprofil passt, und eventuell entsprechende Überarbeitungshinweise zu geben. Für Verlage, die sich über den Verkauf der Bücher finanzieren, ist dies besonders wichtig. Manche Verlage, vor allem im Wissenschaftsbereich, lassen sich allerdings bereits von den Autor*innen für die Veröffentlichung des Buches in Form von Druckkostenzuschüssen bezahlen. In diesen Fällen umfasst das Lektorat häufig nur noch die Durchsicht des Manuskriptes hinsichtlich grober Rechtschreibfehler und des Layouts.

Je nach Größe des Verlages planen die Lektor*innen zudem das Verlagsprogramm und erarbeiten zusammen mit der Öffentlichkeitsarbeit die Werbung für die einzelnen Publikationen. Dazu zählt sowohl die Entwicklung von Texten und Gestaltungsideen für die Programmhefte des Verlages als auch die Planung möglicher Buchvorstellungen bzw. Lesungen durch die Autor*innen und schließlich die Präsentation der Publikationen auf den Buchmessen in Frankfurt am Main und Leipzig.

---

33 Pehle, Walter H.: Der lange Weg zum Buch. Historische Sach- und Fachbücher, in: Horn/Sauer, Geschichte und Öffentlichkeit, 2009, S. 194–202.

Literatur

Groothuis, Rainer: Wie kommen die Bücher auf die Erde? Über Verleger und Autoren, Hersteller, Verkäufer und: das schöne Buch. Nebst einer kleinen Warenkunde, Überarb. und erw. Neuausg., Köln 2007.

von Lucius, Wulf D.: Verlagswirtschaft: Ökonomische, rechtliche und organisatorische Grundlagen, Stuttgart 2007.

Blaschke, Olaf/Schulze, Hagen (Hg.): Geschichtswissenschaft und Buchhandel in der Krisenspirale? Historische Zeitschrift, Beihefte, Band 42, München 2006.

6.5.2 Museen und Gedenkstätten

Derzeit gibt es in Deutschland rund 6.300 Museen, die jährlich von etwa einhundert Millionen Menschen besucht werden.[34] Auch wenn es sich dabei nicht nur um Geschichtsmuseen handelt, zeigen schon diese Zahlen, dass hier ein interessantes Arbeitsfeld für Public Historians liegt. Inhaltlich sind die Tätigkeiten im Museum abwechslungsreich und anspruchsvoll. Sie umfassen das Sammeln, Bewahren, Erforschen und Ausstellen von Objekten ebenso wie die Vermittlung von Geschichte, das Marketing und die Öffentlichkeitsarbeit.

Die Bereiche **Öffentlichkeitsarbeit** und **Marketing** sind vor allem dafür zuständig, die Arbeit des Museums öffentlich bekannt zu machen. Dafür werden zum Beispiel Pressemitteilungen verfasst, Flyer und Plakate entwickelt, die Website mit Inhalten gefüllt sowie der Kontakt zu den Medien hergestellt und entsprechende Veranstaltungen organisiert. In diesem Zusammenhang müssen sich auch Museen verstärkt **Managementfragen** stellen. Dazu zählt zunächst die Festlegung von Zielsetzungen und Zielgruppen, was wiederum eng mit der Erarbeitung eines Leitbildes verbunden ist. „Eine Zielsetzung definiert Leistung, Nutzen und Wirkung eines Museums in der Gesellschaft und verdeutlicht, welche Lücke entstünde, existierte das Museum nicht."[35] Ein weiterer Aspekt des Managements ist die regelmäßige Evaluation und Bewertung der erbrachten Leistungen im Hinblick auf Zielsetzung und eingesetzte Ressourcen. Die zunehmende Forderung nach Wirtschaftlichkeit führte zur Entwicklung weiterer Einnahmequellen neben den Eintrittspreisen. Dazu zählen zum Beispiel die Durchführung von Veranstaltungen, die Vermietung von Räumlichkeiten oder Projektkooperationen und natürlich die heute selbstverständlichen Museums-Shops, in denen häufig ein regelrechtes Merchandising betrieben wird.

Weiterhin gibt es für Public Historians in Museen den Arbeitsbereich der **Registrierung** und **Inventarisierung** der Objekte, die in die Sammlung aufgenommen wer-

---

34 Deutscher Bundestag (Hg.): Kultur in Deutschland. Schlussbericht der Enquete-Kommission des Deutschen Bundestages, Regensburg 2008, S. 118 ff.
35 Dauschek, Anja: Management als Museumsaufgabe, in: Aus Politik und Zeitgeschichte, 57 (2007), 49, S. 10–26, hier. S. 22. Vgl. auch: Dauschek, Anja (Hg.): Museumsmanagement: Amerikanische Strategien in der deutschen Diskussion, Ehestorf 2001.

den. Während es in größeren Häusern häufig eigene Sachbearbeiter*innen für diesen Bereich gibt, übernehmen in kleineren Einrichtungen die Sammlungsleiter*innen diese Aufgaben. Neben Daten zu Material, Umfang und Gewicht des Objektes werden Objektbeschreibungen und möglichst auch Hintergrundinformationen über Produktion, ursprüngliche Funktion, Gebrauch, frühere Besitzer*innen und die Art und Weise, wie das Objekt ins Museum gekommen ist, festgehalten.

Der Schwerpunkt der Tätigkeiten für Public Historians im Museum liegt jedoch auf den Sammlungen und Ausstellungen. Eine wichtige Position im Museum nimmt der **Kustos** ein. Er ist „Spezialist eines bestimmten Gegenstandsbereichs, der über die (Teil-)Sammlung eines Museums wacht, sie erweitert, sie ordnet und bearbeitet."[36] Die Aufgabe der Kustod*innen liegt primär in der Betreuung der Sammlung und nicht im Ausstellen. Dafür sind eher die **Kurator*innen** zuständig. Auch diese können sich um einen Sammlungsbestand kümmern, allerdings meist zeitlich befristet und in Kombination mit einer Ausstellung. Die Ausstellungskurator*innen können somit auch als **Ausstellungsmacher*innen** bezeichnet werden. Beide Berufe sind nicht an eine bestimmte Sammlung gebunden und auch nicht an ein Museum, sondern entwickeln Ausstellungen aus unterschiedlichen Beständen und an unterschiedlichsten Orten. Da es kaum noch Einrichtungen gibt, die Personen allein zur Verwaltung der Sammlung, also Kustoden im eigentlichen Sinne, beschäftigen, hat sich der Begriff des Kurators als übergeordnete Bezeichnung durchgesetzt.[37] Seit den 1980er Jahren bieten sich zudem mehr und mehr freie Ausstellungsmacher*innen und Ausstellungsagenturen den Museen als Dienstleister*innen an, die einzelne Ausstellungen konzipieren und umsetzen. Diese Entwicklung ist nicht zuletzt das Ergebnis von „verstärkter Projektorientierung und institutionellem Outsourcing" der Museen.[38]

Aufgabe der Kurator*innen oder Ausstellungsmacher*innen ist es, Objekte für die jeweilige Präsentation auszuwählen und „dieser subjektiven Auswahl zugleich objektiven Sinn zu verleihen".[39] Damit entscheiden sie, mit welchen Objekten welche Geschichte erzählt wird. Mit der Forderung nach dem „partizipativen Museum" werden Museumskurator*innen und Sammlungsleiter*innen jedoch aufgerufen, ihre „Alleinherrschaft" über die Objekte abzugeben und diese im Dialog mit den Besucher*innen zu sammeln, auszuwählen und auszustellen. Dazu sind vor allem „Moderationstechniken, kommunikatives Gespür und Verhandlungsgeschick" gefordert.[40] (Zur Entwicklung einer Ausstellung siehe Kapitel 5.3.)

---

36 te Heesen, Einführung, S. 25.
37 Flügel, Einführung, S. 71.
38 Baur, Ausstellen, S. 135.
39 Krankenhagen, Stefan: Geschichte kuratieren, in: Ders./Vahrson, Geschichte kuratieren, 2017, S. 9–14, hier S. 9.
40 Gerchow, Jan u. a.: Nicht von Gestern! Das historische museum frankfurt wird zum Stadtmuseum für das 21. Jahrhundert, in: Gesser u. a., Das partizipative Museum, 2012, S. 22–32, hier S. 30.

Literatur

Alder, Barbara/de Brok, Barbara: Die perfekte Ausstellung. Ein Praxisleitfaden zum Projektmanagement von Ausstellungen, Bielefeld 2012.
Aumann, Philipp/Duerr, Frank: Ausstellungen machen, München 2013.

Museumspädagogik

Die Museumspädagogik setzte sich in der Bundesrepublik Deutschland erst in den 1970er Jahren als eigenständiger Berufszweig durch. Mit der bewussten Öffnung zur breiteren Öffentlichkeit entstand Bedarf an Vermittlungsprojekten, die unterschiedliche Besucher*innengruppen ansprechen. Kinder- und Jugendprogramme, Familien- und Erwachsenenangebote wurden entwickelt. Die Aufgabe bestand zunächst vor allem darin, meist unabhängig von den Ausstellungsmacher*innen Führungen durch die Ausstellungen zu konzipieren und umzusetzen sowie Begleitmaterialien zu erarbeiten. Dies gehört nach wie vor zu den Kernaufgaben der Museumspädagog*innen, die dabei häufig von sogenannten freien Mitarbeiter*innen unterstützt werden, die auf Honorarbasis die im Haus konzipierten Führungen durchführen.

Museumspädagogik muss sich aber nicht allein auf Ausstellungen konzentrieren, sondern kann sich auch auf die Sammlungen beziehen und zum Beispiel einzelne Objekte unabhängig von einer Ausstellung für Projektarbeiten einsetzen. Ziel ist es,

„den Dialog zwischen Museumsgästen und Museum ohne Einschränkungen zu ermöglichen, dabei breite Bevölkerungsschichten anzusprechen und die Rahmenbedingungen zu schaffen, die in den Sammlungen enthaltenes Wissen in möglichst großem Umfang zugänglich und allgemein nutzbar werden lassen."[41]

Der Bundesverband Museumspädagogik hat 2008 Qualitätskriterien für die Bildung- und Vermittlungsarbeit in Museen veröffentlicht. Darin werden unter anderem die folgenden Ziele der Museumspädagogik festgehalten:

„[S]ie veranschaulicht Inhalte, wirft Fragen auf, provoziert, stimuliert und eröffnet neue Horizonte."[42]

---

41 Grünwald Steiger, Andreas: Information – Wissen – Bildung: Das Museum als Lernort, in: Walz, Handbuch Museum 2016, S. 278–282, hier S. 278.
42 Deutscher Museumsbund e. V./Bundesverband Museumspädagogik in Zusammenarbeit mit dem Österreichischen Verband der KulturvermittlerInnen im Museums- und Ausstellungswesen und Mediamus – Schweizerischer Verband der Fachleute für Bildung und Vermittlung im Museum (Hg.): Qualitätskriterien für Museen: Bildungs- und Vermittlungsarbeit, Berlin 2008, S. 8, URL: http://www.museumswesen.smwk.sachsen.de/download/Qualitaetskriterien_Museen_2008.pdf (Aufruf 13.11.2017).

Dabei soll sie Zusammenhänge darstellen, objektangemessen, ganzheitlich und fächerübergreifend arbeiten und nicht zuletzt Gegenwartsbezug und Handlungsorientierung herstellen. Die neuere Literatur spricht auch nicht mehr von Museumspädagog*innen, sondern von **Museumsmoderator*innen** und meint damit

„Personen mit weit gefächertem Wissen, die gemeinsam mit Museumsbesuchern die Exponate einer Ausstellung zum wechselseitigen Austausch von Wissen und Erfahrungen nutzen".[43]

Museumsmoderator*innen sollten kommunikativ sein und Gespräche führen bzw. leiten können, denn ihre Hauptaufgabe liegt darin, ein „Forum für Austausch und Diskussion" zu schaffen. Museumspädagog*innen bzw. -moderator*innen sollten somit sowohl sachthematisch als auch pädagogisch versiert und motiviert sein.

Literatur

Czech, Alfred/Kirmeier, Josef/Sgoff, Brigitte (Hg.): Museumspädagogik. Ein Handbuch. Grundlagen und Hilfen für die Praxis, Schwalbach/Ts. 2014.

Schrübbers, Christiane (Hg.): Moderieren im Museum. Theorie und Praxis der dialogischen Besucherführung, Bielefeld 2013.

Gedenkstättenpädagogik

Die Grundvoraussetzungen für die Mitarbeit in der Museumspädagogik gelten ebenfalls für die Gedenkstättenpädagogik. Deren Aufgabe liegt wie im Museum darin, Kenntnisse einer spezifischen Geschichte, in diesem Fall des Ortes und seines historischen Kontextes, zu vermitteln. Dabei wird jedoch noch größerer Wert auf die „gegenwarts- und handlungsorientierte politische Bildung" gelegt und zudem das Gedenken in die pädagogische Arbeit einbezogen.[44] Es soll ein Verständnis für Funktionen und Gestaltung der Gedenkstätte sowie die möglicherweise dahinter liegenden politischen Auseinandersetzungen vermittelt werden. Die Aufgabe der Wissensvermittlung kann in einem Spannungsverhältnis zur Gedenkfunktion des Ortes stehen. Die Gewichtung der politischen Bildungsarbeit im Sinne des Mottos „Aus der Geschichte lernen" wird zunehmend in Frage gestellt. Dies betrifft vor allem die Annahme, dass ehemalige Verbrechensorte für die Vermittlung menschenrechtlicher und demokratischer Werte besonders geeignet seien.[45]

Pädagogische Tätigkeiten in Gedenkstätten umfassen ebenso wie in Museen Führungen, das Erstellen von Begleitmaterialien sowie die Umsetzung von Zusatz-

---

43 Schrübbers, Christiane: Einleitung, in: Dies., Moderieren im Museum, 2013, S. 15–21, hier S. 15.
44 Haug, Verena: Gedenkstättenpädagogik als Interaktion. Aushandlungen von Erwartungen und Ansprüchen vor Ort, in: Gryglewski, Gedenkstättenpädagogik, 2015, S. 113–126, hier S. 114.
45 Vgl. Thimm, Barbara/Kößler, Gottfried/Ulrich, Susanne: Einführung, in: Dies., Verunsichernde Orte, 2010, S. 9–17, hier S. 10 f.

programmen wie zum Beispiel Schüler*innen- oder Jugendworkshops. Gerade letztere werden in Gedenkstätten verstärkt durchgeführt und können zwischen zwei Stunden und mehreren Tagen umfassen. Ziel ist es, Besucher*innen zur eigenen Auseinandersetzung mit der Geschichte und zur Reflexion des Gesehenen und Gehörten anzuregen. Die Pädagogik zielt darauf, die in der Gedenkstätte präsentierten Hintergrundinformationen zu verstehen und Erklärungsansätze zu liefern, die es den Besucher*innen erlauben, die Ereignisse aus verschiedenen Perspektiven zu betrachten und sich auf dieser Basis eine eigene Meinung zu bilden.

Literatur

Gryglewski, Elke u. a. (Hg.): Gedenkstättenpädagogik. Kontext, Theorie und Praxis der Bildungsarbeit zu NS-Verbrechen, Berlin 2015.
Thimm, Barbara/Kößler, Gottfried/Ulrich, Susanne (Hg.): Verunsichernde Orte. Selbstverständnis und Weiterbildung in der Gedenkstättenpädagogik, Frankfurt/M. 2010.

6.5.3 Politik

Die Politik bietet Berufsfelder, die quer zu denen in Medien und Ausstellungen liegen bzw. sich mit diesen überschneiden. Diese Felder zeichnen sich weniger durch eine bestimmte Form der Geschichtspräsentation aus, als durch spezifische Themen und Rahmenbedingungen. Zu dem Bereich Politik zählt im engeren Sinne die Arbeit für Politiker*innen und Parteien, im weiteren Sinne können jedoch auch Tätigkeiten in der öffentlichen Verwaltung sowie in Vereinen und Stiftungen dazu gerechnet werden. In den politischen Stiftungen, politischen Parteien, im Bundestag, den Landesparlamenten, den Kreistagen oder den Stadtverordnetenversammlungen sowie den Kommunal-, Landes- oder Bundesverwaltungen werden Fragen der Geschichtskultur diskutiert und entschieden, die Rahmenbedingungen für die öffentlich finanzierte Public History bilden. Von den Redenschreiber*innen über die Referent*innen für Erinnerungskultur in der Stadtverwaltung bis zu den wissenschaftlichen Mitarbeiter*innen im Referat für Museen im Kultusministerium sind daher Public Historians gefragt.

Zu den potentiellen Arbeitgeber*innen in diesem Bereich zählen sowohl die parteinahen Stiftungen *(Konrad-Adenauer-Stiftung, Friedrich-Ebert-Stiftung, Friedrich-Naumann-Stiftung für die Freiheit, Heinrich-Böll-Stiftung, Hans-Seidel-Stiftung, Rosa-Luxemburg-Stiftung)* als auch die parteiunabhängigen Politikergedenkstiftungen[46] des Bundes. Darüber hinaus gibt es eine große Anzahl an **Stiftungen** und **Vereinen**, die sich explizit mit historischen Themenfeldern auseinandersetzen, Fördergelder vergeben, eigene Projekte entwickeln und/oder politische Lobbyarbeit leisten. Dazu zählen beispielsweise die *Stiftung Erinnerung, Verantwortung und Zukunft*

---

46 Vgl. die gemeinsame Website der Politikergedenkstiftungen des Bundes: URL: http://www.politikergedenkstiftungen.de/ (Aufruf 13.11.2017).

oder die *Bundesstiftung zur Aufarbeitung der SED-Diktatur,* aber auch Vereine wie *Gegen Vergessen, für Demokratie* oder die *Agentur für Bildung, Geschichte, Politik und Medien.* Die Arbeit in diesen Institutionen umfasst Tätigkeiten wie die Entwicklung von Konzepten, die Durchsicht und Bewertung von Projektanträgen, die Betreuung von Projekten sowie das Schreiben von Presseerklärungen oder Stellungnahmen. Zudem können auch Ausstellungen konzipiert oder Filmprojekte entwickelt werden, sodass sich Schnittstellen zu den oben genannten Berufsfeldern ergeben.

In der **öffentlichen Verwaltung** finden sich Public Historians in den Referaten für Presse- und Öffentlichkeitsarbeit oder Kommunikation, aber auch in Referaten, die sich explizit mit Museen und Gedenkstätten oder allgemein der Erinnerungskultur beschäftigen. Beispielsweise gibt es in der Behörde der Bundesbeauftragten für Kultur und Medien eine Abteilung für „Geschichte, Erinnerung"; im Ministerium für Wissenschaft, Forschung und Kultur des Landes Brandenburg ist in der Abteilung „Kultur" ein Referat für „Museen, Denkmalschutz und Denkmalpflege, Erinnerungskultur" zuständig. Bei der Berliner Senatskanzlei gibt es im Bereich „Kulturelle Angelegenheiten" ein Referat „Einrichtungsförderung für Archive, Bibliotheken, Gedenkstätten, Museen, Bildende Kunst", ebenso ist in der Stadtverwaltung Potsdam ein Referat für „Kultur und Museum" zuständig. In all diesen Referaten oder Abteilungen, arbeiten (auch) Historiker*innen und entwerfen Förderrichtlinien, bewerten Anträge, verfassen Reden oder konzipieren Veranstaltungen zu Themen der Public History.

Die Aufhänger dafür sind neben aktuellen Anlässen wie Eröffnungen von Museen oder Gedenkstätten und Einweihungen von Denkmälern häufig runde Jahrestage herausragender historischer Ereignisse sowie die nationalen oder internationalen **Gedenktage.** Unter den gesetzlichen Feiertagen ist aus der Perspektive der Public History vor allem der 3. Oktober als Tag der Deutschen Einheit herauszuheben. Zudem sind vor allem die folgenden, nicht immer allgemein bekannten Gedenktage aus historischer Sicht von Bedeutung:[47]
- 27. Januar: Tag des Gedenkens an die Opfer des Nationalsozialismus
- 1. Mai: Tag der Arbeit
- 9. Mai: Europatag
- 23. Mai: Verfassungstag
- 17. Juni: Jahrestag des Volksaufstandes in der DDR
- 20. Juni: Gedenktag für die Opfer von Flucht und Vertreibung
- 20. Juli: Tag des Gedenkens an den deutschen Widerstand gegen das NS-Regime
- 23. August: Tag des Gedenkens an die Opfer von Stalinismus und Nationalsozialismus.

Ein besonderer, wenn auch kein offizieller Gedenktag ist der 9. November: An diesem Tag jähren sich gleichzeitig die Ausrufung der Republik 1918, die Pogrome gegen Synagogen und jüdische Einrichtungen 1938 und die Öffnung der Berliner

---

47 Ausführliche Darstellung der Gedenktage bei Sack, Hilmar: Geschichte im politischen Raum. Theorie – Praxis – Berufsfelder, Tübingen 2016, S. 102–106.

Mauer 1989. Bei diesen verschiedenen Gedenkanlässen stellt sich jedes Jahr erneut die Frage, wie sie angemessen begangen werden können, ohne zum inhaltlich leeren Ritual zu verkommen – eine Aufgabe, der sich auch Public Historians stellen sollten.

Literatur

Fröhlich, Claudia/Heinrich, Horst-Alfred: Geschichtspolitik. Wer sind ihre Akteure, wer ihre Rezipienten?, Stuttgart 2004.
Sack, Hilmar: Geschichte im politischen Raum. Theorie – Praxis – Berufsfelder, Tübingen 2016.
Schmid, Harald (Hg.): Geschichtspolitik und kollektives Gedächtnis: Erinnerungskulturen in Theorie und Praxis, Göttingen 2009.
Wolfrum, Edgar: Geschichte als Waffe. Vom Kaiserreich bis zu Wiedervereinigung, Göttingen 2001.

6.5.4 Wirtschaft

Auch die private Wirtschaft bietet Arbeitsfelder für Public Historians, die alle bislang genannten Tätigkeiten umfassen können. Das Besondere in diesem Arbeitsbereich liegt darin, dass – von Geschichtsagenturen einmal abgesehen – der Unternehmenszweck nicht in erster Linie die Aufarbeitung oder Vermittlung von Geschichte ist. Nichtsdestoweniger finden sich innerhalb größerer Unternehmen Arbeitsbereiche wie Historische Kommunikation, Unternehmensmuseen oder Historische Archive, die sich mit der Erforschung und Präsentation der eigenen Geschichte auseinandersetzen. Kleinere Unternehmen richten dagegen meist keine eigenen Bereiche für Historiker*innen ein, sondern beauftragen gelegentlich, insbesondere anlässlich eines Firmenjubiläums, Freiberufler*innen oder Geschichtsagenturen mit der Aufarbeitung und Präsentation ihrer Geschichte.

Geschichtsagenturen

Als „Geschichtsagenturen" werden hier Einrichtungen verstanden, die die Aufarbeitung von Geschichte als Dienstleistung anbieten und nicht Teil des öffentlichen Dienstes sind. Immer mehr universitäre und außeruniversitäre Institute nehmen ebenfalls Auftragsarbeiten an, um zum Beispiel für Ministerien oder Unternehmen deren Geschichte zu erforschen.[48] Die Geschichtsagenturen sind dagegen Wirtschaftsunternehmen.[49] Zwar gab es schon immer Historiker*innen, die ihre Dienste wech-

---

48 Siehe dazu Mentel, Christian (Hg.): Zeithistorische Konjunkturen. Auftragsforschung und NS-Aufarbeitung in der Bundesrepublik, in: Zeitgeschichte-online, Dezember 2012 (überab. Juni 2015), URL: http://www.zeitgeschichte-online.de/thema/zeithistorische-konjunkturen (Aufruf 13.11.2017)
49 Vgl. Obermüller, Gerhard/Prüfer, Thomas: Aus Geschichten Geschäfte machen. Kleine Pragmatik des Historischen, in: Nießer/Tomann, Angewandte Geschichte, 2014, S. 77–96.

selnden Auftraggebern zur Verfügung stellten, aber erst in der Folge des Geschichtsbooms lässt sich seit Ende der 1990er Jahre eine Professionalisierung und stärkere Institutionalisierung dieser Angebote feststellen. Neben den Geschichtsagenturen, deren Fokus auf Unternehmensgeschichten liegt, gibt es sogenannte Ausstellungsagenturen, deren Tätigkeitsfelder bereits im Bereich der Museen mitbehandelt wurden. Die Produkte der verschiedenen Agenturen überschneiden sich jedoch teilweise, da Unternehmensgeschichte nicht nur in Printprodukten präsentiert werden kann, sondern auch in Ausstellungen, Websites oder filmischen Darstellungen.

Die Zahl der Geschichtsagenturen im Bereich der angewandten Unternehmensgeschichte ist in den letzten Jahren deutlich angestiegen, wobei es bislang leider keine verlässliche Studie über diesen Arbeitsbereich gibt. Zurzeit werden in Deutschland ca. 40 längerfristig bestehende Agenturen gezählt, von denen die meisten ‚Eine-Person-Betriebe' sind aber sechs Einrichtungen auch mehrere Historiker*innen als Angestellte beschäftigen.[50] Ihre Aufgaben sehen sie im **History Marketing** oder **Geschichtsmarketing**, worunter der Einsatz von Geschichtsdarstellungen zu Marketingzwecken verstanden wird.[51] Dabei grenzen sich Geschichts- von Marketingagenturen ab, indem sie sich in erster Linie seriösen Geschichtspräsentationen verpflichtet sehen und erst an zweiter Stelle dem Marketing. Sie verstehen History Marketing zwar als einen Weg, mit Hilfe von Geschichte Vertrauen für eine Branche, ein Unternehmen oder ein Produkt herzustellen, argumentieren jedoch, dass der alleinige Fokus auf das Marketing zu einer Indienstnahme der Geschichte führen und einen Glaubwürdigkeitsverlust nach sich ziehen kann.[52] Marketingagenturen hingegen betrachten Geschichte in erster Linie als eine Ressource, die entsprechend bestimmter Interessen umgestaltet werden kann. „History Marketing" kann beide Herangehensweisen bezeichnen.

In den Arbeitsabläufen einer Geschichtsagentur spielt die **Auftragsakquise** eine wichtige Rolle, denn in diesem noch relativ neuen Dienstleistungsbereich kommen die Kund*innen häufig nicht von sich aus auf die Agenturen zu. Der häufigste Anlass für einen Rückblick auf die eigene Geschichte ist das „runde" Firmenjubiläum. Viele Agenturen eruieren daher zunächst den Markt: Welche Unternehmen gibt es in der Region, die eine längere Geschichte und zugleich eine hinreichende Größe haben, um sich eine professionell gemachte Unternehmensgeschichte leisten zu können? Nach der Recherche beginnt die direkte Ansprache potentieller Kundschaft. Wenn die Unternehmen Interesse zeigen, muss ausgehandelt werden, was gewünscht wird und was geboten werden kann. Als Dienstleister*innen müssen sich die Geschichtsagenturen zwar an den Anforderungen der Auftraggeber*innen orientieren, sollten

---

50 Prüfer, Thomas: Markt und Möglichkeiten angewandter Unternehmensgeschichte, in: Geschichte in Wissenschaft und Unterricht, 66 (2015), 3/4, S. 133–140, hier S. 135.
51 Crivellari, Fabio: ‚History Marketing'. Geschichte zwischen Wissenschaft und Verkaufsargument, in: Akkumulation, 32 (2012), S. 13–28, hier S. 27.
52 Grieger, Manfred: Zur Hybridisierung der Unternehmensgeschichte durch Verwissenschaftlichung, Marketingisierung und Eventisierung: das Beispiel Volkswagen, in: Kühberger/Pudlat, Vergangenheitsbewirtschaftung, 2012, S. 96–119, hier S. 105.

jedoch auch versuchen, bei diesen ein Bewusstsein für den offenen Umgang mit der eigenen Geschichte zu schaffen.

Nach den Vertragsabsprachen beginnen die **Recherchen** in den unternehmenseigenen Akten und in anderen Archiven sowie Interviews mit aktiven oder früheren Mitarbeiter*innen und Eigentümer*innen. Parallel dazu ist die eigene Einarbeitung in die Branchengeschichte wichtig, um die aufgefundenen Quellen kontextualisieren und interpretieren zu können. Nach der Sammlung von Dokumenten, Bildern, Audio- und Videomaterial und der Klärung der Rechte daran kann das eigentliche **Produkt** erstellt werden. Dieses kann darin bestehen, auf der Basis der recherchierten Quellen ein Unternehmensarchiv aufzubauen und/oder die Unternehmensgeschichte in unterschiedlichsten Formen zu präsentieren: als Buch, Website, Film oder Ausstellung. Spätestens an dieser Stelle muss entschieden werden, was die Auftraggeber*innen möchten: ein Buch zum Verschenken, eine Ausstellung zur Präsentation im Unternehmen, einen Film oder eine Website. Die verschiedenen Medien können auch alle parallel angeboten werden und sich inhaltlich ergänzen.

Literatur

Kühberger, Christoph/Lübke, Christian/Terberger, Thomas (Hg.): Wahre Geschichte – Geschichte als Ware. Die Verantwortung der historischen Forschung für Wissenschaft und Gesellschaft, Rahden/Westf. 2007.

Kühberger Christoph/Pudlat, Andreas (Hg.): Vergangenheitsbewirtschaftung. Public History zwischen Wirtschaft und Wissenschaft, Innsbruck u. a. 2012.

Geschichtstourismus

Die Tourismuswirtschaft ist ein wachsender Dienstleistungsbereich, dessen Anfänge in Form von Vergnügungs- und Erholungsreisen in der Mitte des 19. Jahrhunderts liegen und der mit der Ausbreitung des Massenverkehrs seit den 1950er Jahren zu einem wichtigen Wirtschaftsfaktor für ganze Regionen geworden ist. Zu den Dienstleistenden gehören sowohl Reiseveranstaltungs- als auch Transportunternehmen, Hotels und Restaurants sowie die Anbieter*innen von Unterhaltungs- und Erholungsangeboten vor Ort. Seit dem ausgehenden 19. Jahrhundert zählen zu den touristischen Zielen auch historische Sehenswürdigkeiten und Orte, an denen bekannte historische Ereignisse stattgefunden haben.[53] Mit dem Geschichtsboom breitete sich auch der Geschichtstourismus aus. Er bildet einen wachsenden Arbeitsmarkt für Public Historians, für den es jedoch bislang keine spezifischen Ausbildungswege gibt.[54] Wer in diesem Berufsfeld arbeiten und entsprechende Angebote entwickeln will, muss sich unter anderem fragen, in welcher Form die Geschichte

---

53 Gröbner, Touristischer Geschichtsgebrauch, S. 417 f.
54 Vgl. Eder, Walter: Geschichte und Tourismus, in: Bergmann u. a., Handbuch der Geschichtsdidaktik, 1997, S. 718–727, hier S. 722 ff.

von Plätzen, Städten oder Regionen erzählt werden kann, was das Besondere an historischer Erzählung im Raum ist und welche Hilfsmittel bei der Vermittlung eingesetzt werden können. Für Public Historians ist zudem interessant, wie die touristische Vermarktung von historischen Orten auf diese zurückwirkt.

Menschen reisen an bestimmte Orte, um dort Geschichte zu „konsumieren". Dies wird auch als „Histourismus" bezeichnet.[55] Einen besonderen Bereich stellt der sogenannte **Thana-Tourismus** dar: die Reisen zu den Toten. Dazu zählen Besuche von Kriegsgräbern, aber auch Fahrten zu früheren Konzentrationslagern, Gefängnissen oder Schlachtfeldern. In diesem Zusammenhang wird auch von *„Dark Tourism"* gesprochen[56], womit sowohl Reisen an Orte des Todes und des Leides bezeichnet werden als auch die Besichtigung authentischer Orte etwa von Diktaturen wie zum Beispiel der „Wolfsschanze" oder des Obersalzberges.

Der Geschichtstourismus kann mehrtägige Geschichtsreisen ins Ausland, historische Tagestouren durch eine Stadt oder geführte Rundgänge, Fahrrad- oder Bustouren an ausgewählte Orte umfassen. Es gibt lokale Anbieter*innen, die sich auf bestimmte Orte spezialisiert haben, und solche, die weltweit agieren. Die Tätigkeitsfelder für Public Historians in diesem Bereich umfassen die Vermittlung von Geschichte vor Ort und meist in Form historischer **Führungen,** die thematische oder geografische Schwerpunkte haben können. Diese Führungen müssen konzipiert, recherchiert, beworben und schließlich durchgeführt werden.

Sehr häufig wird diese Tätigkeit von Freiberufler*innen bzw. auf Honorarbasis durchgeführt, was einen Einstieg erleichtert. Für Studierende ist es relativ einfach, gerade in diesem Bereich bereits während des Studiums tätig zu werden. Stadt-, Museums- oder Gedenkstättenführungen bieten sich zudem an, um bereits relativ früh Erfahrung in der Vermittlung von Geschichte zu sammeln. Public Historians treffen hier unmittelbar auf „die" Öffentlichkeit und können ausprobieren, wie Geschichte interessant und zugleich seriös vermittelt werden kann.

Literatur

Gröbner, Valentin: Touristischer Geschichtsgebrauch: Über einige Merkmale neuer Vergangenheiten im 20. und 21. Jahrhundert, in: Historische Zeitschrift (2013), S. 408–428.
Mütter, Bernd: HisTourismus. Geschichte in der Erwachsenenbildung und auf Reisen, Bd. 1 u. 2, Oldenburg 2008.
Schwarz, Angela/Mysliwietz-Fleiß, Daniela: Reisen in die Vergangenheit. Geschichtstourismus im 19. und 20. Jahrhundert, Köln u. a. (erscheint 2018).

---

55 Hochmuth, Hanno: HisTourismus. Public History und Berlin-Tourismus, in: Kühberger/Pudlat, Vergangenheitsbewirtschaftung, 2012, S. 173–182, hier S. 173.
56 Stone, Philip R.: A dark tourism spectrum. Towards a typology of death and macabre related tourist sites, attractions and exhibitions, in: Tourism 54 (2006), 2, S. 145–160, hier S. 146. Siehe auch Lennon, John J./Fohley, Malcom: Dark Tourism, London/New York 2000.

Selbstständigkeit

Neben der Möglichkeit, in einem der hier genannten Berufsfelder angestellt zu werden, ist fast immer auch eine freiberufliche Mitarbeit möglich. Dafür wird neben Fachkenntnissen eine Reihe von Fähigkeiten benötigt, die im allgemeinen Geschichts-, aber auch im Public History-Studium kaum behandelt werden können. Dazu zählen sowohl betriebswirtschaftliche Grundkenntnisse als auch Akquisitions- und Verhandlungstechniken. Die aktive Ansprache potentieller Kund*innen, die Präsentation der eigenen Fähigkeiten und Produkte sowie die Aushandlung von Abgabefristen und Preisen werden meist erst in der Praxis erlernt. Daher bieten sich auch für den Einstieg in die Selbständigkeit Praktika, zum Beispiel bei Geschichtsagenturen, an.

Um sich mit Gleichgesinnten über Erfahrungen oder Chancen auszutauschen, ist es zudem hilfreich, Mitglied in Verbänden oder Arbeitskreisen wie dem Deutschen Museumsbund, dem Deutschen Journalisten-Verband, der Gesellschaft für Unternehmensgeschichte (GUG), dem Bundesverband freiberuflicher Kulturwissenschaftler (BfK) oder der Arbeitsgruppe Angewandte Geschichte/Public History (AGAG) im Verband der Historiker und Historikerinnen Deutschlands zu werden.

Mit der Übernahme eines ersten Werkvertrages starten viele Absolvent*innen der Geschichtswissenschaften und der Public History ihre Berufstätigkeit als Freiberufler*innen und sammeln erste Erfahrungen. Bei den Preis- bzw. Honorarverhandlungen sollte beachtet werden, dass von dem vereinbarten Entgelt, das stets ein Bruttobetrag ist, noch Steuern und Versicherungsbeiträge gezahlt werden müssen. Zur Orientierung bietet der BfK auf seiner Website auch Honorarempfehlungen an.[57] Wenn sich eine längerfristige Selbständigkeit abzeichnet, ist es sinnvoll, die Aufnahme in die Künstlersozialkasse (KSK) anzustreben. Die KSK sorgt dafür, dass „selbständige Künstler und Publizisten einen ähnlichen Schutz der gesetzlichen Sozialversicherung genießen wie Arbeitnehmer",[58] indem sie den Arbeitgeberanteil der Beiträge für die Kranken-, Renten- und Pflegeversicherung übernimmt. Die Mitgliedschaft ist jedoch an bestimmte Voraussetzungen geknüpft.

---

57 Mitglieder-Service des BfK, URL: http://www.b-f-k.de/service/info-honorare.php (Aufruf 13.11.2017).
58 Vgl. Website der Künstlersozialkasse, URL: http://www.kuenstlersozialkasse.de/ (Aufruf 13.11.2017).

Anhang

Literaturverzeichnis

Alder, Barbara/de Brok, Barbara: Die perfekte Ausstellung. Ein Praxisleitfaden zum Projektmanagement von Ausstellungen, Bielefeld 2012.

Anderson, Jay: Living History: Simulating Everyday Life in Living Museums. American Quarterly, 34 (1982), 3, S. 290–306.

Arendes, Cord/Siebold, Angela: Zwischen akademischer Berufung und privatwirtschaftlichem Beruf. Für eine Debatte um Ethik- und Verhaltenskodizes in der historischen Profession, in: Geschichte in Wissenschaft und Unterricht, 66 (2015), 3/4, S. 152–166.

Arnold, Klaus/Hömberg, Walter/Kinnebrock, Susanne (Hg.): Geschichtsjournalismus. Zwischen Information und Inszenierung, Münster 2010.

Arnold, Klaus: Geschichtsjournalismus – ein Schwellenressort? Arbeitsweisen, Themen und Selbstverständnis von Geschichtsjournalisten in Deutschland, in: Ders./Hömberg/Kinnebrock, Geschichtsjournalismus, 2010, S. 87–107.

Ashton, Paul/Kean, Hilda (Hg.): People and their Pasts. Public History Today, Basingstoke 2009.

Ashton, Paul: Introduction: Going Public, in: Public History Review, 17 (2010), S. 1–15.

Asmuss, Burkhard: „Chronistenpflicht" und „Sammlerglück". Die Sammlung „Zeitgeschichtliche Dokumente" am Deutschen Historischen Museum, in: Zeithistorische Forschungen, 4 (2007), 1–2, S. 177–188.

Attfield, Judy: Wild Things: The Material Culture of Everyday Life (Materializing Culture), Oxford 2000.

Aumann, Philipp/Duerr, Frank: Ausstellungen machen, München 2013.

Baensch, Tanja/Kratz-Kessemeier, Kristina/Wimmer, Dorothee (Hg.): Museen im Nationalsozialismus. Akteure – Orte – Politik, Köln 2016.

Bannasch, Bettina/Hammer, Almuth (Hg.): Verbot der Bilder – Gebot der Erinnerung. Mediale Repräsentationen der Schoah, Frankfurt/M. 2004.

Barricelli, Michele/Hornig, Julia (Hg.): Aufklärung, Bildung, „Histotainment"? Zeitgeschichte in Unterricht und Gesellschaft heute, Frankfurt/M. 2008.

Barricelli, Michele/Lücke, Martin (Hg.): Handbuch Praxis des Geschichtsunterrichts, 2 Bde., Schwalbach/Ts. 2012.

Barricelli, Michele: Narrativität, in: Barricelli/Lücke, Handbuch Praxis des Geschichtsunterrichts, 2012, S. 255–280.

Barricelli, Michele: Schüler erzählen Geschichte. Narrative Kompetenz im Geschichtsunterricht, Schwalbach/Ts. 2005.

Baur, Joachim (Hg.): Museumsanalyse. Methoden und Konturen eines neuen Forschungsfeldes, Bielefeld 2010.

Baur, Joachim: Ausstellen. Trends und Tendenzen im kulturhistorischen Feld, in: Graf/Rodekamp, Museen zwischen Qualität und Relevanz, 2012, S. 131–144.

Baur, Joachim: Die Musealisierung der Migration. Einwanderungsmuseen und die Inszenierung der multikulturellen Nation, Bielefeld 2009.

Baur, Joachim: Museumsanalyse: Zur Einführung, in: Ders., Museumsanalyse, 2010, S. 7–14.

Baur, Joachim: Spezialmuseen, in: Graf/Rodekamp, Museen zwischen Qualität und Relevanz, 2012. S. 357–365.

Behindertenrechtskonvention der Vereinten Nationen, URL: http://www.behindertenrechtskonvention.info/bildung-3907/ (Aufruf 13.11.2015) und http://www.behindertenrechtskonvention.info/allgemeine-grundsaetze-3765/ (Aufruf 13.11.2017).

Beier, Rosmarie (Hg.): Geschichtskultur in der Zweiten Moderne, Frankfurt/M. 2000.

Beier-de Haan, Rosmarie: Erinnerte Geschichte – Inszenierte Geschichte. Ausstellungen und Museen in der Zweiten Moderne, Frankfurt/M. 2005.

Beier-de Haan, Rosmarie: Geschichte, Erinnerung, Repräsentation. Zur Funktion von Zeitzeugen in zeithistorischen Ausstellungen im Kontext einer neuen Geschichtskultur, in: Kalinke, Zeitzeugenberichte 2011/2012, S. 1–15, URL: http://www.bkge.de/52803.html (Aufruf 13.11.2017).

Bender, Steffen: Virtuelles Erinnern. Kriege des 20. Jahrhunderts in Computerspielen, Bielefeld 2012.

Bergmann, Klaus (Hg.): Handbuch der Geschichtsdidaktik, Bd. 1, Düsseldorf 1979.

Bergmann, Klaus u. a. (Hg.): Handbuch der Geschichtsdidaktik, 5. überarb. Aufl. Seelze-Velber 1997.

Bergmann, Klaus: Gegenwartsbezug im Geschichtsunterricht, 2. Aufl. Schwalbach/Ts. 2008.

Bergmann, Klaus: Multiperspektivität, in: Ders. u. a., Handbuch der Geschichtsdidaktik, 1997, S. 301–303.

Bergmann, Klaus: Multiperspektivität, in: Ders., Handbuch der Geschichtsdidaktik, 1979, S. 216–218.

Bergmann, Klaus: Multiperspektivität, in: Mayer u. a., Handbuch Methoden im Geschichtsunterricht, 2007, S. 65–77.

Bergmann, Klaus: Multiperspektivität. Geschichte selber denken, Schwalbach/Ts. 2000.

Bergmann, Klaus: Personalisierung, Personifizierung, in: Bergmann u. a., Handbuch der Geschichtsdidaktik, 1997, S. 298–300.

Bernsen, Daniel/Kerber, Ulf (Hg.): Praxishandbuch Historisches Lernen und Medienbildung im digitalen Zeitalter, Opladen 2017.

Blanke, Horst Walter: Stichwortgeber. Die Rolle der „Zeitzeugen" in G. Knopps Fernsehdokumentationen, in: Oswalt/Pandel, Geschichtskultur, 2009, S. 63–74.

Blaschke, Olaf/Schulze, Hagen (Hg.): Geschichtswissenschaft und Buchhandel in der Krisenspirale? Eine Inspektion des Feldes in historischer, internationaler und wirtschaftlicher Perspektive, München 2006.

Bluche, Lorraine u. a. (Hg.): NeuZugänge. Museen, Sammlungen und Migration. Eine Laborausstellung, Bielefeld 2013.

Bohnenkamp, Anne u. a. (Hg.): Häuser der Erinnerung. Zur Geschichte der Personengedenkstätte in Deutschland, Leipzig 2015.

Borries, Bodo: Historischer „Spielfilm" und „Dokumentation" – Bemerkung zu Beispielen, in: Kühberger/Lübke/Terberger, Wahre Geschichte – Geschichte als Ware, 2007, S. 187–212.

Borsdorf, Ulrich/Grütter, Heinrich Theodor (Hg.): Orte der Erinnerung. Denkmal, Gedenkstätte, Museum, Frankfurt/M. 1999.

Bösch, Frank/Goschler, Constantin: Der Nationalsozialismus und die deutsche Public History, in: Dies., Public History, 2009, S. 7–23.

Bösch, Frank/Goschler, Constantin (Hg.): Public History. Öffentliche Darstellungen des Nationalsozialismus jenseits der Geschichtswissenschaft, Frankfurt/M. 2009.

Bösch, Frank: Geschichte mit Gesicht. Zur Genese des Zeitzeugen in Holocaust-Dokumentationen seit den 1950er Jahren, in: Fischer/Wirtz, Alles authentisch?, 2008, S. 51–72.

Bösch, Frank: Journalisten als Historiker: Die Medialisierung der Zeitgeschichte nach 1945, in: Oswalt/Pandel, Geschichtskultur, 2009, S. 47–62.

Brauburger, Stefan: Fiktionalität oder Fakten: welche Zukunft hat die zeitgeschichtliche Dokumentation?, in: Korte/Paletschek, History goes pop, 2009, S. 203–213.

Brauer, Juliane/Lücke, Martin (Hg.): Emotionen, Geschichte und historisches Lernen. Geschichtsdidaktische und geschichtskulturelle Perspektiven, Göttingen 2013.

Bredekamp, Horst: Schlussvortrag: Bild – Akt – Geschichte, in Geschichtsbilder. 46. Deutscher Historikertag vom 19.–22. September 2006 in Konstanz. Berichtsband, Konstanz 2007, S. 289–309.

Brink, Cornelia: Ikonen der Vernichtung: öffentlicher Gebrauch von Fotografien aus nationalsozialistischen Konzentrationslagern nach 1945, Berlin 1998.

Bundeszentrale für politische Bildung, Beutelsbacher Konsens, 7.4.2011, URL: http://www.bpb.de/die-bpb/51310/beutelsbacher-konsens (Aufruf 13.11.2017).

Burghard, Manfred: Einführung in das Projektmanagement. Definition, Planung, Kontrolle, Abschluß, Erlangen 2007.

Butterwegge, Christoph: Armut in einem reichen Land. Wie das Problem verharmlost und verdrängt wird, Frankfurt/M. 2009.

Carstensen, Jan/Meiners, Uwe/Mohrmann, Ruth (Hg.): Living History im Museum. Möglichkeiten und Grenzen einer populären Vermittlungsform, Münster 2008.

Cauvin, Thomas: Why We Should all Become Public Historians?, in: Public History Weekly, 4 (2016), 42, URL: https://public-history-weekly.degruyter.com/4-2016-42/why-we-should-all-become-public-historians/ (Aufruf 13.11.2017).

Cauvin, Thomas: Public History. A Textbook of Practice, New York 2016.

Cippitelli, Claudia/Schwanebeck, Axel (Hg.): Fernsehen macht Geschichte. Vergangenheit als TV-Ereignis, Baden-Baden 2009.

Clifford, James: Museums as Contact Zones, in: Ders.: Routes. Travel and Translation in the Late Twentieth Century, Cambridge/Mass. 1997, S. 188–219.

Cohen, Daniel/Rosenzweig, Roy: Digital History. A Guide to Gathering, Preserving, and Presenting the Past on the Web, URL: http://chnm.gmu.edu/digitalhistory/ (Aufruf 13.11.2017).

Cole, Charles C.: Public History: What Difference Has It Made?, in: The Public Historian, 16 (1994), 4, S. 9–35.

Connell, Raewyn: Gender, Cambridge 2002.

Corbett, Kathy/Miller, Dick: What's in a Name?, H-Public Discussion Networks, May 2007, URL:http://h-net.msu.edu/cgi-bin/logbrowse.pl?trx=vx&list=h-public&month=0705&week=e&msg=aVngv/iJbMn6XgpXbtnoiw&user=&pw= (Aufruf 13.11.2017).

Cornelißen, Christoph: Erinnerungskulturen, Version: 2.0, in: Docupedia-Zeitgeschichte, 22.10.2012, URL: https://docupedia.de/zg/Erinnerungskulturen_Version_2.0_Christoph_Cornelißen (Aufruf 13.11.2017).

Crivellari, Fabio: ‚History Marketing'. Geschichte zwischen Wissenschaft und Verkaufsargument, in: Akkumulation, 32 (2012), S. 13–28.

Czech, Alfred/Kirmeier, Josef/Sgoff, Brigitte (Hg.): Museumspädagogik. Ein Handbuch. Grundlagen und Hilfen für die Praxis, Schwalbach/Ts. 2014.

Damisch, Hubert: Der Ursprung der Perspektive, München 2010.

Danker, Uwe/Schwabe, Astrid: Geschichte im Internet, Stuttgart 2017.

Danniau, Fien: Public History in a Digital Context. Back to the Future or Back to Basics?, in: BMGN – Low Countries Historical Review, 128 (2013), 4, S. 118–144.

Dauschek, Anja (Hg.): Museumsmanagement: Amerikanische Strategien in der deutschen Diskussion, Ehestorf 2001.

Dauschek, Anja: Management als Museumsaufgabe, in: Aus Politik und Zeitgeschichte, 57 (2007), 49, S. 10–26.

Dawid, Evelyn/Schlesinger, Robert (Hg.): Text in Museen und Ausstellungen, Bielefeld 2002.

De Jong, Steffi: Bewegte Objekte. Einleitende Gedanken zur Musealisierung des Zeitzeugen, in: Schmidt, Sibylle/Krämer, Sybille/Voges, Ramon (Hg.): Politik der Zeugenschaft. Zur Kritik einer Wissenspraxis, Bielefeld 2011, S. 243–264.

DeGroot, Jerome: Consuming History. Historians and heritage in contemporary popular culture, Oxon 2009.

Demantowsky, Marko/Pallaske, Christoph (Hg.): Geschichte lernen im digitalen Wandel, Berlin/München/Boston 2015.

Demantowsky, Marko: „Public History" – Aufhebung einer deutschsprachigen Debatte?, in: Public History Weekly, 3 (2015), 2, URL: https://public-history-weekly.degruyter.com/3-2015-2/public-history-sublation-german-debate/ (Aufruf 13.11.2017).

Deutscher Bundestag (Hg.): Kultur in Deutschland. Schlussbericht der Enquete-Kommission des Deutschen Bundestages, Regensburg 2008.

Deutscher Bundestag: Fortschreibung der Gedenkstättenkonzeption des Bundes. Verantwortung wahrnehmen, Aufarbeitung verstehen, Gedenken vertiefen, Drucksache 16/9875, 19.6.2008, URL: https://www.bundesregierung.de/Content/DE/StatischeSeiten/Breg/BKM/2016-10-25-gedenkstaettenkonzeption.html (Aufruf 13.11.2017).

Deutscher Museumsbund (Hg.): Leitfaden für das wissenschaftliche Volontariat am Museum, URL: http://www.museumsbund.de/wp-content/uploads/2017/03/leitfaden-volontariat-2009.pdf (Aufruf 13.11.2017).

Deutscher Museumsbund (Hg.): Nachhaltiges Sammeln. Ein Leitfaden zum Sammeln und Abgeben von Museumsgut, Berlin/Leipzig 2011, URL: http://www.museumsbund.de/wp-content/uploads/2017/03/leitfaden-nachhaltiges-sammeln.pdf (Aufruf 13.11.2017).

Deutscher Museumsbund e. V. (Hg.): Museen, Migration und kulturelle Vielfalt. Handreichungen für die Museumsarbeit, Berlin 2015, URL: http://www.kultur-oeffnet-welten.de/media/images_content/qs/leitfaden_kulturellevielfalt.pdf (Aufruf 13.11.2017).

Deutscher Museumsbund e. V./Bundesverband Museumspädagogik e. V./Bundeskompetenzzentrum Barrierefreiheit e. V. (Hg.): Das inklusive Museum. Ein Leitfaden zu Barrierefreiheit und Inklusion, Berlin 2013, URL: http://www.pro-retina.de/dateien/ea_das_inklusive_museum.pdf (Aufruf 13.11.2017).

Deutscher Museumsbund e. V./Bundesverband Museumspädagogik in Zusammenarbeit mit dem Österreichischen Verband der KulturvermittlerInnen im Museums- und Ausstellungswesen und Mediamus – Schweizerischer Verband der Fachleute für Bildung und Vermittlung im Museum (Hg.): Qualitätskriterien für Museen: Bildungs- und Vermittlungsarbeit, Berlin 2008, S. 8, URL: http://www.museumswesen.smwk.sachsen.de/download/Qualitaetskriterien_Museen_2008.pdf (Aufruf 13.11.2017).

Drieschner, Carsten: *Living History* als Freizeitbeschäftigung – Der Wikingerverein „Opinn Skjold e. V.", in: Schleswig. Kieler Blätter zur Volkskunde, 37 (2005) S. 31–61.

Duisberg, Heike (Hg.): Living History in Freilichtmuseen: Neue Wege der Geschichtsvermittlung, Rosengarten-Ehestorf 2008.

Eder, Walter: Geschichte und Tourismus, in: Bergmann u. a., Handbuch der Geschichtsdidaktik, 1997, S. 718–726.

Elpers, Sophie/Palm, Anna (Hg.): Die Musealisierung der Gegenwart. Von Grenzen und Chancen des Sammelns in Kulturhistorischen Museen, Bielefeld 2014.

Endlich, Stefanie: Orte des Erinnerns – Mahnmale und Gedenkstätten, in: Reichel, Peter/Schmid, Harald/Steinbach, Peter (Hg.): Der Nationalsozialismus – Die zweite Geschichte. Überwindung – Deutung – Erinnerung, München 2009, S. 350–377.

Ernst, Christian (Hg.): Geschichte im Dialog? ‚DDR-Zeitzeugen' in Geschichtskultur und Bildungspraxis, Schwalbach/Ts. 2014.

Eschebach, Insa: Öffentliches Gedenken. Deutsche Erinnerungskulturen seit der Weimarer Republik, Frankfurt/M. 2005.

Eschebach, Insa: Zur Visualisierung von Erinnerungen in der Gedenkstättenpraxis, in: Grieger, Manfred/Gutzmann, Ulrike/Schlinkert, Dirk (Hg.): Die Zukunft der Erinnerung. Eine Wolfsburger Tagung, Wolfsburg 2008, S. 37–46.

Faulenbach, Bernd/Jelich, Franz-Josef (Hg.): „Asymmetrisch verflochtene Parallelgeschichte?". Die Geschichte der Bundesrepublik und der DDR in Ausstellungen, Museen und Gedenkstätten, Essen 2005.

Faulstich, Werner: „Unterhaltung" als Schlüsselkategorie von Kulturwissenschaft: Begriffe, Probleme, Stand der Forschung, Positionsbestimmung, in: Ders./Knop, Karin: Unterhaltungskultur, München 2006, S. 7–20.

Fehr, Michael: Müllhalde oder Museum. Endstation in der Industriegesellschaft, in: Ders./Grohé, Stefan (Hg.): Geschichten, Bild, Museum. Zur Darstellung von Geschichte im Museum, Köln 1989, S. 182–196.

Fischer, Thomas/Schuhbauer, Thomas: Geschichte in Film und Fernsehen. Theorie – Praxis – Berufsfelder, Tübingen 2016.

Fischer, Thomas/Wirth, Rainer (Hg.): Alles authentisch? Popularisierung der Geschichte im Fernsehen, Konstanz 2008.

Fischer, Thomas: Ereignis und Erleben. Entstehung und Merkmale des zeitgenössischen dokumentarischen Geschichtsfernsehens, in: Korte/Paletschek (Hg.): History goes pop, 2009, S. 191–202.

Flügel, Kathrin: Einführung in die Museologie, Darmstadt 2005.

Föhl, Patrick S./Glogner-Pilz, Patrick: Kulturmanagement als Wissenschaft. Grundlagen – Entwicklungen – Perspektiven. Einführung für Studium und Praxis, Bielefeld 2017.

Frahm, Ole: Von Holocaust zu Holokaust. Guido Knopps Aneignung der Vernichtung der europäischen Juden, in: 1999. Zeitschrift für Sozialgeschichte des 20. und 21. Jahrhunderts, 17 (2002), 2, S. 128–138.

François, Etienne/Schulze, Hagen (Hg.): Deutsche Erinnerungsorte, 3 Bände, München 2001.

Frech, Siegfried/Richter, Dagmar (Hg.): Der Beutelsbacher Konsens. Bedeutung, Wirkung, Kontroversen, Schwalbach/Ts. 2017.

Fröhlich, Claudia/Heinrich, Horst-Alfred: Geschichtspolitik. Wer sind ihre Akteure, wer ihre Rezipientin?, Stuttgart 2004.

Garbe, Detlef: Die Gedenkstättenkonzeption des Bundes: Förderinstrument im geschichtspolitischen Spannungsfeld, in: Gedenkstätten-Rundbrief, 6 (2016), S. 3–17.

Geertz, Clifford: Dichte Beschreibung. Beiträge zum Verstehen kultureller Systeme, Frankfurt/M. 1983.

Geißler, Cornelia: Individuum und Masse – Zur Vermittlung des Holocaust in deutschen Gedenkstättenausstellungen, Bielefeld 2015.

Geppert, Alexander C.T.: Forschungstechnik oder historische Disziplin? Methodische Probleme der Oral History, in: Geschichte in Wissenschaft und Unterricht, 45 (1994), 5, S. 303–323.

Gerchow, Jan u. a.: Nicht von Gestern! Das historische museum frankfurt wird zum Stadtmuseum für das 21. Jahrhundert, in: Gesser u. a., Das partizipative Museum, 2012, S. 22–32.

Gesetz zur Errichtung einer Stiftung „Erinnerung, Verantwortung und Zukunft" vom 2.8.2000. URL: http://www.stiftung-evz.de/stiftung/gesetz-der-stiftung-evz.html (Aufruf 13.11.2017).

Gesser, Susanne (Hg.): Das partizipative Museum. Zwischen Teilhabe und User Generated Content. Neu Anforderungen an kulturhistorische Ausstellungen, Bielefeld 2012.

Gesser, Susanne, u. a.: Das partizipative Museum, in: Dies., Das partizipative Museum, 2012, S. 10–15.

Gfrereis, Heike/Thiemeyer, Thomas/Tschofen, Bernhard (Hg.): Museen verstehen. Begriffe der Theorie und Praxis, Göttingen 2015.

Graf, Bernhard/Rodekamp, Volker (Hg.): Museen zwischen Qualität und Relevanz. Denkschrift zur Lage der Museen, Berlin 2012.

Grieger, Manfred: Zur Hybridisierung der Unternehmensgeschichte durch Verwissenschaftlichung, Marketingisierung und Eventisierung: das Beispiel Volkswagen, in: Kühberger/Pudlat, Vergangenheitsbewirtschaftung, 2012, S. 96–119.

Gröbner, Valentin: Touristischer Geschichtsgebrauch: Über einige Merkmale neuer Vergangenheiten im 20. und 21. Jahrhundert, in: Historische Zeitschrift, (2013), S. 408–428.

Groothuis, Rainer: Wie kommen die Bücher auf die Erde? Über Verleger und Autoren, Hersteller, Verkäufer und: das schöne Buch. Nebst einer kleinen Warenkunde, überarb. und erw. Neuausg., Köln 2007.

Große Burlage, Martin: Große historische Ausstellungen in der Bundesrepublik Deutschland 1960–2000, Münster 2005.

Grotrian, Etta: Geschichtswerkstätten und Alternative Geschichtspraxis in den Achtzigern, in: Hardtwig/Schug, History Sells!, 2009, S. 243–253.

Grotrian, Etta: Kontroversen um die Deutungshoheit. Museumsdebatte, Historikerstreit und „neue Geschichtsbewegung" in der Bundesrepublik der 1980er Jahre, in: Zeitschrift für Religions- und Geistesgeschichte, 61 (2009), S. 372–389.

Grünwald Steiger, Andreas: Information – Wissen – Bildung: Das Museum als Lernort, in: Walz, Handbuch Museum, 2016, S. 278–282.

Gryglewski, Elke u. a. (Hg.): Gedenkstättenpädagogik. Kontext, Theorie und Praxis der Bildungsarbeit zu NS-Verbrechen, Berlin 2015.

Gryglewski, Elke: Gedenkstättenarbeit in der heterogenen Gesellschaft, in: Dies. u. a., Gedenkstättenpädagogik, 2015, S. 166–178.

Gundermann, Christine: Jenseits von Asterix. Comics im Geschichtsunterricht, 2. Aufl. Schwalbach/Ts. 2017.

Hacke, Daniela: Hearing Cultures. Plädoyer für eine Klanggeschichte des Bauernkriegs, in: Geschichte in Wissenschaft und Unterricht, 66 (2015), 11/12, S. 650–662.

Hagemann, Susanne: „Leere Gesten"? Darstellungsmuster in Ausstellungen zur NS-Zeit, in: Museumsverband des Landes Brandenburg (Hg.): Entnazifizierte Zone? Zum Umgang mit der Zeit des Nationalsozialismus in ostdeutschen Stadt- und Regionalmuseen, Bielefeld 2015, S. 77–92.

Hagemann-White, Carol: Intersektionalität als theoretische Herausforderung für die Geschlechterforschung, in: Smykalla/Vinz, Intersektionalität zwischen Gender und Diversity, 2011, S. 20–33.

Hahn, Hans Peter/Eggert, Manfred K.H./Samida, Stefanie (Hg.): Einleitung, in: Dies., Handbuch Materielle Kultur, 2014, S. 1–12.

Hamann, Christoph: Bildquellen im Geschichtsunterricht, in: Barricelli/Lücke, Handbuch Praxis des Geschichtsunterrichts, 2012, S. 108–124.

Hammermann, Gabriele/Riedel, Dirk (Hg.): Sanierung – Rekonstruktion – Neugestaltung. Zum Umgang mit historischen Bauten in Gedenkstätten, Göttingen 2014.

Handro, Saskia: Mutationen. Geschichte im kommerziellen Fernsehen, in: Oswalt/Pandel, Geschichtskultur, 2009, S. 75–97.

Hanemann, Andy/Oels, David: Einleitung, in: Dies. (Hg.): Sachbuch und populäres Wissen im 20. Jahrhundert, Frankfurt/M. 2008, S. 7–25.

Hardtwig, Wolfgang/Schug, Alexander: History Sells! Angewandte Geschichte als Wissenschaft und Markt, Stuttgart 2009.

Hartung, Olaf (Hg.): Museum und Geschichtskultur. Ästhetik – Politik – Wissenschaft, Bielefeld 2006.

Hartung, Olaf: Kleine deutsche Museumsgeschichte. Von der Aufklärung bis zum frühen 20. Jahrhundert, Köln u. a. 2010.

Hasberg, Wolfgang/Thünemann, Holger (Hg.): Geschichtsdidaktik in der Diskussion: Grundlagen und Perspektiven, Frankfurt/M. 2016.

Hasberg, Wolfgang: Erinnerungs- oder Geschichtskultur? Überlegungen zu zwei (un)vereinbaren Konzeptionen zum Umgang mit Gedächtnis und Geschichte, in: Hartung, Museum und Geschichtskultur, 2006, S. 32–59.

Haug, Verena: Am „authentischen Ort". Paradoxien der Gedenkstättenpädagogik, Berlin 2015.

Haug, Verena: Gedenkstättenpädagogik als Interaktion. Aushandlungen von Erwartungen und Ansprüchen vor Ort, in: Gryglewski u. a., Gedenkstättenpädagogik, 2015, S. 113–126.

Heinze, Carl: Mittelalter Computer Spiele. Zur Darstellung und Modellierung von Geschichte im populären Computerspiel, Bielefeld 2012.

Heßler, Martina: Bilder zwischen Kunst und Wissenschaft. Neue Herausforderungen für die Forschung, in: Geschichte und Gesellschaft, 31 (2005), S. 266–292.

Heyl, Matthias: Bildverbot und Bilderfluten, in: Bannasch/Hammer: Verbot der Bilder – Gebot der Erinnerung, 2004, S. 117–129.

Hiller, Marlene P.: Der Spagat zwischen Öffentlichkeit und Wissenschaft. Oder: Geschichte schreiben für Liebhaber, in: Horn/Sauer, Geschichte und Öffentlichkeit, 2009, S 161–168.

Hiller, Marlene: Geschichte für Liebhaber. Oder: was Damals seinen Lesern zu bieten hat, in: Geschichte in Wissenschaft und Unterricht, 54 (2003), 2, S. 85–90.

Hinz, Andreas: Inklusion, in: Antor, Georg/Bleidick, Ulrich (Hg.): Handlexikon der Behindertenpädagogik. Schlüsselbegriffe aus Theorie und Praxis, Stuttgart 2006, S. 97–99.

Hochbruck, Wolfgang: ‚Belebte Geschichte': Deliminationen der Anschaulichkeit im Geschichtstheater, in: Korte/Paletschek, History goes Pop, 2009, S. 215–230.

Hochbruck, Wolfgang: Geschichtstheater. Formen der „Living History". Eine Typologie, Bielefeld 2013.

Hochmuth, Hanno: HisTourismus. Public History und Berlin-Tourismus, in: Kühberger/Pudlat, Vergangenheitsbewirtschaftung, 2012, S. 173–182.

Hoffmann, Detlef: Zeitgeschichte aus Spuren ermitteln. Ein Plädoyer für ein Denken vom Objekt aus, in: Zeithistorische Forschungen, 4 (2007), S. 200–210.

Hömberg, Walter: Die Aktualität der Vergangenheit. Konturen des Geschichtsjournalismus, in: Arnold/Hömberg/Kinnebrock, Geschichtsjournalismus, 2010.

Horn, Sabine/Sauer, Michael (Hg.): Geschichte und Öffentlichkeit. Orte – Medien – Institutionen, Göttingen 2009.

Iser, Wolfgang: Der Akt des Lesens. Theorie ästhetischer Wirkung, 3. Aufl. München 1990.

Janeke, Kristiane: „Nicht gelehrter sollen die Besucher eine Ausstellung verlassen, sondern gewitzter". Historiker zwischen Theorie und Praxis, in: Zeithistorische Forschungen, 4 (2007), 1-2, S. 189-199.

Jeisman, Karl-Ernst: Geschichtsbewußtsein – Theorie, in: Bergmann u. a., Handbuch der Geschichtsdidaktik, 1997, S. 42–44.

Jordan, Stefan: Theorien und Methoden der Geschichtswissenschaft. Orientierung Geschichte, Paderborn 2009.

Jordanova, Ludmilla: History in Practice, London 2000.

Kalinke, Heinke M. (Hg.): Zeitzeugenberichte zur Kultur und Geschichte der Deutschen im östlichen Europa im 20. Jahrhundert. Neue Forschungen. Oldenburg, Bundesinstitut für Kultur und Geschichte der Deutschen im östlichen Europa, 2011/2012, URL: http://www.bkge.de/52803.html (Aufruf 13.11.2017).

Kaminsky, Anne (Hg.): Orte des Erinnerns. Gedenkzeichen, Gedenkstätten und Museen zur Diktatur in SBZ und DDR, Berlin 2007.

Kean, Hilda/Martin, Paul/Morgan, Sally J.: Seeing History. Public History in Britain Now, London 2000.

Keilbach, Judith: Fernsehbilder der Geschichte. Anmerkungen zur Darstellung des Nationalsozialismus in den Geschichtsdokumentationen des ZDF, in: 1999. Zeitschrift für Sozialgeschichte des 20. und 21. Jahrhunderts, 17 (2002), 2, S. 102–113.

Keilbach, Judith: Geschichte im Fernsehen, in: Horn/Sauer, Geschichte und Öffentlichkeit, 2009, S. 151–168.

Keilbach, Judith: Geschichtsbilder und Zeitzeugen. Zur Darstellung des Nationalsozialismus im bundesdeutschen Fernsehen, Münster 2008.

Kellerhoff, Sven Felix: Geschichte muss nicht knallen – Zwischen Vermittlung und Vereinfachung: Plädoyer für eine Partnerschaft von Geschichtswissenschaft und Geschichtsjournalismus, in: Barricelli/Hornig, Aufklärung, Bildung, „Histotainment"?, 2008, S. 147–158.

Kellerhoff, Sven Felix: Viel ist nicht genug. Historiker im professionellen Journalismus, in: Kleinehagenbrock, Frank/Petersen, Stefan: Berufsfelder für Historikerinnen und Historiker sowie Studierende anderer Geisteswissenschaften. Ein Leitfaden, Würzburg 2011, S. 48–59.

Kelly, Robert: Public History: Its Origins, Nature, and Prospects, in: The Public Historian, 1 (1978), 1, S. 16–28.

Kerner, Ina: Differenzen und Macht. Zur Anatomie von Rassismus und Sexismus, Frankfurt/M. 2009.

Kirchhoff, Heike/Schmidt, Martin (Hg.): Das magische Dreieck. Die Museumsausstellung als Zusammenspiel von Kuratoren, Museumspädagogen und Gestaltern, Bielefeld 2007.

Kirsch, Jan-Holger (Hg.): Das Holocaust-Mahnmal und die Geschichte seiner Entstehung. Pressestimmen, digitale Reprints, Rezensionen, Bibliographie, in: Zeitgeschichte-online, Juni 2005, URL: http://www.zeitgeschichte-online.de/thema/das-holocaust-mahnmal-und-die-geschichte-seiner-entstehung (Aufruf 13.11.2017).

Kirsch, Jan-Holger: Nationaler Mythos oder historische Trauer. Der Streit um ein zentrales „Holocaust Mahnmal" für die Berliner Republik, Köln u. a. 2003.

Klinger, Cornelia/Knapp, Gudrun-Axeli/Sauer, Birgit (Hg.): Achsen der Ungleichheit. Zum Verhältnis von Klasse, Geschlecht und Ethnizität, Frankfurt/M. 2007.

Klinger, Cornelia/Knapp, Gudrun-Axeli: Achsen der Ungleichheit – Achsen der Differenz: Verhältnisbestimmung von Klasse, Geschlecht, „Rasse"/Ethnizität, in: Dies./Sauer, Achsen der Ungleichheit, 2007, S. 19–41.

Knigge, Volkhard: Gedenkstätten und Museen, in: Ders./Frei, Norbert (Hg.): Verbrechen erinnern. Die Auseinandersetzung mit Holocaust und Völkermord, München 2002, S. 378–389.

Knoch, Habbo: Die Tat als Bild. Fotografien des Holocaust in der deutschen Erinnerungskultur, Hamburg 2001.

Knoch, Habbo: Gedenkstätten, in: Version: 1.0, in: Docupedia-Zeitgeschichte (im Erscheinen).

Knoch, Habbo: Spurensuche. NS-Gedenkstätten als Orte der Zeitgeschichte, in: Bösch/Goschler, Public History, 2009, S. 190–218.

Knoch, Habbo: Wem gehört die Geschichte? Aufgaben der „Public History" als wissenschaftlicher Disziplin, in: Hasberg/Thünemann, Geschichtsdidaktik in der Diskussion, 2016, S. 303–345.

Knoch, Habbo: „Ferienlager" und „gefoltertes Leben". Periphere Räume in ehemaligen Konzentrationslagern, in: Hammermann/Riedel, Sanierung, Rekonstruktion, Neugestaltung, 2014, S. 32–49.

Korff, Gottfried: Bildwelt Ausstellung. Die Darstellung von Geschichte im Museum, in: Borsdorf/Grütter, Orte der Erinnerung, 1999, S. 319–335.

Korff, Gottfried: Die „Ecomusées" in Frankreich – eine neue Art, die Alltagsgeschichte einzuholen (1982), in: Ders.: Museumsdinge deponieren – exponieren, hrsg. von Eberspächer/König/Tschofen, 2007, S. 75–84.

Korff, Gottfried: Museumsdinge deponieren – exponieren, hrsg. von Martina Eberspächer, Gudrun Malene König, Bernhard Tschofen, Köln u. a. 2. erg. Auflage 2007.

Korff, Gottfried: Zur Eigenart der Museumsdinge (1992), in: Ders.: Museumsdinge deponieren – exponieren, hrsg. von Eberspächer/König/Tschofen, 2007, S. 140–145.

Körte-Braun, Bernd: Erinnern in der Zukunft: Frag das Hologramm, in: Yad Vashem E-Newsletter für die deutschsprachigen Länder, o. J., URL: http://www.yad-vashem.org.il/yv/de/education/newsletter/10/article_korte.asp (Aufruf 13.11.2017).

Korte, Barbara/Paletschek, Sylvia: Geschichte in populären Medien und Genres. Vom historischem Roman zum Computerspiel, in: Dies., History goes Pop, 2009, S. 9–60.

Korte, Barbara/Paletschek, Sylvia: History goes Pop. Zur Repräsentation von Geschichte in populären Medien und Genres, Bielefeld 2009.

Koselleck, Reinhart: Darstellung, Ereignis und Struktur, in: Ders.: Vergangene Zukunft. Zur Semantik geschichtlicher Zeiten, Frankfurt/M. 1989, S. 144–157.

Kößler, Gottfried: Aura und Ordnung. Zum Verhältnis von Gedenkstätten und Museen, in: Gryglewski u. a., Gedenkstättenpädagogik, 2015, S. 67–81.

Krankenhagen, Stefan: Geschichte kuratieren, in: Ders./Vahrson, Viola (Hg.): Geschichte kuratieren. Kultur- und kunstwissenschaftliche An-Ordnungen der Vergangenheit, Köln u. a. 2017, S. 9–14.

Kühberger Christoph/Pudlat, Andreas (Hg.): Vergangenheitsbewirtschaftung. Public History zwischen Wirtschaft und Wissenschaft, Innsbruck u. a. 2012.

Kühberger, Christoph/Lübke, Christian/Terberger, Thomas (Hg.): Wahre Geschichte – Geschichte als Ware. Die Verantwortung der historischen Forschung für Wissenschaft und Gesellschaft, Rahden/Westf. 2007.

Kühberger, Christoph/Sedmak, Clemens: Die Verantwortung der Historikerinnnen und Historiker – Systematische Reflexionen zu einem Teilbereich einer Ethik der Geschichtswissenschaft, in: Kühberger/Lübke/Terberger, Wahre Geschichte – Geschichte als Ware, 2007, S. 1–26.

Kühberger, Christoph/Sedmak, Clemens: Ethik der Geschichtswissenschaft, Wien 2008.

Kuhn, Bärbel u. a. (Hg.): Geschichte erfahren im Museum, St. Ingbert 2014.

KZ-Gedenkstätte Neuengamme (Hg.): Gedenkstätten und Geschichtspolitik, Bremen 2015.

Langewiesche, Dieter: Die Geschichtsschreibung und ihr Publikum. Zum Verhältnis von Geschichtswissenschaft und Geschichtsmarkt, in: Hein, Dieter/Hildebrand, Klaus/Schulz, Andreas (Hg.): Historie und Leben. Der Historiker als Wissenschaftler und Zeitgenosse, München 2006, S. 311–326.

Lässig, Simone: Clio in Disneyland? Nordamerikanische Living History Museen als außerschulische Lernorte, in: Zeitschrift für Geschichtsdidaktik, 5 (2006), S. 44–69.

Lehne, Adrian/Lücke, Martin: Teaching Queer History. Ein Projekt zur Geschichte sexueller Vielfalt am Arbeitsbereich Didaktik der Geschichte, in: Zentrale Frauenbeauftragte der Freien Universität Berlin (Hg.): Wissenschaftlicher-Rundbrief 2 (2013), S. 11–14.

Lehne, Adrian/Lücke, Martin: Teaching Queer History. Ein Queer History Month in Berlin, in: Invertito, 15 (2013), S. 205–208.

Lemke, Thomas: Dokumentarisches Fernsehen in der Bundesrepublik Deutschland. Grundlagen der Produktion, der Technik und der quantitativen Entwicklung, Diss., Hamburg 2012.

Lennon, John J./Fohley, Malcom: Dark Tourism, London/New York 2000.

Lersch, Edgar/Viehoff, Reinhold: Geschichte im Fernsehen. Eine Untersuchung zur Entwicklung des Genres und der Gattungsästhetik geschichtlicher Darstellungen im Fernsehen 1995 bis 2003, Düsseldorf 2007.

Lindenberger, Thomas: Eigen-Sinn, Herrschaft und kein Widerstand, Version: 1.0, in: Docupedia-Zeitgeschichte, 02.09.2014, URL: https://www.docupedia.de/zg/Eigensinn (Aufruf 13.11.2017).

Lindqvist, Sven: Grabe, wo du stehst. Handbuch zur Erforschung der eigenen Geschichte [1978]. Aus dem Schwedischen übersetzt und herausgegeben von Manfred Dammeyer, Bonn 1989.

Linne, Karsten: Hitler als Quotenbringer – Guido Knopps mediale Erfolge, in: 1999. Zeitschrift für Sozialgeschichte des 20. und 21. Jahrhunderts, 17 (2002), 2, S. 90–101.

Lipp, Wilfried: Denkmalpflege und Geschichte, in: Borsdorf/Grütter, Orte der Erinnerung, 1999, S. 131–167.

Loewy, Hanno: Bei Vollmond: Holocaust. Genretheoretische Bemerkungen zu einer Dokumentation des ZDF, in: 1999. Zeitschrift für Sozialgeschichte des 20. und 21. Jahrhunderts, 17 (2002), 2, S. 114–127.

Lücke, Martin u. a. (Hg.): Change. Handbook for History Learning and Human Rights Education. For Educators in Formal, Non-Formal and Higher Education, Schwalbach/Ts. 2016.

Lücke, Martin: Auf der Suche nach einer inklusiven Geschichts- und Erinnerungskultur, in: Alavi, Bettina/Lücke, Martin (Hg.): Geschichtsunterricht ohne Verlierer!? Inklusion als Herausforderung für die Geschichtsdidaktik, Schwalbach/Ts. 2016, S. 58–87.

Lücke, Martin: Diversität und Intersektionalität als Konzepte der Geschichtsdidaktik, in: Barricelli/Lücke, Handbuch Praxis des Geschichtsunterrichts, 2012, S. 136–146.

Lücke, Martin: Fühlen – Wollen – Wissen. Geschichtskulturen als emotionale Gemeinschaften, in: Brauer/Lücke, Emotionen, Geschichte und historisches Lernen, 2013, S. 11–26.

Lücke, Martin: Halbe Kraft voraus. Überlegungen während einer Suche nach dem Ort von Gender in der Geschichtsdidaktik, in: Barricelli, Michele/Becker, Axel/Heuer, Christian (Hg.): Jede Gegenwart hat ihre Gründe. Geschichtsbewusstsein, historische Lebenswelt und Zukunftserwartung im frühen 21. Jahrhundert. Festschrift für Hans-Jürgen Pandel zum 70. Geburtstag, Schwalbach/TS 2011, S. 214–226.

Lücke, Martin: Inklusion und Geschichtsdidaktik, in: Riegert, Judith/Musenberg, Oliver (Hg.): Inklusiver Fachunterricht in der Sekundarstufe, Stuttgart 2015, S. 197–206.

Lücke, Martin: Multiperspektivität, Kontroversität, Pluralität, in: Barricelli/Lücke, Handbuch Praxis des Geschichtsunterrichts, 2012, S. 281–288.

Lücke, Martin: Scheinerfolge und Emanzipationsstillstand – Männliche Homosexualitäten in der Weimarer Republik, in: Domeier, Norman u. a.: Gewinner und Verlierer. Beiträge zur Geschichte der Homosexualität in Deutschland im 20. Jahrhundert (Hirschfeld Lectures Bd. 7), Göttingen 2015, S. 27–43.

Lücke, Martin: The Change Approach for Combining History Learning and Human Rights Education, in: Lücke u. a., Change, 2016, S. 39–49.

Ludwig, Andreas: Materielle Kultur, Version: 1.0, in: Docupedia-Zeitgeschichte, 30.05.2011, S. 1–18, URL: http://docupedia.de/zg/Materielle_Kultur (Aufruf 13.11.2017).

Lutz, Helma/Vivar, Maria T.H./Supik, Linda: Fokus Intersektionalität – Eine Einleitung, in: Dies. (Hg.): Fokus Intersektionalität. Bewegungen und Verortung eines vielschichtigen Konzeptes, Wiesbaden 2010, S. 9–31.

Lutz, Thomas: Zwischen Vermittlungsanspruch und emotionaler Wahrnehmung. Die Gestaltung neuer Dauerausstellungen in Gedenkstätten für NS-Opfer in Deutschland und deren Bildungsanspruch, Diss., 2009, URL: https://depositonce.tu-berlin.de/bitstream/11303/2625/1/Dokument_40.pdf (Aufruf 13.11.2017).

Maase, Kaspar: Grenzenloses Vergnügen? Zum Unbehagen in der Unterhaltungskultur, in: Frizzoni, Brigitte/Tomkowiak, Ingrid (Hg.): Unterhaltung. Konzepte – Formen – Wirkungen, Zürich 2006, S. 49–67.

Macdonald, Sharon (Hg.): A Companion to Museum Studies, Oxford 2006.

Macdonald, Sharon: Museen erforschen. Für eine Museumswissenschaft in der Erweiterung, in: Baur, Museumsanalyse, S. 49–69.

MacGregor, Neil: Eine Geschichte der Welt in 100 Objekten, München 2011.
Mayer, Ulrich u. a.: Wörterbuch Geschichtsdidaktik, 2. erw. Aufl. Schwalbach/Ts. 2009.
Mayer, Ulrich u. a.: Wörterbuch Geschichtsdidaktik, Schwalbach/Ts. 2006.
Mayer, Ulrich/Pandel, Hans-Jürgen: Kategorien der Geschichtsdidaktik, in: Bergmann u. a., Handbuch der Geschichtsdidaktik, 1979, S. 180–184.
Meijer van Mensch, Stadtmuseum und „Social Inclusion", in: Gemmeke, Claudia/Nentwig, Franziska (Hg.): Die Stadt und ihr Gedächtnis. Zur Zukunft der Stadtmuseen, Bielefeld 2011, S. 81–92.
Mentel, Christian (Hg.): Zeithistorische Konjunkturen. Auftragsforschung und NS-Aufarbeitung in der Bundesrepublik, in: Zeitgeschichte-online, Dezember 2012 (überab. Juni 2015), URL: http://www.zeitgeschichte-online.de/thema/zeithistorische-konjunkturen (Aufruf 13.11.2017).
Meringolo, Denise D.: Museums, Monuments, and National Parks. Toward a New Genealogy of Public History, Amherst 2012.
Miles, Robert: Die Idee der „Rasse" und Theorien über Rassismus: Überlegungen zur britischen Diskussion, in: Bielefeld, Ulrich (Hg.): Das Eigene und das Fremde. Neuer Rassismus in der alten Welt, Hamburg 1998, S. 189–221.
Miles, Robert: Rassismus. Einführung in die Geschichte und Theorie eines Begriffs, Hamburg 1999, S. 93–103.
Missfelder, Jan-Friedrich: Der Klang der Geschichte. Begriffe, Traditionen und Methoden der Sound History, in: Geschichte in Wissenschaft und Unterricht, 66 (2015), 11/12, S. 633–649.
Missfelder, Jan-Friedrich: Period Ear. Perspektiven einer Klanggeschichte der Neuzeit, in: Geschichte und Gesellschaft, 38 (2012), S. 21–47.
Morat, Daniel: Der Klang der Zeitgeschichte. Eine Einführung, in: Zeithistorische Forschungen, 8 (2011), S. 172–177.
Morat, Daniel: Introduction, in: Ders. (Hg.): Sound of Modern History. Auditory Cultures in 19th and 20th century Europe, Oxford 2014, S. 1–7.
Müller, Jürgen: „The Sound of Silence". Von der Unhörbarkeit der Vergangenheit zur Geschichte des Hörens, in: Historische Zeitschrift, 292 (2011), S. 1–29.
Musenberg, Oliver/Riegert, Judith: Inklusiver Fachunterricht als didaktische Herausforderung, in: Dies. (Hg.): Inklusiver Fachunterricht in der Sekundarstufe, Stuttgart 2015, S. 13–28.
Muttenthaler, Roswitha/Wonisch, Regina: Rollenbilder im Museum. Was erzählen Museen über Frauen und Männer, Schwalbach/Ts. 2010.
Mütter, Bernd: HisTourismus. Geschichte in der Erwachsenenbildung und auf Reisen, Bd. 1 u. 2, Oldenburg 2008.
Näpel, Oliver: Historisches Lernen durch ‚Dokutainment'? – Ein geschichtsdidaktischer Aufriss. Chancen und Grenzen einer neuen Ästhetik populärer Geschichtsdokumentation, analysiert am Beispiel der Sendereihen Guido Knopps, in: Zeitschrift für Geschichtsdidaktik, 2 (2003), S. 213–244.
Natter, Tobias/Fehr, Michael/Habsburg-Lothringen, Bettina (Hg.): Die Praxis der Ausstellung. Über museale Konzepte auf Zeit und auf Dauer, Bielefeld 2012.
Newsletter Gedenkstätten und Erinnerungsorte in Schleswig-Holstein, 4 (2013), URL: http://progedenkstaetten-sh.de/wp-content/uploads/Carta-dtsch.pdf (Aufruf 13.11.2017).
Nießer, Jaqueline/Tomann, Juliane (Hg.): Angewandte Geschichte. Neue Perspektiven auf Geschichte in der Öffentlichkeit, Paderborn u. a. 2014.

Niethammer, Lutz (Hg.): „Die Jahre weiß man nicht, wo man die heute hinsetzen soll". Faschismuserfahrungen im Ruhrgebiet, Berlin/Bonn 1983.

Niethammer, Lutz (Hg.): „Hinterher merkt man, daß es richtig war, daß es schiefgegangen ist." Nachkriegserfahrungen im Ruhrgebiet, Berlin/Bonn 1983.

Nissen, Martin: Historische Sachbücher – Historische Fachbücher: Der Fall Werner Maser, in: Korte/Paletschek, History goes pop, 2009, S. 103–120.

Noiret, Serge: Internationalisierung der Public History, in: Public History Weekly, 2 (2014), 34, URL: https://public-history-weekly.degruyter.com/2-2014-34/internationalizing-public-history/ (Aufruf 13.11.2017).

Nolte, Paul: Öffentliche Geschichte. Die neue Nähe von Fachwissenschaft, Massenmedien und Publikum: Ursachen, Chancen und Grenzen, in: Barricelli/Hornig, Aufklärung, Bildung, „Histotainment", 2008, S. 131–146.

Noschka-Roos, Annette (Hg.): Besucherforschung in Museen – Instrumentarium zur Verbesserung der Ausstellungskommunikation, München 2003.

Obermüller, Gerhard/Prüfer, Thomas: Aus Geschichten Geschäfte machen. Kleine Pragmatik des Historischen, in: Nießer/Tomann, Angewandte Geschichte, 2014, S. 77–96.

Obertreis, Julia (Hg.): Oral history, Stuttgart 2012.

Ortlepp, Anke/Ribbat Christoph (Hg.): Mit den Dingen leben. Zur Geschichte der Alltagsgegenstände, Stuttgart 2010.

Oswalt, Vadim/Pandel, Hans-Jürgen: Einleitung, in: Dies., Geschichtskultur, 2009, S. 7–13.

Oswalt, Vadim/Pandel, Hans-Jürgen (Hg.): Geschichtskultur. Die Anwesenheit von Vergangenheit in der Gegenwart, Schwalbach/Ts. 2009.

Pandel, Hans-Jürgen: Authentizität, in: Mayer u. a., Wörterbuch Geschichtsdidaktik, 2009, S. 30–31.

Pandel, Hans-Jürgen: Geschichtskultur, in: Mayer u. a., Wörterbuch Geschichtsdidaktik, 2009, S. 86–87.

Pandel, Hans-Jürgen: Historisches Erzählen. Narrativität im Geschichtsunterricht, Schwalbach/Ts. 2010.

Parmentier, Michael: Mit Dingen erzählen. Möglichkeiten und Grenzen der Narration im Museum, in: Natter/Fehr/Habsburg-Lothringen, Die Praxis der Ausstellung, 2012, S. 147–164.

Passens, Kathrin: Dialogische Kommunikationssituationen ermöglichen. Zur Rolle der Moderation in Zeitzeugengesprächen zur DDR-Geschichte, in: Ernst, Geschichte im Dialog?, 2014, S. 238–247.

Paul, Gerhard: Visual History und Geschichtsdidaktik, in: Zeitschrift für Geschichtsdidaktik, 12 (2013), S. 9–26.

Paul, Gerhard: Visual History, Version: 3.0, in: Docupedia-Zeitgeschichte, 13.03.2014, URL: http://docupedia.de/zg/Visual_History_Version_3.0_Gerhard_Paul (Aufruf 13.11.2017).

Paul, Gerhard: Von der historischen Bildkunde zur Visual History. Eine Einführung, in: Ders. (Hg.): Visual History. Ein Studienbuch, Göttingen 2006, S. 7–36.

Pehle, Walter H.: Der lange Weg zum Buch. Historische Sach- und Fachbücher, in: Horn/Sauer, Geschichte und Öffentlichkeit, 2009, S. 194–202.

Pflüger, Christine: Historische Imagination, in: Mayer u. a., Wörterbuch Geschichtsdidaktik, 2006, S. 105–106.

Pieper, Kathrin: Die Musealisierung des Holocaust. Das Jüdische Museum Berlin und das US Holocaust Memorial Museum in Washington D.C. Ein Vergleich, Köln 2006.

Pieper, Kathrin: Resonanzräume. Das Museum im Forschungsfeld Erinnerungskultur, in: Baur, Museumsanalyse, 2010, S. 187–212.

Pirker, Eva Ulrike u. a. (Hg.): Echte Geschichte. Authentizitätsfiktionen in populären Geschichtskulturen, Bielefeld 2010.

Pirker, Eva Ulrike/Rüdiger, Mark: Authentizitätsfiktionen in populären Geschichtskulturen: Annährungen, in: Pirker, Eva Ulrike u. a., Echte Geschichte, 2010, S. 11–30.

Plato, Alexander von: Interview-Richtlinien, in: Ders./Leh, Almut/Thonfeld, Christoph (Hg.): Hitlers Sklaven. Lebensgeschichtliche Analysen zur Zwangsarbeit im internationalen Vergleich, Wien 2008, S. 443–450.

Pohl, Karl Heinrich: Wann ist ein Museum „historisch korrekt"? „Offenes Geschichtsbild", Kontroversität, Multiperspektivität und „Überwältigungsverbot" als Grundprinzipien musealer Geschichtspräsentation, in: Hartung, Museum und Geschichtskultur, 2006, S. 273–286.

Pomian, Krzysztof: Der Ursprung des Museums. Vom Sammeln, Berlin 1988.

Popp, Susanne u. a. (Hg.): Populäre Geschichtsmagazine in internationaler Perspektive, Frankfurt/M. 2016.

Popp, Susanne u. a. (Hg.): Zeitgeschichte – Medien – Historische Bildung, Göttingen 2010.

Presse- und Informationsamt der Bundesregierung: Kulturstaatsministerin Grütters zur Ausstellung „Homosexualität_en": Bekenntnis zu Toleranz und Vielfalt in unserer Gesellschaft, URL: https://www.bundesregierung.de/Content/DE/Pressemitteilungen/BPA/2015/06/2015-06-25-bkm-homosexualitaet.html (Aufruf 13.11.2017).

Prüfer, Thomas: Markt und Möglichkeiten angewandter Unternehmensgeschichte, in: Geschichte in Wissenschaft und Unterricht, 66 (2015), 3/4, S. 133–140.

Puvogel, Ulrike: Gedenkstätten für die Opfer des Nationalsozialismus. Eine Dokumentation, 2. überarb. Auflage Bonn 1995. URL: http://www.bpb.de/shop/buecher/einzelpublikationen/33973/gedenkstaetten-fuer-die-opfer-des-nationalsozialismus-band-i (Aufruf 13.11.2017).

Rauthe, Simone: Public History in den USA und der Bundesrepublik Deutschland, Essen 2001.

Reemtsma, Jan-Philipp: Wozu Gedenkstätten, in: Aus Politik und Zeitgeschichte, 25–26 (2010), S. 3–9.

Reich, Kersten: Inklusive Didaktik. Bausteine für eine inklusive Schule, Weinheim 2015.

Reitzig, Jörg: Prekariat, soziale Verunsicherung und Vereinzelung – die Rückkehr der sozialen Frage, in: Lösch, Bettina/Thimmel, Andreas (Hg.): Kritische Politische Bildung. Ein Handbuch, Schwalbach/Ts. 2010, S. 289–302.

Requate, Jörg: Öffentlichkeit und Medien als Gegenstände historischer Analyse, in: Geschichte und Gesellschaft, 25 (1999), S. 5–32.

Ribbens, Kees: Die Darstellung des Zweiten Weltkrieges in Europäischen Comics. Eine Fallstudie populärer Geschichtskultur, in: Korte/Paletschek (Hg.): History goes pop, 2009, S. 121–145.

Ricoeur, Paul: Zeit und Erzählung, 3 Bände, München 1988–1990.

Roselt, Jens/Otto, Ulf (Hg.): Theater als Zeitmaschine. Zur performativen Praxis des Reenactments. Theater- und kulturwissenschaftliche Perspektiven, Bielefeld 2012.

Rothfels, Hans: Zeitgeschichte als Aufgabe, in: Vierteljahrshefte für Zeitgeschichte, 1 (1953), S. 1–8.

Rox-Helmer, Monika: Fiktionale Texte im Geschichtsunterricht, in: Oswalt/Pandel, Geschichtskultur, 2009, S. 98–112.

Rudnick, Carola S.: Die andere Hälfte der Erinnerung. Die DDR in der deutschen Geschichtspolitik nach 1989, Bielefeld 2011.
Ruppert, Wolfgang (Hg.): Fahrrad, Auto, Fernsehschrank. Zur Kulturgeschichte der Alltagsdinge, Frankfurt/M. 1993.
Rüsen, Jörn: Geschichtskultur, in: Bergmann u. a., Handbuch der Geschichtsdidaktik, 1997, S. 38–41.
Rüsen, Jörn: Was ist Geschichtskultur? Überlegungen zu einer neuen Art, über Geschichte nachzudenken, in: Füßmann, Klaus/Grütter, Heinrich Theodor/Rüsen, Jörn (Hg.): Historische Faszination. Geschichtskultur heute, Köln u. a. 1994, S. 3–26.
Sabrow, Martin/Frei, Norbert (Hg.): Die Geburt des Zeitzeugen nach 1945, Göttingen 2012.
Sabrow, Martin/Jessen, Ralph/Große Kracht, Klaus (Hg.): Zeitgeschichte als Streitgeschichte. Große Kontroversen seit 1945, München 2003.
Sabrow, Martin: Der Zeitzeuge als Wanderer zwischen zwei Welten, in: Ders./Frei, Die Geburt des Zeitzeugen, 2012, S. 13–32.
Sack, Hilmar: Geschichte im politischen Raum. Theorie – Praxis – Berufsfelder, Tübingen 2016.
Samida, Stefanie/Eggert, Manfred K.H./Hahn, Hans Peter (Hg.): Handbuch Materielle Kultur. Bedeutung, Konzepte, Disziplinen, Stuttgart 2014.
Samida, Stefanie: Inszenierte Authentizität: Zum Umgang mit Vergangenheit im Kontext der Living History, in: Fitzenreiter, Martin (Hg.): Authentizität. Artefakt und Versprechen in der Archäologie. IBAES – Internetbeiträge zur Ägyptologie und Sudanarchäologie XV, London 2014, S. 139–150.
Samida, Stefanie: Public History als Historische Kulturwissenschaft: Ein Plädoyer, Version: 1.0, in: Docupedia-Zeitgeschichte, 17.6.2014, URL: http://docupedia.de/zg/Public_History_als_Historische_Kulturwissenschaft?oldid=97436 (Aufruf 13.11.2017).
Sauer, Michael: Sinnbildung über Zeiterfahrung, in: Public History Weekly, 2 (2014), 4, URL: https://public-history-weekly.degruyter.com/2-2014-4/sinnbildung-ueber-zeiterfahrung/ (Aufruf 13.11.2017).
Saupe, Achim: Authentizität, Version: 3.0, in: Docupedia-Zeitgeschichte, 25.08.2015, URL: http://docupedia.de/zg/saupe_authentizitaet_v3_de_2015 (Aufruf 13.11.2017).
Sayer, Faye: Public History. A practical guide, London u. a. 2015.
Scheunemann, Jan: „Gegenwartsbezogenheit und Parteinahme für den Sozialismus". Geschichtspolitik und regionale Museumsarbeit in der SBZ/DDR 1945–1971, Berlin 2009.
Scheunemann, Jan: Museen in der DDR, in: Walz, Handbuch Museum, S. 61–65.
Schieder, Theodor: Geschichtsinteresse und Geschichtsbewußtsein heute, in: Burckhardt, Carl J. u. a.: Geschichte zwischen Gestern und Morgen, München 1974, S. 73–102.
Schindler, Sabine: Living History und die Konstruktion von Vergangenheit in amerikanischen *historic sites*, in: Echterhoff, Gerald/Saar, Martin (Hg.): Kontexte und Kulturen des Erinnerns. Maurice Halbwachs und das Paradigma des kollektiven Gedächtnisses, Konstanz 2002, S. 163–179.
Schirrmacher, Arne: Nach der Popularisierung. Zur Relation von Wissenschaft und Öffentlichkeit im 20. Jahrhundert, in: Geschichte und Gesellschaft, 34 (2008), S. 73–95.
Schlussbericht der Enquete-Kommission „Kultur in Deutschland", Bundestags-Drucksache 16/7000, 11.12.2007, S. 119. URL: http://dip21.bundestag.de/dip21/btd/16/070/1607000.pdf (Aufruf 13.11.2017).
Schmid, Harald (Hg.): Geschichtspolitik und kollektives Gedächtnis: Erinnerungskulturen in Theorie und Praxis, Göttingen 2009.

Schmidt, Leo: Einführung in die Denkmalpflege, Stuttgart 2008.
Schmidt, Siegfried J.: Lernen, Wissen, Kompetenz, Kultur. Vorschläge zur Bestimmung von vier Unbekannten, Heidelberg 2005.
Scholze, Jana: Kultursemiotik: Zeichenlesen in Ausstellungen, in: Baur, Museumsanalyse, 2010, S. 121–148.
Scholze, Jana: Medium Ausstellung. Lektüren musealer Gestaltung in Oxford, Leipzig, Amsterdam und Berlin, Bielefeld 2004.
Schönemann, Bernd: Geschichtsdidaktik, Geschichtskultur, Geschichtswissenschaft, in: Günther-Arndt, Hilke(Hg.): Geschichtsdidaktik. Praxishandbuch für die Sekundarstufe I und II, Berlin 2003, S. 11–22.
Schönemann, Sebastian: Kulturelles Bildgedächtnis und kollektive Bilderfahrung. Die visuelle Semantik der Erinnerung am Beispiel des Fotos des Jungen aus dem Warschauer Ghetto, in: Zeitschrift für Geschichtsdidaktik, 12 (2013), S. 46–60.
Schörken, Rolf: Historische Imagination und Geschichtsdidaktik, Paderborn 1994.
Schrübbers, Christiane (Hg.): Moderieren im Museum. Theorie und Praxis der dialogischen Besucherführung, Bielefeld 2013.
Schrübbers, Christiane: Einleitung, in: Dies., Moderieren im Museum, 2013, S. 15–21.
Schrübbers, Christiane: Moderieren im Museum, in: Dies., Moderieren im Museum, 2013, S. 39–46.
Schulze, Mario: Wie die Dinge sprechen lernten. Eine Geschichte des Museumsobjektes 1968–2000, Bielefeld 2017.
Schwarz, Angela/Mysliwietz-Fleiß, Daniela: Reisen in die Vergangenheit. Geschichtstourismus im 19. und 20. Jahrhundert, Köln u. a. 2018 (im Erscheinen).
Schwarz, Angela: „Wollen Sie wirklich nicht weiter versuchen, diese Welt zu dominieren?" Geschichte in Computerspielen, in: Korte/Paletschek, History goes pop, 2009, S. 313–340.
Schwarz, Angela: Computerspiele – ein Thema für die Geschichtswissenschaft?, in: Dies. (Hg.): „Wollten Sie auch immer schon einmal pestverseuchte Kühe auf Ihre Gegner werfen?" Eine fachwissenschaftliche Annäherung an Geschichte im Computerspiel, Münster 2010, S. 7–33.
Sénécheau, Miriam/Samida, Stefanie: Living History als Gegenstand Historischen Lernens. Begriffe – Problemfelder – Materialien, Stuttgart 2015.
Siebeck, Cornelia: 50 Jahre „arbeitende" NS-Gedenkstätten in der Bundesrepublik. Vom gegenkulturellen Projekt zur staatlichen Gedenkstättenkonzeption – und wie weiter?, in: Gryglewski u. a., Gedenkstättenpädagogik, 2015, S. 19–43.
Sieberkrob, Matthias/Lücke, Martin: Narrativität und sprachlich bildender Geschichtsunterricht – Wege zum generischen Geschichtslernen, in: Jostes, Brigitte/Caspari, Daniela/Lütke, Beate (Hg.): Sprachen – Bilden – Chancen. Sprache in Didaktik und Lehrkräftebildung, Münster 2017, S. 221–233.
Simon, Nina: The participatory museum, Santa Cruz 2010.
Smykalla, Sandra/Vinz, Dagmar (Hg.): Intersektionalität zwischen Gender und Diversity. Theorien, Methoden und Politiken der Chancengleichheit, Münster 2011.
Smykalla, Sandra/Vinz, Dagmar: Geschlechterforschung und Gleichstellungspolitiken vor neuen theoretischen, methodologischen und politischen Herausforderungen, in: Dies., Intersektionalität zwischen Gender und Diversity, 2011, S. 10–18.
Solga, Heike/Powell, Justin/Berger, Peter A. (Hg.): Soziale Ungleichheit. Klassische Texte zur Sozialstrukturanalyse, Frankfurt/M. 2009.

Spickernagel, Ellen/Walbe, Brigitte (Hg.): Das Museum – Lernort contra Musentempel, Gießen 1976.

Spieß, Christian: Zeitgeschichte in populären Geschichtsmagazinen, in: Popp u. a., Zeitgeschichte – Medien – Historische Bildung, 2010, S. 61–76.

Spieß, Christian: Zwischen Wissenschaft und Unterhaltungsanspruch. Aktuelle Geschichtsmagazine im Vergleich, in: Horn/Sauer, Geschichte und Öffentlichkeit 2009, S. 169–176.

Staatliche Museen zu Berlin – preußischer Kulturbesitz. Institut für Museumsforschung (Hg.): Statistische Gesamterhebung an den Museen der Bundesrepublik Deutschland für das Jahr 2015, Berlin 2016, URL: http://www.smb.museum/fileadmin/website/Institute/Institut_fuer_Museumsforschung/Publikationen/Materialien/mat70.pdf (Aufruf 13.11.2017).

Stone, Philip R.: A dark tourism spectrum. Towards a typology of death and macabre related tourist sites, attractions and exhibitions, in: Tourism, 54 (2006), 2, S. 145–160.

Taubitz, Jan: Holocaust Oral History und das lange Ende der Zeitzeugenschaft, Göttingen 2016.

te Heesen, Anke: Exponat, in: Gfrereis, Thiemeyer, Tschofen, Museen verstehen, 2015, S. 33–44.

te Heesen, Anke: Objekte der Wissenschaft. Eine wissenschaftshistorische Perspektive auf das Museum, in: Baur, Museumsanalyse, S. 213–230.

te Heesen, Anke: Theorien des Museums zur Einführung, Hamburg 2012.

Thaa, Lotte/Borcke, Tobias: 1977. Die Zeit der Staufer, in: Schulze, Mario/te Heesen, Anke/ Dold, Vincent (Hg.): Museumskrise und Ausstellungserfolg. Die Entwicklung der Geschichtsausstellungen in den Siebzigern, Berlin 2015, S. 80–95.

Thamer, Hans-Ulrich: Die westdeutsche Erinnerung an die NS-Diktatur in der Nachkriegszeit, in: März, Peter/Veen, Hans-Joachim (Hg.): Woran erinnern? Der Kommunismus in der deutschen Erinnerungskultur, Köln 2006, S. 51–70.

Thamer, Hans-Ulrich: Vom Tabubruch zur Historisierung? Die Auseinandersetzung um die „Wehrmachtsausstellung", in: Sabrow/Jessen/Große Kracht, Zeitgeschichte als Streitgeschichte, 2002, S. 171–186.

Thiemeyer, Thomas: Fortsetzung des Krieges mit anderen Mitteln. Die beiden Weltkriege im Museum, Paderborn 2010.

Thiemeyer, Thomas: Geschichtswissenschaft: Das Museum als Quelle, in: Baur, Museumsanalyse, 2010, S. 73–94.

Thiemeyer, Thomas: Inszenierung, in: Gfrereis/Thiemeyer/Tschofen, Museen verstehen, 2015, S. 45–62.

Thimm, Barbara/Kößler, Gottfried/Ulrich, Susanne (Hg.): Verunsichernde Orte. Selbstverständnis und Weiterbildung in der Gedenkstättenpädagogik, Frankfurt/M. 2010.

Thimm, Barbara/Kößler, Gottfried/Ulrich, Susanne: Einführung, in: Dies., Verunsichernde Orte, 2010, S. 9–17.

Tomann, Juliane u. a.: Diskussion Angewandte Geschichte: Ein neuer Ansatz?, Version: 1.0, in: Docupedia-Zeitgeschichte, 15.2.2011, URL: http://docupedia.de/zg/Diskussion_Angewandte_Geschichte?oldid=106405 (Aufruf 13.11.2017).

Vogel, Brigitte: Inklusion –Integration – Migration. Das Museum als Raum für gesellschaftspolitische Herausforderungen?, in: Geschichte in Wissenschaft und Unterricht, 68 (2017) 1/2, S. 39–51.

Völkel, Bärbel: Handlungsorientierung im Geschichtsunterricht, 2. Aufl. Schwalbach/Ts. 2008.

vom Bruch, Rüdiger: Geschichtswissenschaft, in: Jordan, Stefan (Hg.): Lexikon Geschichtswissenschaft. Hundert Grundbegriffe, Stuttgart 2002, S. 124–129.

von Lucius, Wulf D.: Verlagswirtschaft: Ökonomische, rechtliche und organisatorische Grundlagen, Stuttgart 2007.
Waidacher, Friedrich: Museologie – knapp gefasst, Köln u. a. 2005.
Walz, Markus (Hg.): Handbuch Museum. Geschichte – Aufgaben – Perspektiven, Stuttgart 2016.
Walz, Markus: Museen in der Zeit des Nationalsozialismus, in: Ders. (Hg.): Handbuch Museum, S. 57–61.
Walz, Markus: Sehen, Verstehen. Historisches Spiel im Museum – zwischen Didaktik und Marketing, in: Carstensen/Meiners/Mohrmann, Living History im Museum, 2008, S. 15–45.
Weber, Max: Wirtschaft und Gesellschaft, Tübingen 1921/22.
Wegner, Nora: Publikumsmagnet Sonderausstellung – Stiefkind Dauerausstellung?, Bielefeld 2015.
Weible, Robert: Defining Public History: Is it Possible? Is it Necessary?, in: Perspectives on History. The Newsmagazine of the American Historical Association, 46 (2008), 3, URL: https://www.historians.org/publications-and-directories/perspectives-on-history/march-2008/defining-public-history-is-it-possible-is-it-necessary (Aufruf 13.11.2017).
Welzer, Harald/Moller, Sabine/Tschuggnall, Karoline: „Opa war kein Nazi". Nationalsozialismus und Holocaust im Familiengedächtnis, 6. Aufl. Frankfurt/M. 2008.
Welzer, Harald: Das Interview als Artefakt. Zur Kritik der Zeitzeugenforschung, in: BIOS, 13 (2000), 1, S. 51–63.
Widmaier, Benedikt/Zorn, Peter: Brauchen wir den Beutelsbacher Konsens? Eine Debatte der politischen Bildung, Bonn 2016.
Wierling, Dorothee: Oral History und Zeitzeugen in der politischen Bildung. Kommentar zu einem Spannungsverhältnis, in: Ernst, Geschichte im Dialog?, 2014, S. 99–107.
Wierling, Dorothee: Zeitgeschichte ohne Zeitzeugen. Vom kommunikativen zum kulturellen Gedächtnis – drei Geschichten und zwölf Thesen, in: BIOS, 21 (2008), 1, S. 28–36.
Williams, Paul: Memorial Museums. The global rush to commemorate atrocities, Oxford 2007.
Willner, Sarah/Koch, Georg/Samida, Stefanie (Hg.): Doing History. Performative Praktiken in der Geschichtskultur, Münster/New York 2016.
Winker, Gabriele/Degele, Nina: Intersektionalität. Zur Analyse sozialer Ungleichheiten, Bielefeld 2009.
Wolfrum, Edgar: Geschichte als Waffe. Vom Kaiserreich bis zu Wiedervereinigung, Göttingen 2001.
Zündorf, Irmgard/Zeppenfeld, Stefan: Museen und Gedenkstätten, in: Busse, Laura u. a. (Hg.): Clio-Guide. Ein Handbuch zu digitalen Ressourcen für die Geschichtswissenschaften 2016, S. B.3, 1–21, URL: https://guides.clio-online.de/ (Aufruf 13.11.2017).
Zündorf, Irmgard: Die Vermarktung historischen Wissens. Geschichtsmagazine als Produkte der Public History, in: Popp u. a., Populäre Geschichtsmagazine in internationaler Perspektive, 2016, S. 53–69.
Zündorf, Irmgard: Dingliche Ostalgie? Materielle Zeugnisse der DDR und ihre Präsentation, in: Ulbricht, Justus H. (Hg.): Schwierige Orte. Regionale Erinnerung, Gedenkstätten, Museen, Halle/Saale 2013, S. 77–95.
Zündorf, Irmgard: Public History und Angewandte Geschichte – Konkurrenten oder Komplizen?, in: Nießer/Tomann, Angewandte Geschichte, 2014, S. 63–76.
Zündorf, Irmgard: Zeitgeschichte und Public History, Version: 2.0, in: Docupedia-Zeitgeschichte, 06.09.2016, URL: http://docupedia.de/zg/Zuendorf_public_history_v2_de_2016 (Aufruf 13.11.2017).

Abbildungs- und Tabellenverzeichnis

Abb. 1: Definition historischen Lernens und Vernetzung mit geschichts-
 didaktischen Kernbegriffen
Abb. 2: Plakat zur Ausstellung „Homosexualität_en", Schwules Museum* Berlin/
 Deutsches Historisches Museum, 2015
Abb. 3: Pappbecher, 2017, Foto: Irmgard Zündorf
Abb. 4: Foto eines Jungen im Warschauer Ghetto, 1943, Fotograf unbekannt,
 Institut Pamieci Nadordwey, Warschau
Abb. 5: Zeitzeugeninterview mit Marion Gräfin Dönhoff, Gedächtnis der Nation,
 Stiftung Haus der Geschichte der Bundesrepublik Deutschland
Abb. 6: Plimoth Plantation, 2009, Foto: Irmgard Zündorf
Abb. 7: Außengelände der Gedenkstätte Dachau, 2017, Foto: Irmgard Zündorf
Abb. 8: Foto des Modells zur Ausstellung „Alltag Einheit" im DHM, 2015, Foto:
 Irmgard Zündorf

Tab. 1: Die politische, kognitive und ästhetische Dimension von Geschichtskultur
Tab. 2: Szenische und dokumentarische Erinnerungsfilme sowie szenische und
 dokumentarische Historienfilme und ihre Charakteristika

Abkürzungen

AGAG: Arbeitsgruppe Angewandte Geschichte/Public History
BKM: Bundesbeauftrage für Kultur und Medien
EVZ: Stiftung Erinnerung, Verantwortung und Zukunft
DHM: Deutsches Historisches Museum
HTW: Hochschule für Technik und Wirtschaft
HTWK: Hochschule für Technik, Wirtschaft und Kultur
IC MEMO: International Committee of Memorial Museums in Remembrance
 of the Victims of Public Crimes
ICOM: International Council of Museums
IFPH: International Federation for Public History
IHRA: International Holocaust Remembrance Association
NCPH: National Council on Public History
SYP: Studierende und Young Professionals der Public History

Register

Alterität 40, 95
Arbeitsgruppe Angewandte Geschichte/
 Public History 19, 186
Ästhetik/ästhetisch 10f., 30, 32–35, 41,
 45f., 66, 68f., 71, 89, 91f., 94–96, 99f.,
 114, 142
Ausstellung 9, 13, 20, 26, 28, 57–59, 61, 64,
 78f., 85f., 111f., 114–120, 123, 125f.,
 128f., 132–149, 154–156, 158, 160,
 177–181, 183f.,
Authentifizierung 103
Authentifizierungsstrategie 72, 99, 101,
 104, 107, 109
Authentizität 72f., 78, 84, 90, 92–95,
 100–102, 109, 127, 153
Authentizitätsfiktion 90–92, 94f., 110

Beutelsbacher Konsens 129f., 168,
Bundesbeauftragte für Kultur und Medien
 (BKM) 80, 126, 181
Bundesstiftung zur Aufarbeitung der SED-
 Diktatur 127, 131, 181

Class/Klasse 47–52
Computerspiel 108–110, 155

Digital History 107, 153
Digitalisierung 120, 153f.
Dinge 61–64, 133, 135, 137, 146
Diversität/diversity 10, 38, 46–52, 55
Doku-Dramen 87, 93

Ecomusée 116
Ego-Dokumente 13
Eigen-Sinn 38f.,
Emotion 11, 33f., 78f., 81, 89, 100, 117,
 128f., 138f., 152f.
Erinnerungskultur 9f., 13, 19, 23, 29–32,
 37, 53–59, 78, 81, 124, 127, 130, 139f.,
 154–156, 162, 180–182
Event 83, 86f., 104, 113, 120, 166

Experimentelle Archäologie 84
Exponat 136, 144, 146f, 179

Faulenbach Formel 128
Fernsehen 17, 27, 71, 77, 79, 87, 97,
 101–107, 155, 157, 173–175
Film 17f, 26f., 61, 71, 79, 84, 87, 101–107,
 119, 129, 137, 139, 146f., 152, 155,
 157–161, 169f, 173–175, 184
Freiberufler*innen 172, 182, 185f.

Gedenkstätte 10f., 17, 27, 77, 79–81,
 111–114, 122–132, 138f., 146, 154–157,
 168–170, 176, 179–181
Gedenkstättenkonzeption 126–128, 131,
Gedenktafel 59, 123
Gender 47f., 50–52, 133
Geschichtsbewusstsein 10, 13, 29–32, 47,
 92, 94f., 100
Geschichtsbild 24, 68, 87, 91, 93, 95,
 101, 109, 116, 133, 140, 142, 153–155,
 157–159
Geschichtskultur 9, 20, 25f., 29, 31–35, 39,
 45f., 52–54, 67, 90–97, 108, 125, 151,
 154f., 180
Geschichtstheater 82
Geschichtswerkstätten 17, 74, 124

Hintergrundnarration 44f.
Historisches Lernen 18, 32, 37–41, 43, 47,
 79, 108, 152f., 155–157,
Historizität 40f., 66, 73

Iconic Turn 68
Imagination 10, 39–42, 46, 70, 91–93, 100,
 106, 109, 152f., 166
Inklusion 10, 38, 47, 49, 53–55, 57, 120,
 134
Inszenierung 39, 117, 142, 169
International Federation for Public History
 (IFPH) 16, 23, 28

Kognition 34
kollektives Gedächtnis 30, 32, 93
Konstruktion 23 f., 66, 75, 88, 90, 92,128, 140, 153
kontrafaktisch 95
Kontroversität 44, 79, 153, 168
Kulturelles Gedächtnis 32, 106, 136
Kurator*innen 118, 141, 143 f., 177

Lernort 117 f., 120, 125, 135
Living History 11, 61, 82–88, 106

Marketing 117, 135, 140, 176, 183
Materielle Kultur/Material Culture 11, 18, 26, 61–63, 65, 154
Multiperspektivität 10, 39 f., 42–46, 79, 88, 142, 153, 166
Musée Sentimental 117
Museologie 132 f., 135, 168
Museum 10 f., 19, 21, 27 f., 57, 59, 62 f., 65, 77, 79 f., 84–88, 111–122, 125 f., 130–149, 154–157, 164 f., 167–170, 176–181, 183, 185
Museumsboom 118

Narrativität 10, 39 f., 42, 45, 152, 166
National Council on Public History (NCPH) 15, 22 f., 28, 167
New Social History 13, 84

Objekt/Objektbiografie 24, 26, 42, 61–65, 84–87, 92 f., 111 f., 114–120, 123, 129, 132–138, 140–148, 153–155, 158–160, 176–178
Öffentlichkeit 9 f., 14, 16 f., 21, 24–26, 29 f., 34, 37–39, 44 f., 47 f., 52, 70 f., 84, 89–91, 104, 111, 123 f., 127, 140, 151–155, 158, 160, 166, 171, 175 f., 178, 185
Oral History 11, 13, 18, 26, 74–76, 80–82, 106, 154

Partizipation/partizipativ 118, 120, 133, 138, 177
Personalisierung 153
Personifizierung 152
Perspektivität 43 f.
Pluralität 44
Provenienz 63, 120, 136

Race/Rassenkonstruktion 47–49, 51 f.
Reality-Fernsehen 87
Redakteur*innen 173 f.
Reenactment 83, 90, 93, 169

Sammlung 19, 62, 65, 85, 112, 114, 118–120, 129, 132–140, 144–147, 176–178
Sound History 11, 18, 26, 70–74, 154
Soundscapes 71
Stiftung Erinnerung, Verantwortung und Zukunft (EVZ) 127, 131, 180
Szenografie 142

Tourismus 170, 184 f.
Triftigkeit 10, 41, 45 f., 91 f., 98

Unterhaltung 26 f., 86, 89, 96–98, 104, 135, 155, 166

Visual History 11, 26, 65–70

Website 11, 15, 26, 61, 78 f., 111, 134, 146, 148, 154 f., 158, 160 f., 176, 183 f., 186

Zeitschrift 17, 27, 98 f., 154, 158, 169–171
Zeitzeug*innen 13, 61, 74 f., 77–82, 86, 90, 92 f., 101–106, 109, 111, 128 f., 137–139, 146 f., 153–155, 157, 160, 173 f.